X 1286.
H62.

13068

MANUEL

DE

L'ORTHOGRAPHISTE.

COURS de langue française, de langue latine, de Géographie et de Comptabilité, par M. TRÉMERY, gradué en l'Université, Membre de la Société Grammaticale et de la Société des méthodes d'Enseignement.

LEÇONS particulières et en ville. A Paris, rue du Coq-St-Honoré, n° 8.

MANUEL

DE

L'ORTHOGRAPHISTE,

OU

COURS

THÉORIQUE ET PRATIQUE

D'ORTHOGRAPHE,

CONTENANT

DES RÈGLES NEUVES, OU PEU CONNUES, SUR LE REDOUBLEMENT DES CONSONNES, SUR LES DIVERSES MANIÈRES DE REPRÉSENTER LES SONS RESSEMBLANS DE LA LANGUE FRANÇAISE, ET UN TRAITÉ DE PONCTUATION;

SUIVI

D'UN TRAITÉ DES PARTICIPES ET D'UN RECUEIL D'EXERCICES,

PAR P. TRÉMERY,

Membre de la Société Grammaticale, et Professeur de langue française, de langue latine et de comptabilité.

SECONDE ÉDITION,

Revue, corrigée et augmentée.

PARIS,

A LA LIBRAIRIE ENCYCLOPÉDIQUE DE RORET,

RUE HAUTEFEUILLE, N° 10 *bis*.

1833.

PRÉFACE.

Lorsque je livrai ce manuel au public, il n'existait encore aucun traité qui eût spécialement pour objet l'orthographe d'usage. On avait imaginé de faire imprimer des cacographies dont l'inconvénient était de laisser les élèves dans une continuelle incertitude, et le résultat d'accoutumer les yeux à une orthographe vicieuse.

Pour remplacer ces sortes d'ouvrages, j'ai réuni les règles données à ce sujet par d'anciens grammairiens ; j'ai ajouté mes propres remarques à ce travail, et dans une seconde partie, composée de phrases ou de morceaux extraits de plusieurs bons auteurs, j'ai enfreint à dessein les règles que j'avais établies dans la première, afin que chaque faute fournît l'occasion de rappeler un précepte. Cet ouvrage a donc été la première cacographie méthodique qui ait paru.

Bien que toutes les fautes que j'avais faites à dessein dans les exercices fussent raisonnées, plusieurs personnes, dont je respecte infiniment les avis, m'ont reproché de les avoir trop multipliées dans la première édition ; j'ai donc dû les rendre moins fréquentes dans celle-ci.

Je n'ai pu me dissimuler que ce manuel ne justifiait pas son titre, puisque la première partie ne traitait que de l'orthographe d'usage. Dans cette édition, j'ai rempli la lacune qui existait, en traitant également des principes dont je me suis efforcé de rendre l'application facile par des nouveaux exercices ajoutés dans la seconde partie.

MANUEL

DE

L'ORTHOGRAPHISTE.

L'ORTHOGRAPHE (*orthos graphein*) (écriture régulière) est la partie de la grammaire qui enseigne à écrire les mots d'une langue, d'après des règles et un usage reçus.

On divise l'orthographe en deux parties : l'une, nommée orthographe d'usage, est celle des mots écrits tels que le dictionnaire l'indique ; et l'autre est celle des principes, qui s'apprend par la connaissance des règles de la grammaire.

DES MOTS.

Les mots sont primitifs ou dérivés.

Les mots primitifs sont ceux qui servent à en former d'autres. EXEMPLES : *Faible, froid, grand, abandon*, etc.

Les mots dérivés sont ceux qui sont formés des primitifs. Tels sont *faiblesse, froidure, grandeur, abandonner*, etc.

RÈGLE DE FAMILLE OU DE DÉRIVATION.

L'orthographe des syllabes finales des mots primitifs est indiquée par la dérivation.

D'après la règle de dérivation on écrira les mots suivans comme ci-dessous :

PRIMITIFS.	DÉRIVÉS.	PRIMITIFS.	DÉRIVÉS.
Abricot.	Abricotier.	Brun.	Brune.
Accident.	Accidentel.	Amas.	Amasser.
Affront.	Affronter.	Prompt.	Prompte.
Arpent.	Arpentage.	Profit.	Profiter.
Faim.	Famine.	Rapport.	Rapporter.
Marquis.	Marquise.	Diffus.	Diffuse.
Gourmand.	Gourmande.	Roman.	Romance.
etc.	etc.	etc.	etc.

Cette règle offre a la vérité les exceptions suivantes, qu'il est bon de donner à écrire aux élèves jusqu'a ce qu'ils soient familiarisés avec l'orthographe de ces mots ; mais on peut juger de quelle utilité est une règle qui embrasse 6,000 mots, et qui offre tout au plus une exception sur 30.

EXCEPTIONS A LA RÈGLE CI-DESSUS.

Abri, absous, apostat, appetit, bijou, butor, cacao, caillou, choix, clou, coco, coin, corps, courroux, cours, croix, décès, depôt, dissous, domino, doux, écu, élan, entrepôt, époux, étain, examen, faisan, faux, favori, filou, folio, fourmi, frais, genou, glu, héros, heureux, horison, impôt, indigo, intérêt, jaloux, jus, loin, marais, noix, numero, paix, pied, plafond, poix, prix, puits, relais, renfort, ris, roux, sacristain, seing, sirop, soin, souris, verjus, témoin.

RÈGLES SUR LES SONS.

Le son A.

1° Tous les noms de dignité ou de profession qui se terminent par le son *a*, prennent un *t* final. Exemp.:

Avocat, cardinalat, marquisat, épiscopat, magistrat, notariat, sénat, tribunat, etc., etc.

2° La troisième personne du passé défini de la première conjugaison, et la troisième du futur de tous les verbes se terminent par un *a*.

EXEMPLES :

Il chanta, il mangea, il aima, il finira, elle recevra, elle coudra, etc., etc.

3° Le son *a*, dans les adverbes, se peint d'après l'orthographe de l'adjectif dont ils sont formés. D'après ce principe, *diligemment, patiemment, récemment,* etc., prennent un *e*, parce que leur adjectif *diligent, patient, récent,* etc., rendent le son *an* par *en*. *Abondamment, plaisamment, constamment,* le rendent par un *a*, parce que cette voyelle est employée dans l'adjectif pour peindre ce son. (*Voyez* la réduplication des consonnes, lettre *M*.)

D'après la règle de dérivation, le son *é* se rend par *er* dans les substantifs, et dans les adjectifs si l'*r* se fait entendre dans les dérivés. EXEMP. : *Berger, bergère; léger, légère; conseiller, conseillère; altier, altière; passager, passagère.*

Le son E.

Les substantifs intellectuels féminins, terminés en *té*, ne prennent qu'un *e* final, à moins qu'ils ne soient dérivés des verbes. EXEMP. : *Aménité, bonté, chasteté, curiosité, difficulté, moralité, pureté, simplicité,* etc.

Les substantifs matériels prennent deux *e*. EXEMP. : *Assiettée, potée, charretée, pâtée, la jattée,* etc.

On appelle substantifs matériels ceux qui désignent les objets qui peuvent tomber sous les sens, comme *arbre, enfant, maison, table,* etc., etc.

On appelle substantifs *intellectuels* ceux qui n'existent que dans notre imagination, tels sont *vertu, douceur, bonté, prudence*, etc., etc.

Le double son *ié* se rend par *iè* dans les substantifs féminins terminés en *re*. Exemples : *Lumière, prière, volière, souricière*.

Ce même son se rend par *ai* dans les substantifs masculins terminés en *re*. Exemples : *Bréviaire, plagiaire, vestiaire*, excepté *lierre, cimetière*.

Les noms masculins de profession, d'arbre, les infinitifs des verbes et les adjectifs qui se terminent par le son *ié* ajoutent un *r* à la fin. Exemples : *Marronnier, cotonnier, citronnier, cerisier, mûrier, jardinier, chaudronnier, journalier, familier, entier*, etc., excepté les adjectifs verbaux employés comme substantifs. Ex. : *Estropié, employé, envoyé*.

Les substantifs *amitié, moitié, pitié*, sont les seuls qui se terminent ainsi. Pied prend un *d* final.

Le son I.

Excepté la *nuit*, la *merci* et quelques noms d'animaux, tous les substantifs féminins qui se terminent par le son *i* prennent un *e* final. Ex. : *Broderie, draperie, coquetterie, loterie*, etc.

Le son O.

Les noms étrangers que l'usage a rendus français, sont les seuls qui se terminent par un *o*. Exemples : *numéro, zéro, quarto, echo, recto, solo, verso, quiproquo, piano, lavabo*, etc.

Ce même son final s'écrit par *ot, au, eau*. Remarquez que lorsqu'il se termine par *eau*, il n'ajoute jamais ni *t* ni *d* à la fin.

Exemples : *Pot, sot, crapaud, joyau, défaut, sceau, jumeau, boisseau, flambeau*.

Pour lever les difficultés, consultez les remarques suivantes : 1° Le son *o* se peint par *au*, lorsque dans les mots analogues on reconnaît la lettre *a*. Exemp. : *Balsamique* de *baume*, *calciner* de *chaux*, *malediction* de *maudire*.

2° Le son *o* s'écrit par *eau*, lorsqu'il y a un *e* suivi d'un *l* dans les mots analogues. Exemples : *Jouvencelle*, *jouvenceau* ; *jumelle*, *jumeau* ; *cervelle*, *cerveau* ; *tourterelle*, *tourtereau* ; *coutelier*, *couteau*, etc.

Pour l'orthographe des pluriels en *aux*, consultez celle de leur singulier. Exemples : *Mal*, *maux* ; *cheval*, *chevaux* ; *metal*, *métaux* ; *travail*, *travaux* ; *soupirail*, *soupiraux* ; etc.

Le son U.

Ce son, au commencement des mots, se peint toujours par *hu* devant un *i* ou un *m*. Ex. : *huile*, *humain*, etc.

La règle de dérivation fera facilement découvrir l'orthographe de cette finale dans un grand nombre de mots.

PRIMITIFS.	DERIVES.
Refus.	Refuser.
Perclus.	Percluse.
Infus.	Infuse.
Inclus.	Incluse.
Tribut.	Tributaire.
Diffus.	Diffuse.
Debut, etc.	Debuter, etc.

La prononciation des finales en *u* en fera connaître l'orthographe, surtout si on fait suivre la syllabe finale d'un mot commençant par une voyelle.

Exemples : *Blocus*, *rébus*, *plus*, *hiatus*, *chorus*, etc. Excepté *bru*, *glu*, *tribu*, *vertu*, les substantifs féminins terminés par le son *u*, prennent un *e* final.

Le son eu et le son ou.

Tous les adjectifs terminés par ce son prennent un *x* final. Ex. : *Laborieux, généreux, heureux*, excepté *bleu, hébreu.*

DES SONS NAZALS.

Tout son nazal, tels sont *an*, *in*, *on*, etc., se peint dans les syllabes initiales et médiales par un *n*, mais cette consonne se change en *m* devant un *p*, un *b* et un *m*. Ex. : *Indispensablement, enchantement, pincer, contentement, monter, poinçon, humblement, promptement.*

Quant aux syllabes finales, les dérivés feront souvent reconnaître la consonne des primitifs. EXEMPLE :

PRIMITIFS.	DÉRIVÉS.
Nom.	Nommé.
Parfum.	Parfumeur.
Destin.	Destinée.
Sultan.	Sultane.
Badin.	Badine, etc., etc.

Le son an.

Lorsqu'un mot est composé d'un substantif, ou d'un verbe précédé des prépositions *en* ou *entre*, ce son s'écrit nécessairement par un *e*.

EXEMPLES :

Barque, embarquer ; balle, emballer ; porter, emporter ; tas, entasser ; dormir, endormir ; manche, emmancher ; chaîne, enchaîner ; lacs, entrelacer ; entrecouper, entreprendre, etc.

Le son *an* s'écrit par *e* dans tous les verbes de la quatrième conjugaison.

EXEMPLES :

Entendre, prétendre, suspendre, comprendre, descendre, etc., excepté *répandre.*

Ce même son se peint également par un *e* dans les syllabes finales des adverbes de manière, et dans celles des substantifs de la famille des verbes.

EXEMPLES :

Sagement, prudemment, bonnement, divertissement, commencement, frottement, rugissement, etc. »

Le son an, par A.

Le son *an* se rend par un *a*, 1° dans les syllabes finales des participes présens. Ex. : *dansant, jouant, lisant, buvant,* etc., etc.

2° Lorsque ce son est accompagné de *ch.* EXEMPLES : *Branche, tranche, médial, chanson, méchant,* excepté *pencher.*

Les mots dérivés faciliteront beaucoup la peinture de ce son dans les syllabes finales des primitifs ; ainsi *romanesque, ottomane, musulmane, sultane,* indiqueront suffisamment que le son *an* doit être rendu par un *a* dans *roman, ottoman, musulman, sultan,* etc.

Dans les mots suivans, le son *an* se rend par *aon, faon, Laon, paon.*

Le son *an,* précédé d'une voyelle, s'écrit par *an* devant un *g.*

EXEMPLES : *Ranger, change, langue, louange, fange, mélange,* excepté *venger,* qui rentre dans la règle suivante.

Le son *an* se rend par *e* quand dans un mot de la même famille on trouve le son *in.*

Exemples : *Venger, vindicatif; empereur, impératrice; enfer, infernal; enflammer, inflammatoire;* excepté *langue,* quoique l'on trouve *in* dans lingual.

Le son in.

Excepté le mot *ainsi,* tous les autres rendent ce son initial par *in,* qui se change en *im* devant un *p* ou un *b.*

Lorsqu'un mot a dans ses analogues un *a* suivi de *m, n, g,* le son *in* doit être représenté par *aim* ou *ain.*

EXEMPLES :

Famine, faim; gagner, gain; manuel, main; panetier, pain; santé, sain.

In se rend par *ain* dans *contraindre, craindre, plaindre, vaincre.*

Excepté les verbes ci-dessus, tous les verbes en *indre* prennent *ein.* Ex. : *Teindre, peindre, éteindre, restreindre, geindre,* etc.

Quand un mot a dans ses analogues un *e* suivi de *m, n,* ou un *i* suivi de *gn,* ou *ng,* peignez le son *in* par *ein.*

EXEMPLES :

Sérénité, serein; signature, seing; rénale, reins, effréné, frein.

Dans les syllabes finales, le son *in* s'écrit par *en* quand il est précédé d'un *e* ou d'un *i.*

EXEMPLES :

Lycéen, Européen, bien, magicien, Egyptien, méridien, collégien, moyen, citoyen, soutien, maintien, etc.

Le son *ien* final s'écrit par *ien* ou *yen.* Il s'écrit par *yen* quand il est précédé d'un *o,* et par *ien,* dans toute autre circonstance. Ex. : *Moyen, citoyen, doyen, bien, rien, chrétien, mien,* etc.

D'après la règle de dérivation écrivez par *in*.

PRIMITIFS.	DÉRIVÉS.
Badin.	Badine.
Orphelin.	Opheline.
Fin.	Fine.
Mutin.	Mutiner.
Enfantin.	Enfantine.
Matin.	Marine.
Devin.	Deviner.

DES FINALES.

Finales en anse.

Il n'y a que cinq substantifs dans lesquels on peint cette finale par *anse*. Ex. : *Danse, anse, transe, panse, ganse*.

Finales en eur *ou* eure.

Excepté *heure, beurre* et *demeure,* les substantifs terminés par ce son ne prennent pas d'*e* final. Ex. : *Faveur, douceur, candeur, bonheur, frayeur,* etc.

Finales en ir *ou* ire.

Tous les verbes terminés par le son *ir*, dont le participe présent est terminé par *isan* ou *ivan*, sont de la quatrième conjugaison Ex. : *Disant, dire; écrivant, écrire; lisant, lire; luisant, luire; suffisant, suffire; prescrivant, prescrire*.

Tous les substantifs féminins terminés par le son *ir* ajoutent un *e* à la fin. Ex. : *Cire, lyre, myrrhe, satire,* etc.

Les verbes en *ir*, dont le participe présent ne se termine pas par le son *isan* ou *ivan*, sont de la deuxième conjugaison. EXEMPLES : *Finissant, finir; sentant, sen-*

tir; *dormant*, *dormir*; *réfléchissant*, *réfléchir*; excepté *maudire*, *bruire*, *rire*.

Finales en oir ou oire.

Tous les noms féminins terminés en *oir* prennent un *e* final. Ex. : *Victoire*, *gloire*, *écritoire*, *balançoire*, *histoire*, etc., etc.

Les noms masculins, terminés par ce son, ajoutent quelquefois un *e* après l'*r*, et quelquefois n'en ajoutent pas. Les règles suivantes sont d'un grand secours pour déterminer l'orthographe de cette finale.

Pour les noms de la famille des verbes, changez la finale du participe présent en *oir*.

EXEMPLES : *Abreuvant*, *abreuvoir*; *arrosant*, *arrosoir*; *rasant*, *rasoir*; *tirant*, *tiroir*; *grattant*, *grattoir*, etc. Pour les noms masculins qui ne peuvent pas être formés des participes présens, ajoutez un *e* final. EXEMPLES : *Ivoire*, *mémoire*, *interrogatoire*, *réfectoire*, *répertoire*, *purgatoire*, *directoire*.

EXCEPTIONS : *Dortoir*, *manoir*, *espoir*, *soir*.

Mettez un *e* à la fin de tous les adjectifs en *oir*, soit masculins, soit féminins, excepté *noir*.

Excepté *croire* et *boire*, les verbes terminés par le son *oir* ne prennent pas d'*e* final.

Finales en our.

Les substantifs ainsi terminés ne prennent pas d'*e* final.

EXEMPLES : *Amour*, *contour*, *détour*, *vautour*, *velours*, etc., excepté *bravoure*, *bourre*.

Finales en once.

Ces finales s'écrivent par *ce*, excepté le mot *réponse* du verbe *répondre*. EXEMPLES : *Annonce*, *nonce*, *once*, *ponce*, *raiponce* (plante).

Finales en sion.

Pour faciliter l'orthographe de ce son qui embarrasse si souvent les élèves, je diviserai en cinq classes, d'après l'ordre des voyelles, les différens mots qui prennent cette terminaison.

A — sion.

Les mots terminés en *a-sion* prennent un *t*. Exemp. : *Stagnation, acclamation, application, navigation, préparation, inondation,* etc., excepté *passion* et *compassion.*

E — sion.

Les mots terminés ainsi prennent deux *s*. Exemp. : *Cession, pression, procession, confession, expression, session,* excepté *sujétion, discrétion,* dont il est bien facile de connaître l'orthographe par la prononciation du *t,* dans *sujette, discrète.*

I — sion.

Toutes ces finales prennent un *t*. Exemples : *Apparition, addition, reddition, sédition,* excepté *mission* et ses composés, *commission, admission, permission,* etc.

O — sion.

Ces mots suivent la même orthographe que ceux en *a-sion.*

Exemples : *Motion, notion, potion,* etc., sans exception.

U — sion.

Les substantifs ainsi terminés prennent un *t*. Ex. : *Rétribution, révolution, résolution, diminution, constitution, locution,* excepté *discussion.*

Quant aux mots *concussion*, *percussion*, qu'on pourrait présenter comme devant faire exception, la manière de les prononcer me parait suffisamment en déterminer l'orthographe.

On peut resumer ces cinq règles en disant que les substantifs terminés en *sion* s'ecrivent par un *t* quand cette finale n'est pas précédée d'un *c*, excepte *passion*, *mission* et *discussion*.

Les mots dans lesquels *sion* est précédé d'un *c* modelent leur finale sur *déduction*. Exemples : *Dissection*, *perfection*, *affection*, *confection*, *faction*, *diction*.

Remarque sur la finale de la troisième personne du présent de l'indicatif des verbes en dre.

Pour savoir si la troisième personne du présent de l'indicatif des verbes en *dre*, doit se terminer par un *t* ou par un *d*, consultez les remarques suivantes :

1º Si le participe passé se termine par un *t*, la troisième personne du présent de l'indicatif prendra toujours cette consonne.

Exemples : *Plaint*, *il plaint* ; *joint*, *il joint* ; *mort*, *il meurt* ; *teint*, *il teint* ; etc., etc.

2º Si le participe passe se termine par toute autre lettre qu'un *t*, la troisième personne prendra toujours un *d* final.

Exemples : *Perdu*, *il perd* ; *pris*, *il prend* ; *mordu*, *il mord* ; *cousu*, *il coud* ; etc., etc.

ORTHOGRAPHE DES CONSONNES.

C.

Devant *a*, *o*, *u*, le *c* a le son du *k*. Exemples : *Coco*, *cocarde*, *cacao*.

Pour l'adoucir, et lui faire prendre le son de l'*s*, on

met au-dessous une cédille (¸). Exemples : *Hameçon, façon, maçon.*

D.

Le *d* final, peignant quelquefois la prononciation du *t* devant une voyelle ou un *h* muet, pour vous fixer sur le choix de la consonne, ayez recours à la dérivation. Ainsi, quoique *grand* et *galant* aient la même prononciation devant le mot *homme*, le choix ne sera plus douteux si l'on met ces adjectifs au féminin ; de même, quoique l'on prononce *profont'abime, froi-t'aux pieds,* les substantifs *profondeur, froideur,* indiquent que le son du *t* doit être peint par un *d.*

F.

Excepté *griffe, pontife,* les mots terminés en *if* (il y en a près de quatre cents) n'ajoutent pas d'*e* final. Exemples : *Adoptif, auditif, craintif, interrogatif, motif, décisif,* etc.

(Voir le redoublement des consonnes.)

Les mots terminés en *afe* s'écrivent par *afe*. Excepté *cénotaphe* et ceux qui sont terminés par le mot *graphe* emprunté du grec (γραφος).

Pour former les adjectifs féminins, changez *f* en *ve* : *Actif, active*; *pensif, pensive.*

Excepté *étoffe,* les mots terminés par ce son final s'écrivent par *ph*. Ex. *Strophe, apostrophe, limitrophe, philosophe,* etc.

G.

Pour adoucir la prononciation du *g* devant *a, o, u,* on met un *e* entre le *g* et la voyelle qui le suit.

Exemples : *Vengeance, plongeon, rangea,* etc.

G et F.

L'abbé *Cournault*, après avoir fait remarquer que la prononciation suffit pour décider sur le choix d'une de ces deux lettres, lorsqu'elles se trouvent entre *a*, *o*, *u*, et après avoir fait observer qu'il n'y a pas de syllabes en *ji* dans la langue française, donne les règles suivantes pour lever les difficultés que ces consonnes offrent devant l'*e*.

Le *g* ne s'emploie devant un *e* muet que dans deux circonstances :

1° Lorsque cet *e* muet finit le mot. EXEMPLES: *Forge, rouge, songe, tige, voltige, éponge*, etc.;

2° Lorsque dans le mot, cet *e* est suivi de *l*, *m*, *n*. EXEMP. : *Gelée, genoux, gémissement, général*. etc.

L. M. N. P.

(Voyez la réduplication des consonnes, page 18 et suivantes).

Q.

Cette lettre doit toujours être suivie d'un *u*, à moins qu'elle ne soit consonne finale. EXEMPLES : *Coquelicot, coquet, acquitter*, etc.

Le son *que* final s'écrit, ou par un *c*, ou par *que*. EXEMPLES : *Public, publique, trafic, troc*.

Dans les substantifs et les adjectifs féminins, ce son se rend par *que*. EXEMPLES : *Brique, colique, critique, publique, époque, toque, attaque, barraque*.

S.

La lettre *s* entre deux voyelles peint le son du *z*. EXEMPLES : *Désir, plaisant, oser*, etc., excepté *vésicatoire*, et les mots composés, comme *entre-sol, havresac, monosyllabe, préséance, parasol, vraisemblable*.

1° Le son de l's initial se rend par deux *s* dans les mots dérivés dont les primitifs se terminent par un *s*. EXEMPLES : *Bas, basse ; compas, compasser ; amas, amasser ; dos, endosser*, etc.

Ce même son se rend par un *c* dans les substantifs en *ance*, dérivés des adjectifs qui se terminent par un *t*, et généralement dans les finales des mots lorsqu'il existe un *c*, un *t*, ou un *x* dans leur analogue. EXEMPLES : *Indulgent, indulgence ; clément, clémence ; abondant, abondance ; courroux, courroucé ; gratifier, grace ; sentencieux, sentence ; lacs, lacer ; précipiter, précipice ; mont, monceau ; sortilége, sorcier*, etc.

(Voyez le redoublement des consonnes et les finales en *sion*, page 18).

T.

Cette lettre, suivie de l'*i*, s'emploie quelquefois pour peindre le son de l's. Ex. : *Ambition, action* ; mais elle conserve le son du *t* dans les noms où elle est précédée d'un *x* ou d'un *s*. EXEMPLES : *Digestion, mixtion, question*.

Elle le conserve encore dans la première personne du pluriel des verbes ; mais elle reprend le son de l's dans les substantifs qui ont la même orthographe :

Nous attentions.	Les attentions.
Nous inventions.	Les inventions.
Nous portions.	Les portions.
Nous objections.	Les objections.
Nous intentions.	Les intentions.
Nous adoptions.	Les adoptions.
Nous affections.	Les affections.

X.

Cette lettre prend le son de l's dans les primitifs,

et celui du *z* dans les composés. EXEMPLES : *Deux, deuxième; six, sixième, sixain; dix, dixième, dix-huit, dix-neuf.* (Ne mettez jamais d'accent sur l'*e* qui précède l'*x*.)

Y.

Cette lettre ayant le son de deux *i*, quand la prononciation ne fait entendre que le son d'un *i*, à la place de l'*y* grec mettez un *i* simple. Ainsi, quoique l'on écrive *joyeux, soyeux, employons, croyons;* écrivez *joie, soie, il emploie, ils croient.*

Remarquez que ce changement n'a lieu que devant l'*e* muet.

REDOUBLEMENT DES CONSONNES.

Une consonne ne se double jamais après un accent.

EXEMPLES : *Pale, crâne, conquête, hêtre, pénible, sévère, vêpres, apôtre, flûte.*

On ne double jamais la consonne après un *e* muet.

EXEMPLES : *Refuser, demeurer, peloton, melon, dangereux, remercier.*

Excepté *dessous* et les mots précédés de la particule *re*. Comme *reventes, ressembler, ressource.* Après la particule *pro*, aucune consonne ne se double. EXEMP. : *Proposer, proférer, profit, reproduire, propager.*

Il y a dans la langue française beaucoup de mots composés de la particule latine *in*. Cette particule a deux significations bien différentes, tantôt celle de la préposition *dans* ou *en*, et tantôt celle d'une négation : dans ce dernier cas, on l'appelle privative.

Elle a la première dans *infuse, inné, incursion;* et la seconde, dans *infructueux, intolérance, indocile.*

L'*n* de cette particule se change en *l*, devant un *l*; en *m*, devant un *m*; en *r*, devant un *r*. Si donc, pour donner aux mots *religieux*, *modeste*, *légitime*, une signification contraire, on les fait précéder de la particule *in*, on aura *irréligieux*, *immodeste*, *illégitime*.

Il est d'autant plus nécessaire de ne pas passer légèrement sur cette remarque, que tous les mots qui commencent par *l, m, n, r*, doublent nécessairement leur consonne initiale, lorsqu'on les emploie avec la particule *in*.

Les consonnes susceptibles d'être doublées sont *b, c, d, f, g, l, m, n, p, r, s, t*.

B.

Le *b* ne se double que dans *abbé*, *rabbin*, *sabbat*, et dans les mots de leur famille.

C.

Tous les verbes commençant par le son *ac* ou *oc*, et nécessairement leurs composés, c'est-à-dire ceux qui prennent un *r* devant la voyelle initiale, doublent le *c*.

EXEMPLES : *Accorder, accommoder, accueillir, accréditer, accourcir, raccourcir, raccorder, occasioner, occuper*, etc., excepté *acoquiner*.

D.

Cette consonne ne se double que dans *addition* et *reddition*.

F.

Cette lettre, entre deux voyelles, se double dans les mots simples, si elle est placée entre la première et la seconde syllabe, à moins qu'elle ne soit précédée de la particule *pro*, après laquelle aucune consonne ne se double.

Exemples : *Taffetas, affable, biffer, touffu, bouffon, raffoler, offenser, suffisamment, différent, difficile, raffinement, effet, effaroucher, effacer, office,* etc.

Exceptions : *Café, afin, trafic, bafouer.*

Lorsque dans les mots simples l'*s* se trouve entre deux voyelles après la seconde syllabe, elle ne se double jamais. Exemples : *Magnificence, simplifier, signification, gratification, carafe,* etc.

Ainsi, d'après la première et seconde règle de la réduplication, nous ne doublerons donc pas l'*f* dans *déférer, défendre,* parce qu'il est précédé d'une lettre accentuée, et nous ne le doublerons pas non plus dans *refuser,* parce qu'il est précédé d'un *e* muet.

(L'*e*, précédé d'une consonne et suivi d'un *f*, est toujours ou muet, ou accentué.)

G.

Le *g* ne se double que dans *aggraver, suggérer, agglomérer, agglutiner.*

L.

Cette lettre se double 1° dans les verbes de la première conjugaison, lorsque cette consonne, terminant le radical, est suivie d'un *e* muet.

Exemples : *J'appelle, nous appellerons, je renouvellerais, il chancellera,* etc.

2° Dans les feminins des adjectifs qui se terminent en *el*.

Exemples : *Artificiel-le, éternel-le, rationnel-le, naturel-le, révérentiel-le.*

3° Dans les mots commençant par un *l* que l'on fait précéder de la particule latine *in*, dont la consonne se change en *l* devant un *l*.

Exemples : *Il-légal, il-lustrer, il-légitime, il-licite, il-limité,*

LA LETTRE L NE SE DOUBLE PAS,

1° Dans les adjectifs terminés par le son *al*.
EXEMPLES : *Frugal, frugale: principal, principale; grammatical, grammaticale; provençal, provençale*, etc.

2° Après le son *ou*.
EXEMP. : *Douloureux, boulanger, bouleverser, boulevart, couleur, coulisse, roulement, poulie*, etc.

3° Après l'*i* précédé d'une consonne.
EXEMP. : *Diligent, dilater, prédilection, filer, pilotis, exiler*, etc. EXCEPTIONS : *Distiller, ville, mille, tranquille*, et nécessairement les mots où l'*l* est mouillé.

Le son de l'*l* mouillé se peint par *il* dans les finales des mots masculins.

EXEMP. : *Ail, bercail, camail, corail, travail, appareil, soleil, reveil, cerfeuil, deuil*, etc.

Dans les finales des noms féminins, ce son est représenté par deux *l* suivis d'un *e*.

EXEMP. : *Broussailles, médaille, abeille, bouteille, anguille, aiguille, cheville, vetille*.

M.

On double l'*m* dans les adverbes formés des adjectifs terminés en *ent* ou *ant*. Ex. : *Diligent, diligemment; prudent, prudemment; impudent, impudemment; abondant, abondamment; constant, constamment*.

L'*m* se double dans tous les verbes dont la première syllabe est *com*, et dans les mots de leur famille.
EXEMP. : *Commencer, commencement; commuer, communication, commander*, etc. Et dans les mots commençant par *som* ou *pom*. Ex. : *Sommaire, pommier, sommelier, pommade*.

L'*m* ne se double pas, 1° après l'*a* initial. EXEMP. :

Amorce, ami, amuser, amer, amidonnier, amande, amasser, etc., etc.

2° Après l'*i*, dans les syllabes médiales ou finales. Ex. : *Crime, légitime, victime, prime, dimension, diminuer, chimiste, primitif, ciment*, etc.

Il ne se double jamais après l'*u*.

N.

Cette consonne se double, 1° dans les verbes en *oner* bref. Ex. : *Tonner, couronner, sonner, raisonner, resonner, donner*, etc. Et les mots de leur famille. Excepté *occasioner, ramoner*.

2° Dans les noms d'arbre et de profession, quand elle est précédée d'un *o*.

Exemp. : *Bouchonnier, chaudronnier, cordonnier, boutonnier, cotonnier, citronnier*, etc.

3° Dans les féminins des adjectifs terminés en *en*.

Exemp. : *Musicien-ne, moyen-ne, païen-ne, chrétien-ne, européen-ne*, etc.

A moins que, consonne initiale d'un mot simple, elle ne soit précédée de la particule *in*, l'*n* ne se double pas après l'*i* et jamais après l'*u*.

Ex. : *Cuisine, praline, cousine, mine, chagrine, finir, prune, tribune, rancune*, etc.

P.

Les mots commençant par la syllabe *sup*, doublent le *p* dans les verbes et dans les mots de leur famille. Ex. : *Supplanter, supplication, supporter, supposer, suppression, supplicier*.

Hors le cas précédent, le *p* ne se double jamais après l'*u*. Ex. : *Superbe, superflu, suprême, soupir, poupe, dupe, jupe*, etc.

Le *p* ne se double après l'*i* que dans *nippe, lippe*, etc. Ex. : *Fripon, pipe, riposter*, etc.

R.

Cette consonne se double dans les futurs et les conditionnels simples des verbes *pouvoir, mourir, voir* et *courir.* Ex. : *Je courrai, je mourrai, nous pourrions, nous verrions.*

L'*r* ne se double ni après le son de l'*u* simple ni après un *i*, à moins qu'elle ne soit précédée de la particule *in*. Ex. : *Diriger, furieux, durable, miroir, pirate, puriste, suranné, curieux, curateur, blessure, dorure, sourire, faire, traire, braire, extraordinaire.*

S.

Cette lettre ayant le son du *z* entre deux voyelles, pour peindre le son de l'*s* dans le milieu des mots, doublez cette consonne dans les mots simples. Ex. : *Mousseline, casser, paresseux, passionner, essaim*, etc.

Cette règle ne peut s'appliquer à l'orthographe des mots composés ; ils conservent celle du mot simple. Ex. : *Pré-séance, pré-supposer, vrai-semblable, mono-syllabe, par-a-sol.*

T.

De même que l'*l*, le *t* se double lorsque cette consonne, terminant le radical des verbes de la première conjugaison, est suivie d'un *e* muet. Ex. : *Je jette, je cachette, j'étiquetterai, je projetterai.*

Le *t* se double encore dans les verbes, les adjectifs et les mots de leur famille, qui commencent par *at*. Ex. : *Attaquer, atteint, attelé, atténuer, attentif, attendrissement, attirer, attiser, altérer, attachement,* etc.

Il ne se double pas après l'*i*. Ex. : *Décrépite, exciter, critique, citation, pitié, mitiger, ritournelle, situé, titulaire, citerne, défaite, traite, cité* ; excepté *quitter, pittoresque, littéraire.*

Ne le doublez après l'*u* simple, que dans *butte, lutte, hutte*. Ex. : *Chute, culbute, volute, putatif, tutelle, disputer, buter*, etc.

Telles sont les règles que nous pouvons donner sur l'orthographe d'usage ; plusieurs d'entr'elles sont le fruit de mes remarques, et ont paru pour la première fois dans la première édition de cet ouvrage. Un plus grand nombre ont été extraites du *Manuel des Amateurs de la langue française*, rédigé par M. Boniface. J'aurais pu en ajouter davantage, mais j'ai cru devoir rejeter celles qui embrassent de nombreuses exceptions. L'expérience a suffisamment prouvé qu'il est impossible d'assujettir notre orthographe, souvent bisarre, à des règles certaines. Il est un grand nombre de mots dont l'orthographe ne peut être apprise que par un emploi fréquent. Le moyen qui m'a le mieux réussi avec mes élèves, c'est de leur faire reporter sur un cahier et par colonnes, les mots de leur dictée qu'ils ont mal orthographiés et dont le dictionnaire seul peut déterminer les signes graphiques. Ces colonnes, souvent consultées et copiées, peuvent servir de dictée dont le professeur supprime certains mots à mesure qu'ils sont bien connus des élèves [*].

---

[*] Pour diminuer le nombre de ces dictées, j'engage les élèves à faire entrer ces mots dans les matières de composition que je leur donne

DES SIGNES ORTHOGRAPHIQUES.

DES ACCENS.

Il y a trois accens; l'accent aigu (′), l'accent grave (`) et l'accent circonflexe (^).

L'accent aigu (′) se met de droit à gauche et se place sur les *é* fermes, lorsqu'ils terminent une syllabe : *témerité, célerité,* etc.

L'accent grave (`) se met de gauche à droite ; on le place sur les *è* ouverts lorsqu'ils terminent une syllabe : *succès, procès, excès.*

L'accent circonflexe (^) se met sur les voyelles longues comme dans *pâle, âge, fête, conquête.*

DU TRÉMA.

Le tréma (¨) sert à faire prononcer séparement la voyelle qui précede : *Ciguë, Naïf, Saül.*

DE L'APOSTROPHE.

L'apostrophe (') marque l'élision ou retranchement d'une des voyelles *a, e, i,* comme dans ces mots : *l'église, l'ombre, l'enfant, l'honneur,* pour la *église,* la *ombre,* le *enfant,* le *honneur.*

DE LA CÉDILLE.

La cedille (ç) est une marque que l'on met sous le c devant les voyelles *a, o, u,* pour lui donner le son de l's, *façade, glaçon, aperçu, déçue.*

DU TRAIT D'UNION.

Le trait d'union (-) s'emploie pour joindre ensemble deux mots qui n'en font plus qu'un, comme un *entre-sol,* des *abat-jours*; un *passe-port,* des *bouts-rimés.*

On l'emploie aussi lorsque les pronoms *je, tu, il, nous, vous, ils, ou elles,* employés comme sujet sont exprimés après le verbe.

On s'en sert encore *avant ci, la, celui-ci, celui-là, cette personne ci, cette maison-là, jusque-là.*

DE LA PARENTHÈSE.

La parenthèse ( ) est formée de deux lignes courbes, on s'en sert pour renfermer certains mots qui forment un sens séparé de celui de la phrase où ils sont insérés, mais qui servent cependant à l'éclaircir.

DE L'ASTÉRIQUE.

L'astérique (*) est une marque en forme d'étoile qui indique un renvoi.

DES GUILLEMETS.

Les guillemets («) sont deux espèces de virgules que l'on met au commencement ou au bout des lignes pour marquer des citations.

Quintilius abandonna le pillage du camp ennemi à l'armée qu'il avait amenée de Rome sans en rien retenir pour lui, et sans vouloir souffrir que les troupes du consul qu'il venait de dégager y prissent part. « Soldats, leur dit-il avec sévérité, vous qui avez été « à la veille de devenir la proie de nos ennemis, vous « ne partagerez point leurs dépouilles. »

DES LETTRES MAJUSCULES OU CAPITALES.

On commence par une lettre majuscule, tous les substantifs propres, tels que *César, Pompée, Paris,* la *Seine,* les *Apennins.*

Tous les mots qui commencent une phrase.

Et la première lettre d'un vers.

RÈGLES SUR LA FORMATION DU PLURIEL DANS LES SUBSTANTIFS ET LES ADJECTIFS.

1° Les substantifs et les adjetifs forment leur pluriel par l'addition d'un *s* au singulier.

EXEMPLES : Le *pêcheur adroit*, les *pêcheurs adroits*; le *père content*, les *pères contens*; la *tendre mère*, les *tendres mères*.

EXCEPTIONS.

1° Les substantifs et les adjetifs terminés au singulier par *s*, *x*, *z*, n'ajoutent rien au pluriel.

EXEMPLES : le *procès ruineux*, les *procès ruineux*; le *héros redouté*, les *héros redoutés*; le *cruel refus*, les *cruels refus*; le *courroux dangereux*, les *courroux dangereux*, etc.

2° Les substantifs terminés par *au*, par *eu*, ou par *ou*, prennent un *x* au pluriel.

Le *taureau dangereux*, les *taureaux dangereux*; le *bijou nouveau*, les *bijoux nouveaux*; le *beau tableau*, les *beaux tableaux*; le *hibou triste*, les *hiboux tristes*, etc.

Les substantifs suivans rentrent dans la règle générale.

Le *bambou*, les *bambous*; le *coucou*, les *coucous*; le *clou*, les *clous*; le *filou*, les *filous*; le *fou*, les *fous*; le *licou*, les *licous*; le *matou*, les *matous*; le *sapajou*, les *sapajous*; le *sou*, les *sous*; le *verrou*, les *verrous*.

3° Les substantifs en *ail*, en *al* et quelques adjetifs ainsi terminés, forment leur pluriel en *aux*.

EXEMPLES : Le *tribunal est impartial*, les *tribunaux sont impartiaux*; l'*amiral loyal*, les *amiraux loyaux*; l'*animal brutal*, les *animaux brutaux*; le *canal méridional*, les *canaux méridionaux*; le *travail*, les *travaux*; le *corail*, les *coraux*, etc.

Mots en *ail* et en *al* qui rentrent dans la règle générale : épouvantail, détail, portail, gouvernail, bal, carnaval, régal, théâtral, fatals, glacial, cal.

FORMATION DU FÉMININ DANS LES ADJECTIFS.

1re RÈGLE. Tout adjectif terminé au masculin par un *e* muet au masculin comme *tranquille, brave, aimable*, n'ajoute rien au féminin.

2me RÈGLE. Tout adjectif qui n'est pas terminé au masculin par un *e* muet en prend un au féminin : *prudent, prudente; glacial, glaciale; grand, grande*.

EXCEPTIONS.

Les adjetifs en *eur* qui sont formés d'un participe présent par le changement de *ant* en *eur*, forment leur pluriel en *euse*: *sauteur, sauteuse; coureur, coureuse; chanteur, chanteuse*, etc.

Les adjectifs terminés en *teur* font leur féminin en *trice* : *accusateur, accusatrice ; protecteur, protectrice*, etc.

Les adjetifs terminés en *érieur* prennent un *e* muet, *intérieur, intérieure ; supérieur, supérieure*.

Les suivants changent *eur* eu *eresse*.

EXEMPLES : *Vengeur, vengeresse; pécheur, pécheresse; chasseur, chasseresse; bâilleur, bâilleresse*.

Les adjectifs en *if* forment leur féminin en *ive* : *actif, active; attentif, attentive*, etc.

Les adjectifs en *eux* forment leur féminin en *euse* : *dangereux, dangereuse*.

Adjectifs qui ne sont soumis à aucune des règles ci-dessus.

Franc.	Franche.	Turc.	Turque.
Blanc.	Blanche.	Grec.	Grecque.
Sec.	Sèche.	Nouveau.	Nouvelle.
Public.	Publique.	Serviteur.	Servante.
Caduc.	Caduque.	Malin.	Maligne.
Favori.	Favorite.	Benin.	Benigne.
Coi. (tranquille) Coite.		Long.	Longue.

Pour les autres exceptions, voir la grammaire.

FORMATION DU PLURIEL DANS LES ADJECTIFS.

Les adjetifs forment leur pluriel par l'addition d'un *s*. EXEMPLES : Le *bon père*, les *bons pères*; la *jeune épouse*, les *jeunes épouses*; la *vertu aimable*, les *vertus aimables*.

EXCEPTIONS.

Les adjectifs terminés au singulier par *al*, font leur pluriel en *aux*.

Un *soldat loyal*, des *soldats loyaux*; un *produit végétal*, des *produits végétaux*.

Les adjectifs suivans rentrent dans la règle générale : *fatal, fatals; final, finals; nazal, nazals; théâtral, théâtrals.*

DES SUBSTANTIFS COMPOSÉS.

RÈGLES. Quand un substantif est composé de deux substantifs, l'un et l'autre prennent la marque du pluriel.

Un chef-lieu.	Des chefs-lieux.
Un choux-fleur.	Des choux-fleurs.
Un chien-loup.	Des chiens-loups.

EXCEPTIONS : *Bec-figue; appui-main*, des *appui-main; un brèche-dents*, des *brèche-dents.*

Quand un mot est composé d'un sustantif et d'un adjectif, l'un et l'autre prennent la marque du pluriel.

EXEMPLES :

Une aigue marine.	Des aigues-marines.
Un arc-boutant.	Des arcs-boutans.
Un bout rimé.	Des bouts-rimés.
Un cerf-volant.	Des cerfs-volans.
Une basse-taille.	Des basses-tailles.

EXCEPTE

Chevau-leger.	Des chevaux-légers.
Une grand-messe.	Des grands-messes.
Un blanc-seing.	Des blancs-seings.

Si un mot employé substantivement est composé de deux adjetifs, l'un et l'autre prennent la marque du pluriel.

La douce amère.	Des douces amères.
La toute bonne.	Des toutes bonnes.

Quand un mot est composé d'un substantif joint à un mot invariable, tels que une préposition ou un adverbe, le substantif seul prend la marque du pluriel.

EXEMPLES :

Un avant-coureur.	Des avant-coureurs.
Une avant-scène.	Des avant-scènes.
Un contre-coup.	Des contre-coups.
Un entre-sol.	Des entre-sols.

Quand un mot est composé de deux substantifs unis par une préposition exprimée ou sous-entendue, le premier seul prend la marque du pluriel,

(31)

EXEMPLES :

Un arc-en-ciel.   Des arcs-en-ciel.
Un chef-d'œuvre.   Des chefs-d'œuvre.
Un ciel-de-lit.   Des ciels-de-lit.
Un bain-marie.   Des bains-marie.
Un hôtel-Dieu.   Des hôtels-Dieu.
Un garde-marine.   Des gardes-marine.

Dans ces trois derniers, là préposition *de*, est sous-entendu entre les deux substantifs : un *bain de marie*, un *hôtel de Dieu*, un *garde de la marine*.

EXCEPTE :

Un coq à l'âne.   Des coq à l'âne.
Un tête-à-tête.   Des têtes-à-tête.
Un pied à terre.   Des pieds à terre.

SUBSTANTIFS DONT LE GENRE PEUT PARAITRE DOUTEUX.

MASCULINS.

Abîme.	Angle.	Auspice.
Acabit.	Angora.	Autel.
Accessoire.	Anis.	Avant-scène.
Acrostiche.	Anniversaire.	Automate.
Age.	Antidote.	Balustre.
Air.	Antipode.	Carrick.
Albâtre.	Antre.	Centime.
Alvéole.	Antimoine.	Chanvre.
Amadou.	Apologue.	Concombre.
Amalgame.	Arc de triomphe.	Crabe.
Ambe.	Armistice.	Décembre.
Amiante.	Artifice.	Disparate.
Amidon.	Astérisque.	Eclair.
Anachronisme.	Atôme.	Ellébore.
Anchois.	Auditoire.	Eloge.

Esclandre.	Hémisphère.	Onguent.
Emblême.	Hemistiche.	Opprobre.
Emetique.	Horoscope.	Orage.
Emplâtre.	Hospice.	Orchestre.
Empois.	Hôtel.	Organe.
Entresol.	Idiôme.	Orifice.
Epiderme.	Indice.	Ouvrage.
Epilogue.	Incendie.	Panache.
Episode.	Intervalle.	Parafe.
Epithalame.	Inventaire.	Pastel.
Equilibre.	Isthme.	Petale.
Eqinoxe.	Ivoire.	Pleurs.
Erysipele.	Légumes.	Pourpre.
Escalier.	Mânes.	Rebours.
Escompte.	Midi.	Renne.
Etage.	Monticule.	Simple.
Eventail.	Obélisque.	Theriaque.
Evangile.	Obstacle.	Ulcère.
Exemple.	Obus.	Ustensile.
Exorde.	Office.	Vivres.
Girofle.	Ongle.	

SUBSTANTIFS FÉMININS.

Acre.	Décrottoire.	Equivoque.
Alarme.	Dinde.	Exemple (d'écri.)
Alcove.	Disparate.	Entraves.
Amorce.	Ebène.	Epée.
Anagramme.	Ecaille.	Fibre.
Antichambre.	Eclipse.	Horloge.
Argile.	Ecritoire.	Hortensia.
Arrhes.	Ecume.	Huile.
Artère.	Ellipse.	Hydre.
Atmosphère.	Enclume.	Hyperbole.
Avant-scène.	Enigme.	Hypothèque.

Idole.	Omoplate.	Patère.
Immondices.	Once.	Pédale.
Insulte.	Oratoire.	Sentinelle.
Nacre.	Outre.	Stalle.
Oie.	Parabole.	Sandaraque.
Office.	Paroi.	Ténèbres.
Offre.		

Ce ou se.

Devant un nom, ce son est toujours adjetif démonstratif, et nécessairement s'écrit par un c. Devant un verbe, s'il sert de sujet, il est pronom démonstratif ; mais s'il est employé comme régime du verbe, il est pronom personnel, et conséquemment s'écrit par un s.

Les élèves qui ne distinguent pas encore bien le sujet et le régime peuvent s'aider de la remarque suivante.

Se, lorsqu'on peut mettre à l'infinitif le verbe qui le suit, s'écrit par un s ; partout ailleurs, écrivez ce.

Ex. : Ils se regardent, elles se donnent la main ; on peut dire se regarder, se donner la main ; dans tous les autres cas, le bon sens rejetterait l'infinitif.

Ses ou Ces

On distinguera facilement si cet adjectif est possessif ou démonstratif, en le mettant au singulier : s'il est démonstratif, écrivez ces ; s'il est possessif, ses.

Ex. : Ces roses sont jolies, mettez cette phrase au singulier, cette rose est jolie.

Ex. : L'homme sensé sacrifie ses plaisirs à ses devoirs ; tournez par le singulier, et vous aurez son plaisir à son devoir.

Leur ou leurs.

Leur, devant un verbe, est pronom personnel et signifie à eux, à elles; dans ce cas il ne prend jamais d'*s*.

Ex. : Les femmes doivent être attentives, car une simple apparence *leur* fait quelquefois plus de tort qu'une faute réelle.

Leur, devant un nom, est adjectif possessif, et prend un *s* si le substantif auquel il se rapporte est au pluriel.

Ex. : Les hommes rougissent moins de *leurs* crimes que de *leurs* faiblesses et de *leur* vanité.

Quand ou quant.

Quand pouvant se tourner par *lorsque*, ou *dans quel temps* prend un *d*.

Ex. : Un songe, un rien, tout lui fait peur *quand* il s'agit de ce qu'il aime. Jusques à *quand*, Catilina, abuserez-vous de notre patience?

Quant prend un *t* s'il peut se tourner par *à l'égard de, pour ce qui est de....* Partez, *quant* à moi je reste.

Quant à ces funestes évènemens, il y est tout-à-fait étranger.

Quelque.

Quelque a deux emplois bien différens : ou il modifie un substantif, ou il modifie un adjectif.

S'il modifie un substantif, il prend la marque du pluriel si le substantif est au pluriel; s'il modifie un adjectif, il ne prend jamais d'*s*: dans ce cas, il peut se tourner *par*, *si*, ou par *quoique*.

Ex. : *Quelques* personnes imprudentes ont mal parlé de vous.

J'ai visité *quelques* malades; *quelques* légères fautes que j'ai commises m'ont valu cette punition.

Dans cet exemple, *quelques* modifie les substantifs *personne, malade, fauces;* il est donc adjectif, il doit s'accorder.

Quelque terribles que paraissent ces hommes, ils ne nous ont pas effrayés.

Quelque sincères que les hommes paraissent être...

Dans ces derniers exemples, *quelque* modifie un adjectif; il est invariable.

Quelque suivi d'un verbe s'écrit en deux mots; alors, *quel* est un adjectif qu'il faut faire accorder en genre et en nombre avec le substantif qui suit le verbe, et le *que* reste invariable.

EXEMPLE :

Quels que soient les humains, il faut vivre avec eux.
Un mortel difficile est toujours malheureux.

Quelle que soit votre intention; *quels que* soient vos desseins; *quelles que* soient vos vues.

Tout.

Quand *tout* modifie un substantif il est adjectif, et comme tel s'accorde avec ce substantif ou le pronom auquel il se rapporte.

Ex. : *Tous* les jours je la vois et....

Toutes les personnes sensées blâmeront cette démarche.

Si *tout* modifie un adjectif ou un adverbe, il devient adverbe, et comme tel demeure invariable, alors il peut se tourner par *tout-à-fait, entièrement, quelque.*

Les auteurs étaient *tout* aussi ignorans que les spectateurs.

Là nous vîmes les soldats *tout* consternés de la perte qu'ils avaient faite.

« *Tout* est variable pour raison d'euphonie, quand l'adjectif ou le participe qui suit le substantif commence par une consonne ou un *h* aspiré, dans ce cas on sacrifie la règle de la grammaire à l'oreille dont la délicatesse serait blessée par ces expressions : *Tout* bonnes que soient ces dames ; *tout* belles que soient ces promenades et l'on écrit avec l'accord : *Toutes* bonnes que soient ces dames, *toutes* belles que soient vos promenades.

Demi, demie. — *Nu, nue.*

Demi, suivi d'un substantif, ne prend ni genre ni nombre, et s'écrit avec un trait d'union entre les deux mots ; mais si le substantif le précède, il en prend le genre. Excepté *nu-tête, tête nue, nu-pieds, pieds nus.*

Même règle pour *nu* et *nue*.

Feu ou *Feue.*

Feu, placé devant l'article ou un adjectif possessif, ne prend ni genre ni nombre.

Ex. : *Feu* la reine, *feu* ma nièce ; mais on écrira après l'article ou l'adjectif possessif, la *feue* reine, ma *feue* nièce.

Excepté, supposé, vu, attendu, passé.

Ces mots, placés avant des substantifs, deviennent prépositions, et alors ils sont invariables ; mais s'ils sont après, ils s'accordent en genre et en nombre avec le substantif ou le pronom qui les précède.

Ex. : *Excepté* mes sœurs, *passé* l'heure de midi, *attendu* les circonstances, etc.

Adjectifs de nombre.

Cent au pluriel et *vingt* dans quatre-vingt prennent un *s* lorsqu'ils sont suivis d'un substantif; mais suivis d'un adjectif de nombre ils n'en prennent pas.

EXEMPLE : Trois *cents* hommes, *quatre-vingts* soldats, *trois cent deux* hommes, *quatre-vingt-quatre* soldats.

Aucun adjectif de nombre cardinal, terminé en *e* muet, ne prend d'*s* final.

Même.

Même est adjectif ou adverbe ; s'il est adjectif il s'accorde avec son substantif. EXEMPLES : *Les mêmes personnes se présentèrent plusieurs fois; les dieux mêmes étaient jaloux des bergers.*

S'il est adverbe, il est nécessairement invariable.

EXEMPLES : Les *soldats*, les *officiers*, les *généraux* même ne purent s'empêcher de l'admirer.

Il est quelquefois difficile de distinguer *même* adjectif de *même* adverbe. Les remarques suivantes pourront lever cette difficulté.

Si *même* est immédiatement précédé d'un article ou d'un adjectif déterminatif, il est adjectif. Ex. : Les *mêmes* hommages lui furent rendus ; ces *mêmes* personnes ont échoué ; c'est le sentiment des *mêmes* personnes qui vous ont parlé.

Il est encore adjectif si l'on peut placer les pronoms, *lui, eux, elle, elles* devant le mot *même*. Il est donc adjectif dans ces phrases : les soldats, les généraux même furent pris ; dans ce cas on peut dire les généraux eux-mêmes furent pris. Ce mot se rapportant aux substantifs généraux, *même* est adjectif.

Même est adverbe quand il modifie un verbe.

EXEMPLES : Les hommes donnerent *même* des larmes a sa mort.

On blamait sa valeur, ses vertus *même*, que l'on attribuait a l'hypocrisie.

Même est ici considéré comme adverbe, parce que dans le premier exemple il modifie le verbe *donner*, et dans le second le verbe *blâmer*; généralement on doit le regarder comme adverbe quand il peut se tourner par *aussi*, de *plus*, *encore*. Alors il peut facilement se transposer sans changer le sens de la phrase. Dans le premier de ces deux exemples, on peut mettre le mot *même* avant le verbe au lieu de le mettre après; dans le second on peut le mettre immédiatement après *on blamait* sous entendu après le premier regime, sans changer le sens de la phrase.

DU VERBE.

Le verbe est un mot dont le principal usage est d'exprimer l'affirmation : quand je dis : la vertu est aimable, j'affirme que la qualité marquée par l'adjectif *aimable* convient a la vertu, et le mot *est* qui exprime cette affirmation est un verbe.

DES DIFFÉRENTES SORTES DE VERBES.

Il y a cinq sortes de verbes : le verbe *actif*, le verbe *passif*, le verbe *neutre*, le verbe *pronominal*, et le verbe *impersonnel*.

Le verbe *actif* est celui qui marquant une action faite par le sujet à un complément direct : j'aime mon frère ; je chante une romance ; j'admire ce tableau: *aimer*, *chanter*, *admirer*, sont des verbes actifs.

On appelle verbe *passif* celui qui se forme du verbe *actif*, en prenant le complément direct pour en faire le sujet du verbe. Il marque une action reçue ou soufferte par le sujet. Ex. : Mon frère *a été récompensé* par ses maîtres. Ciceron *est admiré* de tous les savans. Les paresseux *sont méprisés.*

On appelle verbe *neutre* celui dont l'action est faite par le sujet, mais qui n'a point de complément direct. : Ex. Je *languis,* nous *tombons,* ils *dorment,* etc. On ne peut pas dire *tomber* quelqu'un, *languir* quelque chose, etc.

On appelle *pronominal* un verbe qui se conjugue avec deux pronoms de la même personne, comme *je m'abstiens, il s'empare, nous nous repentons*.

On appelle verbe *impersonnel* celui qui ne s'emploie dans tous ses temps qu'à la troisième personne du singulier : *Il pleut, il importe, il faut,* etc.

Réciter de suite les différens modes d'un verbe avec tous leurs temps, leurs nombres et leurs personnes, cela s'appelle conjuguer.

DES MODES.

Le mot *mode* veut dire manière.

On appelle *mode* les différentes manières d'employer le verbe. Il y a cinq *modes*: l'*indicatif,* le *conditionnel,* l'*impératif,* le *subjonctif* et l'*infinitif.*

On emploie l'*indicatif* quand on affirme qu'une chose est, a été ou sera : *je suis, j'ai été, je serai.*

Le *conditionnel* quand on dit qu'une chose serait ou aurait été moyennant une condition : *Vous seriez heureux si vous borniez vos desirs ; il aurait été récompensé s'il eût travaillé.*

L'*impératif,* quand on commande qu'une chose se fasse : *Soyez toujours des lois l'interprète suprême.*

Le *subjonctif,* quand on exprime l'affirmation d'une manière subordonnée et dépendante : *Je desire que vous terminiez ce tableau ; il faut que nous montions à cheval.*

L'infinitif, pour exprimer l'action ou l'état en général sans nombre ni personne : *aimer, finir, comprendre.*

DES TEMPS.

L'indicatif renferme huit temps, savoir :

Un *présent* qui marque qu'une chose se fait au moment ou l'on parle : *La vérité est le premier hommage qu'on doit aux rois.*

L'imparfait marque qu'une chose se faisait en même temps qu'une autre dans un temps passé : *Pendant que votre frère jouait, je me livrais au plaisir de l'étude.*

Le passé *défini* marque qu'une chose a été faite dans un temps déterminé, et qui est entièrement écoulé : *Charlemagne mourut l'an 814.*

Le *passé indéfini* marque qu'une chose a été faite dans un temps qui n'est pas déterminé : *Je suis revenu de la campagne ; j'ai cultivé les fleurs.*

Le *passé* antérieur marque qu'une chose a été faite avant une autre : *Dès que nous l'eûmes vu nous l'appelâmes.*

Le *plusque-parfait* marque qu'une chose était déjà passée quand on en a fait une autre : *Vous aviez apporté les livres quand je suis entré.*

Le *futur simple* ou *absolu,* qui marque qu'une chose se fera dans un temps où l'on n'est pas encore : *Je m'approcherai demain de cette demeure ; personne ne se présentera avant un mois.*

Le *futur antérieur* marque qu'une chose sera faite quand on en fera une autre : *Quand vous aurez lu vous me prêterez votre livre.*

Le *conditionnel* renferme deux temps : le *présent,* qui exprime qu'une chose se ferait ou serait moyennant une condition : *Si je le rencontrais je lui parlerais.*

Le *conditionnel passé* marque qu'une chose aurait été, si certaine condition avait eu lieu : *S'il avait voulu, il aurait terminé son ouvrage; nous eussions pu réussir, si nous avions montré plus de fermeté.*

Le *subjonctif* renferme quatre temps.

Le *présent* qui marque un *présent* ou un *futur* à l'égard du verbe avec lequel il est en concordance :

Je veux qu'ils soient heureux.

L'*imparfait*, qui marque un présent relatif ou un futur à l'égard du verbe avec lequel il est en concordance :

Il desirait que nous célébrassions cette fête.

Le *passé* et le *plusque-parfait* marquent ordinairement un *passé* à l'égard du verbe avec lequel ils sont en concordance :

Je doute que vous ayez accompli vos promesses.
J'avais craint que vous ne vous fussiez emporté.

L'infinitif a quatre temps.

Le présent, *aimer, finir, suspendre.*
Le passé, *avoir aimé, avoir fini.*
Le participe présent, *aimant, finissant, recevant.*
Le participe passé, *aimé, fini, reçu, suspendu.*

Conjugaison du verbe être.

MODE INDICATIF.

PRÉSENT.

Je suis.
Tu es.
Il est.
Nous sommes.
Vous êtes.
Ils sont.

IMPARFAIT.

J'étais.
Tu étais.
Il était.
Nous étions.
Vous étiez.
Ils étaient.

PASSÉ DÉFINI.

Je fus.
Tu fus.
Il fut.
Nous fûmes.

Vous fûtes.
Ils furent.

PASSÉ INDÉFINI.

J'ai été.
Tu as été.
Il a été.
Nous avons été.
Vous avez été.
Ils ont été.

PASSÉ ANTÉRIEUR.

Lorsque

J'eus été.
Tu eus été.
Il eut été.
Nous eûmes été.
Vous eûtes été.
Ils eurent été.

PLUSQUE-PARFAIT.

J'avais été.
Tu avais été.
Il avait été.
Nous avions été.
Vous aviez été.
Ils avaient été.

FUTUR.

Je serai.
Tu seras.
Il sera.
Nous serons.
Vous serez.
Ils seront.

FUTUR ANTÉRIEUR.

J'aurai été.
Tu auras été.
Il aura été.
Nous aurons été.

Vous aurez été.
Ils auront été.

CONDITIONNEL

PRÉSENT OU FUTUR.

Je serais.
Tu serais.
Il serait.
Nous serions.
Vous seriez.
Ils seraient.

MODE CONDITIONNEL PASSÉ.

J'aurais été.
Tu aurais été.
Il aurait été.
Nous aurions été.
Vous auriez été.
Ils auraient été.

On dit aussi

J'eusse été.
Tu eusses été.
Il eût été
Nous eussions été.
Vous eussiez été.
Ils eussent été.

MODE IMPÉRATIF.

Sois.
Soyons.
Soyez.

MODE SUBJONCTIF.

Il faut

Que je sois.
Que tu sois.
Qu'il soit.
Que nous soyons.
Que vous soyez.
Qu'ils soient.

IMPARFAIT.
Il fallait, il faudrait
Que je fusse.
Que tu fusses.
Qu'il fût.
Que nous fussions.
Que vous fussiez.
Qu'ils fussent.

PASSÉ.
Il a fallu
Que j'aie été.
Que tu aies été.
Qu'il ait été.
Que nous ayons été.
Que vous ayez été.
Qu'ils aient été.

PLUSQUE-PARFAIT.
Il aurait fallu
Que j'eusse été.
Que tu eusses été.
Qu'il eût été.
Que nous eussions été.
Que vous eussiez été.
Qu'ils eussent été.

MODE INFINITIF.
Être.

PASSÉ.
Avoir été.

PARTICIPE PRÉSENT.
Étant.

PARTICIPE PASSÉ.
Été, ayant été.

VERBE AVOIR.

MODE INDICATIF.

PRESENT.
J'ai.
Tu as.
Il a.
Nous avons.
Vous avez.
Ils ont.

IMPARFAIT.
J'avais.
Tu avais.
Il avait.
Nous avions.
Vous aviez.
Ils avaient.

PASSÉ DÉFINI.
J'eus.
Tu eus.
Il eut.
Nous eûmes.
Vous eûtes.
Ils eurent.

PASSÉ INDEFINI.
J'ai eu.
Tu as eu.
Il a eu.
Nous avons eu.
Vous avez eu.
Ils ont eu.

PASSÉ ANTÉRIEUR.
J'eus eu.
Tu eus eu.
Il eut eu.
Nous eûmes eu.
Vous eûtes eu.
Ils eurent eu.

PLUSQUE-PARFAIT.

J'avais eu.
Tu avais eu.
Il avait eu.
Nous avions eu.
Vous aviez eu.
Ils avaient eu.

FUTUR.

J'aurai.
Tu auras.
Il aura.
Nous aurons.
Vous aurez.
Ils auront.

FUTUR ANTÉRIEUR.

J'aurai eu.
Tu auras eu.
Il aura eu.
Nous aurons eu.
Vous aurez eu.
Ils auront eu.

CONDITIONNEL

PRESENT ou FUTUR.

J'aurais.
Tu aurais.
Il aurait.
Nous aurions.
Vous auriez.
Ils auraient.

CONDITIONNEL PASSE.

J'aurais eu.
Tu aurais eu.
Il aurait eu.
Nous aurions eu.
Vous auriez eu.
Ils auraient eu.

On dit aussi :

J'eusse eu,

Tu eusses eu.
Il eût eu.
Nous eussions eu.
Vous eussiez eu.
Ils eussent eu.

MODE IMPÉRATIF.

Aie.
Ayons.
Ayez.

MODE SUBJONCTIF.

PRESENT.

Il faut

Que j'aie.
Que tu aies.
Qu'il ait.
Que nous ayons.
Que vous ayez.
Qu'ils aient.

IMPARFAIT.

Il fallait

Que j'eusse.
Que tu eusses.
Qu'il eût.
Que nous eussions.
Que vous eussiez.
Qu'ils eussent.

PASSE.

Il a fallu

Que j'aie.
Que tu aies.
Qu'il ait.
Que nous ayons.
Que vous ayez.
Qu'ils aient.

PLUSQUE-PARFAIT.

Il aurait fallu

Que j'eusse eu,

Que tu eusses eu.
Qu'il eût eu.
Que nous eussions eu.
Que vous eussiez eu.
Qu'ils eussent eu.

MODE INFINITIF.

PRÉSENT.
Avoir.

PASSÉ.
Avoir eu.

PARTICIPE PRÉSENT.
Ayant.

PARTICIPE PASSÉ.
Eu, eue, ayant eu.

PREMIÈRE CONJUGAISON.

MODE INDICATIF.

PRÉSENT.
Je chant *e*.
Tu chant *es*.
Il chant *e*.
Nous chant *ons*.
Vous chant *ez*.
Ils chant *ent*.

IMPARFAIT.
Je chant *ais*.
Tu chant *ais*.
Il chant *ait*.
Nous chant *ions*.
Vous chant *iez*.
Ils chant *aient*.

PASSÉ DÉFINI.
Je chant *ai*.
Tu chant *as*.
Il chant *a*.
Nous chant *âmes*.
Vous chant *âtes*.
Ils chant *èrent*.

PASSÉ INDÉFINI.
J'ai chant *é*.
Tu as chant *é*.
Il a chant *é*.
Nous avons chant *é*.
Vous avez chant *é*.
Ils ont chant *é*.

PASSÉ ANTÉRIEUR.
Lorsque
J'eus chant *é*.
Tu eus chant *é*.
Il eut chant *é*.
Nous eûmes chant *é*.
Vous eûtes chant *é*.
Ils eurent chant *é*.

PLUSQUE-PARFAIT.
J'avais chant *é*.
Tu avais chant *é*.
Il avait chant *é*.
Nous avions chant *é*.
Vous aviez chant *é*.
Ils avaient chant *é*.

FUTUR.
Je chant *erai*.
Tu chant *eras*.
Il chant *era*.
Nous chant *erons*.
Vous chant *erez*.
Ils chant *eront*.

(46)

FUTUR ANTÉRIEUR.

J'aurai chant *e*.
Tu auras chant *é*.
Il aura chant *é*.
Nous aurons chant *é*.
Vous aurez chant *é*.
Ils auront chant *e*.

CONDITIONNEL

PRESENT.

Je chant *erais*.
Tu chant *erais*.
Il chant *erait*.
Nous chant *erions*.
Vous chant *eriez*.
Ils chant *eraient*.

CONDITIONNEL PASSÉ.

J'aurais chant *é*.
Tu aurais chant *é*.
Il aurait chant *é*.
Nous aurions chant *e*.
Vous auriez chant *é*.
Ils auraient chant *é*.

On dit aussi :

J'eusse chant *é*.
Tu eusses chant *é*.
Il eût chant *é*.
Nous eussions chant *é*.
Vous eussiez chant *e*.
Ils eussent chant *e*.

IMPÉRATIF.

Chant *e*.
Chant *ons*.
Chant *ez*.

SUBJONCTIF.

PRÉSENT.

Il faut

Que je chant *e*.
Que tu chant *es*.
Qu'il chant *e*.
Que nous chant *ions*.
Que vous chant *iez*.
Qu'ils chant *ent*.

IMPARFAIT.

Il fallait

Que je chant *asse*.
Que tu chant *asses*.
Qu'il chant *ât*.
Que nous chant *assions*.
Que vous chant *assiez*.
Qu'ils chant *assent*.

PASSE.

Il a fallu

Que j'aie chant *é*.
Que tu aies chant *é*.
Qu'il ait chant *é*.
Que nous ayons chant *é*.
Que vous ayez chant *é*.
Qu'ils aient chant *e*.

PLUSQUE-PARFAIT.

Il aurait fallu

Que j'eusse chant *e*.
Que tu eusses chant *é*.
Qu'il eût chant *é*.
Que nous eussions chant *é*.
Que vous eussiez chant *e*.
Qu'ils eussent chant *é*.

INFINITIF.

PRÉSENT.

Chant *er*.

PASSÉ.

Avoir chant *é*.

PARTICIPE PRÉSENT.	PASSÉ.
Chant *ant*.	Chant *é*, chant *ée*, ayant chant *é*.

Ainsi se conjuguent *ordonner, parler, concilier, embarrasser, oser, frapper, détester, enchaîner, creuser, avancer, fréquenter, exciter, exécuter, abhorrer*, etc.

SECONDE CONJUGAISON.

MODE INDICATIF.

PRÉSENT.

Je pun *is*.
Tu pun *is*.
Il pun *it*.
Nous pun *issons*.
Vous pun *issez*.
Ils pun *issent*.

IMPARFAIT.

Je pun *issais*.
Tu pun *issais*.
Il pun *issait*.
Nous pun *issions*.
Vous pun *issiez*.
Ils pun *issaient*.

PASSÉ DÉFINI.

Je pun *is*.
Tu pun *is*.
Il pun *it*.
Nous pun *îmes*.
Vous pun *îtes*.
Ils pun *irent*.

PASSÉ INDÉFINI.

J'ai pun *i*.
Tu as pun *i*.
Il a pun *i*.
Nous avons pun *i*.
Vous avez pun *i*.
Ils ont pun *i*.

PASSÉ ANTÉRIEUR.

Dès que

J'eus pun *i*.
Tu eus pun *i*.
Il eut pun *i*.
Nous eûmes pun *i*.
Vous eûtes pun *i*.
Ils eurent pun *i*.

PLUSQUE-PARFAIT.

J'avais pun *i*.
Tu avais pun *i*.
Il avait pun *i*.
Nous avions pun *i*.
Vous aviez pun *i*.
Ils avaient pun *i*.

FUTUR.

Je pun *irai*.
Tu pun *iras*.
Il pun *ira*.
Nous pun *irons*.
Vous pun *irez*.
Ils pun *iront*.

FUTUR ANTÉRIEUR.

J'aurai pun *i*.
Tu auras pun *i*.

Il aura pun *i*.
Nous aurons pun *i*.
Vous aurez pun *i*.
Ils auront pun *i*.

CONDITIONNEL

PRÉSENT.

Je pun *irais*.
Tu pun *irais*.
Il pun *irait*.
Nous pun *irions*.
Vous pun *iriez*.
Ils pun *iraient*.

CONDITIONNEL PASSÉ.

J'aurais pun *i*.
Tu aurais pun *i*.
Il aurait pun *i*.
Nous aurions pun *i*.
Vous auriez pun *i*.
Ils auraient pun *i*.

On dit aussi :

J'eusse pun *i*.
Tu eusses pun *i*.
Il eût pun *i*.
Nous eussions pun *i*.
Vous eussiez pun *i*.
Ils eussent pun *i*.

MODE IMPÉRATIF.

Pun *is*.
Pun *issons*.
Pun *issez*.

MODE SUBJONCTIF.

PRÉSENT.

Il faut

Que je pun *isse*.
Que tu pun *isses*.
Qu'il pun *isse*.
Que nous pun *issions*.
Que vous pun *issiez*.
Qu'ils pun *issent*.

PASSÉ.

Il a fallu

Que j'aie pun *i*.
Que tu aies pun *i*.
Qu'il ait pun *i*.
Que nous ayons pun *i*.
Que vous ayez pun *i*.
Qu'ils aient pun *i*.

IMPARFAIT.

Il faudrait

Que je pun *isse*.
Que tu pun *isses*.
Qu'il pun *ît*.
Que nous pun *issions*.
Que vous pun *issiez*.
Qu'ils pun *issent*.

PASSÉ.

Il a fallu

Que j'aie pun *i*.
Que tu aies pun *i*.
Qu'il ait pun *i*.
Que nous ayons pun *i*.
Que vous ayez pun *i*.
Qu'ils aient pun *i*.

PLUSQUE PARFAIT.

Il aurait fallu.

Que j'eusse pun *i*.
Que tu eusses pun *i*.
Qu'il eût pun *i*.
Que nous eussions pun *i*.
Que vous eussiez pun *i*.
Qu'ils eussent pun *i*.

MODE INFINITIF.

PRÉSENT.

Pun *ir*.

PASSÉ.

Avoir pun *i*.

PARTICIPE PRÉSENT.

Pun *issant*.

PARTICIPE PASSÉ.

Pun *i*, pun *ie*, ayant pun *i*.

Ainsi se conjuguent *finir, fournir, avertir, remplir, nourrir, engloutir, réjouir, étourdir, affermir*.

TROISIÈME CONJUGAISON

MODE INDICATIF.

PRÉSENT.

Je reç *ois*.
Tu reç *ois*.
Il reç *oit*.
Nous rec *evons*.
Vous rec *evez*.
Ils reç *oivent*.

IMPARFAIT.

Je rec *evais*.
Tu rec *evais*.
Il rec *evait*.
Nous rec *evions*.
Vous rec *eviez*.
Ils rec *evaient*.

PASSÉ DÉFINI.

Je reç *us*.
Tu reç *us*.
Il reç *ut*.
Nous reç *ûmes*.
Vous reç *ûtes*.
Ils reç *urent*.

PASSÉ INDÉFINI.

J'ai reç *u*.
Tu as reç *u*.
Il a reç *u*.
Nous avons reç *u*.
Vous avez reç *u*.
Ils ont reç *u*.

PASSÉ ANTÉRIEUR.

Lorsque

J'eus reç *u*.
Tu eus reç *u*.
Il eut reç *u*.
Nous eûmes reç *u*.
Vous eûtes reç *u*.
Ils eurent reç *u*.

PLUSQUE-PARFAIT.

J'avais reç *u*.
Tu avais reç *u*.
Il avait reç *u*.
Nous avions reç *u*.
Vous aviez reç *u*.
Ils avaient reç *u*.

FUTUR.

Je rec *evrai*.
Tu rec *evras*.
Il rec *evra*.
Nous rec *evrons*.
Vous rec *evrez*.
Ils rec *evront*.

FUTUR ANTÉRIEUR.

J'aurai reç *u*.
Tu auras reç *u*.
Il aura reç *u*.
Nous aurons reç *u*.

Vous auriez reç*u*.
Ils auront reç*u*.

MODE CONDITIONN.

PRÉSENT.

Je rec *evrais*.
Tu rec *evrais*.
Il rec *evrait*.
Nous rec *evrions*.
Vous rec *evriez*.
Ils rec *evraient*.

PASSÉ.

J'aurais reç *u*.
Tu aurais reç *u*.
Il aurait reç *u*.
Nous aurions reç *u*.
Vous auriez reç *u*.
Ils auraient reç *u*.

On dit aussi :

J'eusse reç *u*.
Tu eusses reç *u*.
Il eût reç *u*.
Nous eussions reç *u*.
Vous eussiez reç *u*.
Ils eussent reç *u*.

MODE IMPÉRATIF.

Reç *ois*.
Rec *evons*.
Rec *evez*.

MODE SUBJONCTIF.

PRÉSENT.

Il faut

Que je reç *oive*.
Que tu reç *oives*.
Qu'il reç *oive*.
Que nous rec *evions*.
Que vous rec *eviez*.
Qu'ils reç *oivent*.

IMPARFAIT.

Il fallait

Que je reç *usse*.
Que tu reç *usses*.
Qu'il reç *ût*.
Que nous reç *ussions*.
Que vous reç *ussiez*.
Qu'ils reç *ussent*.

PASSÉ.

Il a fallu

Que j'aie reç *u*.
Que tu aies reç *u*.
Qu'il ait reç *u*.
Que nous ayons reç *u*.
Que vous ayez reç *u*.
Qu'ils aient reç *u*.

PLUSQUE-PARFAIT.

Il aurait fallu

Que j'eusse reç *u*.
Que tu eusses reç *u*.
Qu'il eût reç *u*.
Que nous eussions reç *u*.
Que vous eussiez reç *u*.
Qu'ils eussent reç *u*.

INFINITIF.

PRÉSENT.

Recevoir.

PASSÉ.

Avoir reçu.

PARTICIPE PRÉSENT.

Recevant.

PARTICIPE PASSÉ.

Reçu, reçue, ayant reçu.

Conjuguez de même *apercevoir, concevoir, décevoir, devoir*. Le participe de ce dernier verbe prend un accent circonflexe au masculin singulier.

QUATRIÈME CONJUGAISON.

INDICATIF.

PRESENT.

Je rend *s*.
Tu rend *s*.
Il rend.
Nous rend *ons*.
Vous rend *ez*.
Ils rend *ent*.

IMPARFAIT.

Je rend *ais*.
Tu rend *ais*.
Il rend *ait*.
Nous rend *ions*.
Vous rend *iez*.
Ils rend *aient*.

PASSÉ DÉFINI.

Je rend *is*.
Tu rend *is*.
Il rend *it*.
Nous rend *îmes*.
Vous rend *îtes*.
Ils rend *irent*.

PASSÉ INDÉFINI.

J'ai rend *u*.
Tu as rend *u*.
Il a rend *u*.
Nous avons rend *u*.
Vous avez rend *u*.
Ils ont rend *u*.

PASSÉ ANTÉRIEUR.

J'eus rend *u*.
Tu eus rend *u*.
Il eut rend *u*.
Nous eûmes rend *u*.
Vous eûtes rend *u*.
Ils eurent rend *u*.

PLUSQUE-PARFAIT.

J'avais rend *u*.
Tu avais rend *u*.
Il avait rend *u*.
Nous avions rend *u*.
Vous aviez rend *u*.
Ils avaient rend *u*.

FUTUR.

Je rend *rai*.
Tu rend *ras*.
Il rend *ra*.
Nous rend *rons*.
Vous rend *rez*.
Ils rend *ront*.

FUTUR ANTÉRIEUR.

J'aurai rend *u*.
Tu auras rend *u*.
Il aura rend *u*.
Nous aurons rend *u*.
Vous aurez rend *u*.
Ils auront rend *u*.

CONDITIONNEL.

PRÉSENT.

Je rend *rais*.
Tu rend *rais*.

Il rend *rait*.
Nous rend *rions*.
Vous rend *riez*.
Ils rend *raient*.

PASSÉ.

J'aurais rend *u*.
Tu aurais rend *u*.
Il aurait rend *u*.
Nous aurions rend *u*.
Vous auriez rend *u*.
Ils auraient rend *u*.

On dit aussi :

J'eusse rend *u*.
Tu eusses rend *u*.
Il eût rend *u*.
Nous eussions rend *u*.
Vous eussiez rend *u*.
Ils eussent rend *u*.

IMPÉRATIF.

Rend *s*.
Rend *ons*.
Rend *ez*.

SUBJONCTIF.

PRÉSENT.

Il faut

Que je rend *e*.
Que tu rend *es*.
Qu'il rend *e*.
Que nous rend *ions*.
Que vous rend *iez*.
Qu'ils rend *ent*.

IMPARFAIT.

Il fallait

Que je rend *isse*.
Que tu rend *isses*.
Qu'il rend *it*.
Que nous rend *issions*.
Que vous rend *issiez*.
Qu'ils rend *issent*.

PASSÉ.

Que j'aie rend *u*.
Que tu aies rend *u*.
Qu'il ait rend *u*.
Que nous ayons rend *u*.
Que vous ayez rend *u*.
Qu'ils aient rend *u*.

PLUSQUE-PARFAIT.

Il aurait fallu

Que j'eusse rend *u*.
Que tu eusses rend *u*.
Qu'il eût rend *u*.
Que nous eussions rend *u*.
Que vous eussiez rend *u*.
Qu'ils eussent rend *u*.

INFINITIF.

Rend *re*.

PASSÉ.

Avoir rend *u*.

PARTICIPE PRÉSENT.

Rend *ant*.

PARTICIPE PASSÉ.

Rend *u*, rend *ue*, ayant rend *u*.

Conjuguez de même *vendre, étendre, entendre, attendre, suspendre, répandre, condescendre, défendre, tondre, fondre, mordre, perdre.* etc.

VERBES PASSIFS.

Il n'y a qu'une seule conjugaison pour tous les verbes passifs; elle se fait avec l'auxiliaire *être* dans tous ses temps, et avec le participe passé du verbe actif. Ce participe doit prendre le genre et le nombre du sujet du verbe.

Conjugaison du verbe passif être aimé.

INDICATIF.

PRESENT.

Je suis aimé *ou* aimée.
Tu es aimé *ou* aimée.
Il est aimé *ou* elle est aimée.
Nous sommes aimés *ou* aimées.
Vous êtes aimés *ou* aimées.
Ils sont aimés *ou* elles sont aimées.

IMPARFAIT.

J'étais aimé *ou* aimée.
Tu étais aimé *ou* aimée.
Il était aimé.
Nous étions aimés.
Vous étiez aimés.
Ils étaient aimés.

PASSÉ DÉFINI.

Je fus aimé *ou* aimée.
Tu fus aimé.
Il fût aimé.
Nous fûmes aimés.
Vous fûtes aimés.
Ils furent aimés.

PASSÉ INDÉFINI.

J'ai été aimé *ou* aimée.
Tu as été aimé.
Il a été aimé.
Nous avons été aimés.
Vous avez été aimés.
Ils ont été aimés.

PASSÉ ANTÉRIEUR.

Quand
J'eus été aimé *ou* aimée.
Tu eus été aimé.
Il eut été aimé.
Nous eûmes été aimés.
Vous eûtes été aimés.
Ils eurent été aimés.

PLUSQUE-PARFAIT.

J'avais été aimé *ou* aimée.
Tu avais été aimé.
Il avait été aimé.
Nous avions été aimés.
Vous aviez été aimés.
Ils avaient été aimés.

FUTUR.

Je serai aimé *ou* aimée.
Tu seras aimé.
Il sera aimé,

Nous serons aimés.
Vous serez aimés.
Ils seront aimés.

FUTUR ANTÉRIEUR.

J'aurai été aimé *ou* aimée.
Tu auras été aimé.
Il aura été aimé.
Nous aurons été aimés.
Vous aurez été aimés.
Ils auront été aimés.

CONDITIONNEL.

PRÉSENT.

Je serais aimé *ou* aimée.
Tu serais aimé.
Il serait aimé.
Nous serions aimés.
Vous seriez aimés.
Ils seraient aimés.

PASSÉ.

J'aurais été aimé *ou* aimée.
Tu aurais été aimé.
Il aurait été aimé.
Nous aurions été aimés.
Vous auriez été aimés.
Ils auraient été aimés.

On dit aussi :

J'eusse été aimé *ou* aimée.
Tu eusses été aimé.
Il eût été aimé.
Nous eussions été aimés.
Vous eussiez été aimés.
Ils eussent été aimés.

IMPÉRATIF.

Sois aimé *ou* aimée.
Soyons aimés.
Soyez aimés.

MODE SUBJONCTIF.

PRÉSENT.

Il faut

Que je sois aimé *ou* aimée.
Que tu sois aimé.
Qu'il soit aimé.
Que nous soyons aimés.
Que vous soyez aimés.
Qu'ils soient aimés.

IMPARFAIT.

Il fallait

Que je fusse aimé *ou* aimée.
Que tu fusses aimé.
Qu'il fût aimé.
Que nous fussions aimé.
Que vous fussiez aimés.
Qu'ils fussent aimés.

PASSÉ.

Il a fallu

Que j'aie été aimé *ou* aimée.
Que tu aies été aimé.
Qu'il ait été aimé.
Que nous ayons été aimés.
Que vous ayez été aimés.
Qu'ils aient été aimés.

PLUSQUE-PARFAIT.

Il aurait fallu

Que j'eusse été aimé *ou* aimée.
Que tu eusses été aimé.
Qu'il eût été aimé.
Que nous eussions été aimés.
Que vous eussiez été aimés.
Qu'ils eussent été aimés.

(55)

MODE INFINITIF.

PRÉSENT.

Être aimé.

PASSÉ.

Avoir été aimé.

PARTICIPE PRÉSENT.

Étant aimé.

PARTICIPE PASSÉ.

Ayant été aimé.

Conjuguez de même *être admiré*, *être flatté*, *être averti*, *être puni*, *être nourri*, *être reçu*, *être rendu*, *être entendu*, *être suspendu*.

VERBES NEUTRES.

Conjugaison du verbe arriver.

INDICATIF.

PRÉSENT.

J'arriv *e*.
Tu arriv *es*.
Il arriv *e*.
Nous arriv *ons*.
Vous arriv *ez*.
Ils arriv *ent*.

IMPARFAIT.

J'arriv *ais*.
Tu arriv *ais*.
Il arriv *ait*.
Nous arriv *ions*.
Vous arriv *iez*.
Ils arriv *aient*.

PASSÉ DÉFINI.

J'arriv *ai*.
Tu arriv *as*.
Il arriv *a*.
Nous arriv *âmes*.
Vous arriv *âtes*.
Ils arriv *èrent*.

PASSÉ INDÉFINI.

Je suis arriv *é*.
Tu es arriv *é*.
Il est arriv *é*.
Nous sommes arriv *és*.
Vous êtes arriv *és*.
Ils sont arriv *és*.

PASSÉ ANTÉRIEUR.

Lorsque

Je fus arriv *é*.
Tu fus arriv *é*.
Il fut arriv *é*.
Nous fûmes arriv *és*.
Vous fûtes arriv *és*.
Ils furent arriv *és*.

PLUSQUE-PARFAIT.

J'étais arriv *é*.
Tu étais arriv *é*.
Il était arriv *é*.
Nous étions arriv *és*.
Vous étiez arriv *és*.
Ils étaient arriv *és*.

FUTUR.

J'arriv *erai.*
Tu arriv *eras.*
Il arriv *era.*
Nous arriv *erons.*
Vous arriv *erez.*
Ils arriv *eront.*

FUTUR ANTÉRIEUR.

Je serai arriv *é.*
Tu seras arriv *é.*
Il sera arriv *é.*
Nous serons arriv *és.*
Vous serez arriv *és.*
Ils seront arriv *és.*

CONDITIONNEL.

PRÉSENT.

J'arriv *erais.*
Tu arriv *erais.*
Il arriv *erait.*
Nous arriv *erions.*
Vous arriv *eriez.*
Ils arriv *eraient.*

PASSE.

Je serais arriv *é.*
Tu serais arriv *é.*
Il serait arriv *é.*
Nous serions arriv *és.*
Vous seriez arriv *és.*
Ils seraient arriv *és.*

On dit aussi :

Je fusse arriv *é.*
Tu fusses arriv *é.*
Il fût arriv *é.*
Nous fussions arriv *és.*
Vous fussiez arriv *es.*
Ils fussent arriv *es.*

IMPÉRATIF.

Arriv *e.*
Arriv *ons.*
Arriv *ez.*

MODE SUBJONCTIF.

Il faut

Que j'arriv *e.*
Que tu arriv *es.*
Qu'il arriv *e.*
Que nous arriv *ions.*
Que vous arriv *iez.*
Qu'ils arriv *ent.*

IMPARFAIT.

Il fallait

Que j'arriv *asse.*
Que tu arriv *asses.*
Qu'il arriv *ât.*
Que nous arriv *assions.*
Que vous arriv *assiez.*
Qu'ils arriv *assent.*

PASSE.

Il a fallu

Que je sois arriv *é.*
Que tu sois arriv *é.*
Qu'il soit arriv *é.*
Que nous soyons arriv *é*
Que vous soyez arriv *és.*
Qu'ils soient arriv *es.*

PLUSQUE-PARFAIT.

Il aurait fallu

Que je fusse arriv *é.*
Que tu fusses arriv *é.*
Qu'il fût arriv *é.*
Que nous fussions arriv *és.*
Que vous fussiez arriv *és*
Qu'ils fussent arriv *és,*

(57)

MODE INFINITIF.	PARTICIPE PRÉSENT.
PRÉSENT.	Arriv ant.
Arriv er.	PARTICIPE PASSÉ.
PASSÉ.	Arriv é, arriv ée, étant arriv é.
Etre arriv é.	

Conjuguez de même *tomber, rester, entrer, passer*, etc., etc.

VERBES PRONOMINAUX.

Conjugaison du verbe se blesser.

MODE INDICATIF.	PASSÉ INDÉFINI.
PRÉSENT.	Je me suis blessé.
Je me blesse.	Tu t'es blessé.
Tu te blesses.	Il s'est blessé.
Il se blesse.	Nous nous sommes blessés.
Nous nous blessons.	Vous vous êtes blessés.
Vous vous blessez.	Ils se sont blessés.
Ils se blessent.	
IMPARFAIT.	PASSÉ ANTÉRIEUR.
Je me blessais.	Je me fus blessé.
Tu te blessais.	Tu te fus blessé.
Il se blessait.	Il se fut blessé.
Nous nous blessions.	Nous nous fûmes blessés.
Vous vous blessiez.	Vous vous fûtes blessés.
Ils se blessaient.	Ils se furent blessés.
PASSÉ DÉFINI.	PLUSQUE-PARFAIT.
Je me blessai.	Je m'etais blessé.
Tu te blessas.	Tu t'etais blessé.
Il se blessa.	Il s'était blessé.
Nous nous blessâmes.	Nous nous etions blessés.
Vous vous blessâtes.	Vous vous etiez blessés.
Ils se blessèrent.	Ils s'etaient blessés.

FUTUR.

Je me blesserai.
Tu te blesseras.
Il se blessera.
Nous nous blesserons.
Vous vous blesserez.
Ils se blesseront.

FUTUR ANTERIEUR.

Je me serai blessé.
Tu te seras blessé.
Il se sera blessé.
Nous nous serons blessés.
Vous vous serez blessés.
Ils se seront blessés.

CONDITIONNEL

PRÉSENT.

Je me blesserais.
Tu te blesserais.
Il se blesserait.
Nous nous blesserions.
Vous vous blesseriez.
Ils se blesseraient.

CONDITIONNEL PASSÉ.

Je me serais blessé.
Tu te serais blessé.
Il se serait blessé.
Nous nous serions blessés.
Vous vous seriez blessés.
Ils se seraient blessés.

On dit aussi :

Je me fusse blessé.
Tu te fusses blessé.
Il se fût blessé.
Nous nous fussions blessés.
Vous vous fussiez blessés.
Ils se fussent blessés.

IMPÉRATIF.

Blesse-toi.
Blessons-nous.
Blessez-vous.

SUBJONCTIF.

Il faut

Que je me blesse.
Que tu te blesses.
Qu'il se blesse.
Que nous nous blessions.
Que vous vous blessiez.
Qu'ils se blessent.

IMPARFAIT.

Il fallait

Que je me blessasse.
Que tu te blessasses.
Qu'il se blessât.
Que nous nous blessassions.
Que vous vous blessassiez.
Qu'ils se blessassent.

PASSÉ.

Que je me sois blessé.
Que tu te sois blessé.
Qu'il se soit blessé.
Que nous nous soyons blessés.
Que vous vous soyez blessés.
Qu'ils se soient blessés.

PLUSQUE-PARFAIT.

Que je me fusse blessé.
Que tu te fusses blessé.
Qu'il se fût blessé.

Que nous nous fussions blessés.
Que vous vous fussiez blessés.
Qu'ils se fussent blessés.

MODE INDICATIF.

PRÉSENT.
Se blesser.

PASSÉ.
S'être blessé.

PARTICIPE PRÉSENT.
Se blessant.

PASSÉ.
Blessé, s'étant blessé ou blessée.

Conjuguez de même *se fâcher, se promener, s'habiller, se guérir, se nourrir, se rendre, se perdre, s'apercevoir, se réduire.*

VERBES IMPERSONNELS.

Conjugaison des Verbes Impersonnels.

MODE INDICATIF.

PRÉSENT.
Il importe.

IMPARFAIT.
Il importait.

PASSÉ DÉFINI.
Il importa.

PASSÉ INDÉFINI.
Il a importé.

PASSÉ ANTÉRIEUR.
Il eut importé.

PLUSQUE PARFAIT.
Il avait importé.

FUTUR.
Il importera.

FUTUR ANTÉRIEUR.
Il aura importé.

MODE CONDITIONN.

PRÉSENT.
Il importerait.

PASSÉ.
Il aurait importé.

MODE SUBJONCTIF.

PRÉSENT.
Qu'il importe.

IMPARFAIT.
Qu'il importât.

PASSÉ.
Qu'il ait importé.

PLUSQUE PARFAIT.
Qu'il eût importé.

MODE INDICATIF.	PARTICIPE PASSÉ.
PRÉSENT.	Ayant importé.
Importer.	

Conjuguez de même *il faut, il grêle, il pleut, il tonne, il neige*, etc., etc.

DE LA FORMATION DES TEMPS.

Les temps des verbes se divisent en temps primitifs et temps dérivés.

Les temps primitifs sont ceux qui servent à former les autres. Il y en a cinq :

Le présent de l'infinitif.
Le participe présent.
Le participe passé.
Le présent de l'indicatif.
Le participe passé.

Le présent de l'infinitif forme :

1° Le futur, en changeant *r* ou *oir* ou *re* en *rai*. *Aimer, j'aimerai; finir, je finirai; recevoir, je recevrai; attendre, j'attendrai.*

2° Le conditionnel, en changeant *r* ou *oir* ou *re* en *rais*.

EXEMPLES : *Chanter, je chanterais; bénir, je bénirais; apercevoir, j'apercevrais; entendre, j'entendrais.*

Le participe présent forme les trois personnes du pluriel du présent de l'indicatif, en changeant *ant* en *ons, ez, ent*.

EXEMPLES : *Aimant, nous aimons; finissant, vous finissez; apercevant, ils aperçoivent.*

2° L'imparfait de l'indicatif en changeant *ant* en *ais*.

EXEMPLES : *Aimant, j'aimais; rougissant, je rougissais; apercevant, j'apercevais.*

3° Le présent du subjonctif, en changeant, dans les deux premières conjugaisons et dans la quatrième *ant* en *e*.

Exemples : *Aimant, que j'aime ; fléchissant, que je fléchisse ; attendant, que j'attende ;* et dans la troisième, en changeant *evant* en *oive*. Ex. : *Recevant, que je reçoive.*

Le participe passé forme tous les temps composés en y joignant les verbes auxiliaires *être* ou *avoir*.

Exemples : *J'ai aimé, j'avais lu, j'aurai chanté, je suis aimé, nous serions secourus.*

Le présent de l'indicatif forme l'impératif en retranchant les pronoms *je* et *nous*. Ex. : *j'aime, aime ; nous chantons, chantons.*

Le passé défini forme l'imparfait du subjonctif en changeant *ai* en *asse* pour la première conjugaison, et en ajoutant *se* pour les trois autres.

Exemples : *J'estimai, que j'estimasse ; je finis, que je finisse ; j'aperçus, que j'aperçusse ; je rendis, que je rendisse.*

Pour les verbes irréguliers, voir la grammaire.

DU PARTICIPE.

Le participe est ainsi nommé, parce qu'il participe soit de la nature du verbe, soit de la nature de l'adjectif.

Il y a deux sortes de participes :

Le participe présent et le participe passé.

DU PARTICIPE PRÉSENT.

Ce participe se termine toujours en *ant* et demeure invariable. Cette règle n'offre aucune exception. Les difficultés qui peuvent s'offrir à ce sujet ne viennent que de la ressemblance de cette forme du verbe avec les adjectifs verbaux qui ont la même terminaison. Ces derniers, comme adjectifs, s'accordent toujours avec le substantif auquel ils se rapportent. On écrit *des hommes contrarians. Une femme obligeante. Des enfans caressans.*

Ces deux règles établies, et n'offrant aucune exception, il suffit donc de ne pas confondre le participe présent avec l'adjectif verbal.

Les remarques suivantes aideront beaucoup à les distinguer l'un de l'autre.

Le participe présent indique l'action.

L'adjectif verbal indique l'état.

Le participe présent peut se tourner par un des temps du verbe précédé du pronom relatif *qui*, ou d'une des conjonctions, *comme*, *vu que*, *parce que*.

Suivi d'un régime direct ou précédé de la préposition *en*, ce mot est participe présent.

Si ce modificatif en *ant* peut être précédé d'un des adverbes *très*, *plus*, *mieux*, *moins*, *vraiment*, il est adjectif verbal; s'il est précédé ou s'il peut être précédé du verbe *être*, il est adjectif verbal.

EXEMPLES :

J'ai vu ces hommes *obligeant* leurs amis.

Obligeant indique ici l'action faite par le sujet; ce modificatif a un régime direct : trois raisons pour le considérer comme participe présent.

Il peut se tourner par qui obligeaient.

Je méprise les hommes *rampant* devant les princes.

Rampant peut se tourner par qui rampent. Il indique l'action et non l'état habituel.

Nous avons vu ce héros *poursuivant* les ennemis.

Poursuivant a un régime direct, il peut se tourner par qui environne.

Ainsi ces mots sont participe présent, donc invariables.

Dans les exemples suivans les mêmes mots marquent l'état habituel, une manière d'être prolongée, donc ils sont employés comme adjectifs.

Vous savez combien ces jeunes gens sont *obligeants*.

Des esprits bas et *rampants* ne s'élèvent jamais au sublime.

La frayeur a rendu cette femme toute *tremblante*.

Il parcourt les campagnes *environnantes*.

La princesse a trouvé cette petite fille *charmante*.

Obligeans, rampans, charmans, tremblante, environnantes, indiquent la manière d'être du sujet.

On peut dire ces jeunes gens sont très-obligeans. Les esprits qui sont bas et rempans ne s'élèvent jamais au sublime.

Cette femme était tremblante, vraiment tremblante.

Les campagnes qui sont environnantes.

Cette petite fille vraiment charmante.

DU PARTICIPE PASSÉ.

Le participe passé peut être ou seul ou accompagné du verbe *être*, ou accompagné du verbe *avoir*.

Si le participe passé est seul, il ne peut faire éprouver aucune difficulté. C'est un simple adjectif qui s'accorde avec son substantif. On écrira donc une *plume taillée, des maisons habitées, des enfans épouvantés*, d'après la règle de grammaire qui exige qu'on écrive avec accord *une plume neuve, des maisons blanches, des enfans légers*.

Pour ôter toute apparence de difficultés, nous appellerons donc, comme la plupart des grammairiens, adjectifs *verbaux* les participes passés qui ne sont accompagnés d'aucun auxiliaire.

DU PARTICIPE PASSÉ ACCOMPAGNÉ D'UN VERBE AUXILIAIRE.

Deux règles suffisent pour établir la variabilité ou l'invariabilité du participe passé.

1re Règle. Le participe accompagné du verbe *être* s'accorde toujours avec son sujet.

Cette règle est sans exception.

Cette rupture n'est pas *venue* de moi.

Nous sommes plus brouillés que jamais, au grand contentement des rieurs qui étaient déjà fort *affligés* de notre réconciliation.

Tullus et ses prêtres étaient *venus* les attendre à l'entrée du bois sacré.

La mort de tes parens fut *vengée*.

Cependant la paix est *signée*; le roi de Campanie est libre.

Déja des troupes sont *parties* pour s'emparer du pays des Auronces.

Mais cette augmentation de votre territoire doit vous être peu avantageuse, tant que vous serez *séparés* par les Volsques.

2me Règle. Le participe accompagné du verbe *avoir* est invariable.

EXEMPLES :

Les troupes avaient *combattu*.
Elles ont *suivi* le même chemin.

Ces deux généraux avaient *amené* des guerriers qui n'ont pas *craint* d'affronter la mort.

Les combats précédens ont *diminué* le nombre de ces heros.

Les habitans ont *éprouvé* votre valeur.

SEULE EXCEPTION.

Si le participe passé accompagné du verbe *avoir* a un régime direct, et que ce régime le précède, le participe s'accorde avec ce régime.

EXEMPLES :

Quand ils compteront bien toutes les provinces que Louis XIV a *ajoutées* à son royaume, toutes les villes qu'il a *conquises*, tous les avantages qu'il a *eus*, toutes les victoires qu'il a *remportées* sur ses ennemis.

Voilà les deux lettres telles que je les ai *reçues*; je vous les envoie *écrites* de ma main, parce que vous auriez *eu* trop de peine à lire les caractères de l'autre monde, si je vous les avais *envoyées* en original.

Les livres que j'avais *achetés* je les ai *prêtés*, ici le participe *achetés* s'accorde avec livres, et le participe *prêtés* s'accorde avec le pronom *les*, remplaçant livres, parce que ces deux régimes directs sont exprimés avant le participe.

La lyre que vous aviez *brisée*. *Brisée* étant précédé de son régime direct *que* remplaçant lyre, s'accorde avec ce régime.

Les fleuves que nous avons *traversés*.
Même raisonnement.
Je consulte les ouvrages que vous avez *achetés*.
Même raisonnement.
Il nous a *flattés*. *Idem.*
Quelle constance il a *montrée*. *Idem.*

DES VERBES PRONOMINAUX.

Dans les verbes pronominaux, réfléchis et réciproques, le verbe auxiliaire *être* étant employé pour le verbe *avoir*, le participe suit la deuxième règle, celle du participe passé accompagné du verbe *avoir*. Ainsi, dans les phrases suivantes, le participe reste invariable.

Ils se sont *attiré* cet outrage.
Elles se sont *partagé* cette somme.
Elles se sont *nui*.
Ils se sont *succédé*.

Dans les phrases ci-dessus le verbe *être* tient la place du verbe *avoir*, car on peut tourner ces phrases ainsi :

Ils ont attiré cet outrage *à eux*.
Elles ont partagé cette somme *entr'elles*.
Elles ont nui *à elles*.
Elles ont succédé *à elles*.

Ces phrases étant construites avec le verbe *avoir* ou ce qui revient au même, avec le verbe *être* pris pour *avoir*, le participe reste invariable, le régime *se* étant régime indirect.

Mais si le pronom qui précède l'auxiliaire est régime direct, la seule exception établie ci-dessus est nécessairement applicable.

EXEMPLES :

Elle s'est promptement *consolée* de sa disgrâce.
Ils se sont *blessés*.
Nous nous sommes *réfugiés* dans la ville.
Messieurs, vous vous êtes *présentés* avec assurance.
Elles se sont *engagées* par un serment.

Ici le pronom qui précède l'auxiliaire est régime

direct, puisqu'en substituant le verbe *avoir* au verbe, on a la construction suivante :

Elle a promptement *consolé elle.*
Ils ont *blessé eux.*
Nous avons *réfugié nous.*
Vous avez *présenté vous.*
Elles ont *engagé elles.*

Dans chacune de ces phrases le régime est direct.

Le régime est exprimé avant le participe, donc ce participe s'accorde avec son régime.

PARTICIPE SUIVI D'UN VERBE A L'INFINITIF.

Ces participes étant toujours construits avec l'auxiliaire *avoir*, faites l'application de la 2me règle. La seule difficulté qui puisse se présenter est de bien distinguer si le régime direct est celui du participe ou celui du verbe à l'infinitif. Si le régime direct est celui de l'infinitif, d'après la 2me règle le participe demeure invariable; si le régime est celui du participe, il y a accord.

Pour découvrir facilement auquel des deux appartiennent le régime, placez le régime immédiatement après le participe et après l'infinitif, l'un et l'autre sens fera découvrir duquel il est le régime.

EXEMPLES *avec accord* :

Les fruits que j'ai *vus* tomber.
Sachez quel lieu les a *vus* naître.
Les actrices que j'ai *entendues* chanter.
Les enfans que j'ai *envoyés* cueillir des fleurs.

Dans chacun de ces quatre exemples si l'on met le régime *les* ou *eux* après le participe, on aura *j'ai vu eux tomber,*

Sachez quel lieu a vu eux naître.

J'ai envoyé eux, les enfans, chercher des fruits.

Il est facile de voir que le régime est celui du participe et non de l'infinitif, donc le participe s'accorde.

AUTRES EXEMPLES *sans accord* :

Les sciences que vous n'avez pas *voulu* étudier.

Les guerres que nous avons *vu* faire.

Les comédiens qui nous avons *vu* jouer.

Les ariètes que nous avons *entendu* chanter.

Dans les exemples ci-dessus le participe est invariable, parce que le régime est celui de l'infinitif et non celui du participe, ce dont il est aisé de s'assurer en plaçant le régime après l'un et l'autre.

Si on place le régime après le participe on aura :

Vous n'avez pas voulu les sciences étudier.

Nous avons vu les guerres faire.

Nous avons vu les comédiens jouer.

Nous avons entendu les ariètes chanter.

Le bon sens repousserait ces sortes de phrases.

Si au contraire on place le régime après l'infinitif, on aura les phrases suivantes, accueillies par le bon sens :

Vous n'avez pas voulu étudier les sciences.

Nous avons vu faire les guerres.

Nous avons vu jouer les comédiens.

Nous avons entendu chanter les ariètes.

Le régime dépend ici de l'infinitif, donc le participe reste invariable.

On reconnaît encore que le régime est celui du participe quand on peut tourner l'infinitif par l'imparfait de l'indicatif, ou par le participe présent.

Dans le cas contraire, le régime est celui de l'infinitif, et le participe est nécessairement invariable.

On écrira donc avec accord :

Les femmes que j'ai *vues* coudre, parce qu'on peut dire cousant, qui cousaient.

Les orateurs que j'ai *entendus* déclamer, déclamant, qui déclamaient.

Je les ai *vus* courir, courant, qui couraient.

Et l'on écrira sans accord :

Les marchandises que j'ai *vu* vendre.
Les exemples que nous avons *entendu* citer.
Les voiles que nous avons *vu* broder.
O Julie, si le destin t'eût *laissée* vivre.
Pourquoi les avoir *laissés* fuir.
Les criminels qu'on a *laissés* évader.
Pourquoi les aviez vous *laissés* périr.

Parce que dans ces exemples, l'infinitif ne peut pas se tourner ni par le participe présent, ni par l'imparfait de l'indicatif.

DU PARTICIPE FAIT.

Le participe *fait*, suivi d'un verbe à l'infinitif formant un sens indivisible avec cet infinitif, est toujours invariable.

On écrira donc sans accord :

Des corsaires se saisirent de la pièce et l'ont *fait* imprimer.

Une femme s'est *présentée* à la porte et je l'ai *fait* partir promptement.

Nous les avons *fait* sortir de la maison.

Du participe précédé du pronom en.

Le pronom *en* est toujours régime indirect ; il ne peut donc influer en rien sur la variabilité du participe. Mais il n'en faut pas conclure que toutes les fois que le pronom *en* est exprimé dans la phrase, le participe est invariable.

Il le sera s'il n'y a pas un régime direct exprimé avant lui, mais dans le cas contraire il y aura accord.

Ainsi on écrira sans accord :

Cette gloire que Louis XIV désira, vous *en* avez *joui*, *en* remplace (de cette gloire).

Il a fait plus de vers, que vous n'*en* avez *lu*, *en* remplace (de vers.)

Vous aviez de la soie, vous m'*en* avez *donné* (de la soie.)

Mais on écrira avec accord :

Les services que j'*en* ai *reçus*, me pénètrent de reconnaissance.

Il retrouva les lettres qu'il *en* avait *reçues*.

Les rois qui les ont *devancés*, sitôt qu'ils y montaient s'*en* sont vu *renversés*.

Les espérances que vous *en* aviez *conçues* se sont évanouies.

Participes précédés des mots peu, combien.

On écrit avec l'accord en parlant de fleurs :

Combien j'*en* ai *cueillies*. Parce que, dit M. Boniface, dans ce cas, les fleurs sont représentées dans la même proposition par le pronom *en* et par l'expression collective *combien*, qui le précède et joue le rôle de substantif, l'esprit ne se porte plus sur un autre mot sous-entendu : l'attention est fixée sur ce substantif collectif et sur son complément qui, tous deux, formant le complément direct du participe *en*, commande l'accord.

On écrira de même autant de victoires il a *livrées*, autant il en a *remportées*; moins de gloire il a *ambitionné* plus il en a *acquise*.

On écrira sans accord.

Les trois mois que j'ai *vécu* se sont écoulés comme un songe.

Les six mois que la paix a *duré* nous ont paru bien courts.

Dans les exemples ci-dessus il y a ellipse de la préposition *pendant*.

Les trois mois (pendant lesquels), les six mois (pendant lesquels.)

DE LA PONCTUATION.

La ponctuation sert à indiquer les pauses qu'on doit faire en lisant.

SIGNES DE PONCTUATION.

Les signes de la ponctuation sont, la virgule (,); le point virgule (;); les deux points (:); le point final (.); le point d'interrogation (?); le point d'exclamation (!); les points de suspension (....).

DE LA VIRGULE.

On emploie la virgule pour séparer toutes les parties semblables d'une même proposition.

On appelle parties semblables plusieurs adjectifs qui se rapportent au même substantif.

Plusieurs substantifs qui se rapportent au même adjectif.

Plusieurs sujets qui se rapportent au même verbe.

Plusieurs régimes directs ou indirects régis par le même verbe.

Plusieurs verbes qui se rapportent au même sujet.

Plusieurs complémens qui se rapportent au même mot, etc., etc.

Exemples de plusieurs adjectifs qui se rapportent au même substantif.

Les Tyriens sont industrieux, patiens, laborieux, propres, sobres, ménagers; jamais peuple n'a été plus constant, plus sincère, plus fidèle, plus sûr, plus commode à tous les étrangers.

Exemples de plusieurs substantifs qui se rapportent au même adjectif.

Les généraux, les capitaines, les soldats, heureux de le voir, se pressèrent autour de lui.

Exemples de plusieurs sujets qui se rapportent au même verbe.

Femmes, moines, vieillards, tout était descendu.

Exemples de régimes qui se rapportent au même verbe.

On y trouvait tout ce qu'on trouve ailleurs,
Des fleurs, des fruits, et des fruits et des fleurs,
De verts gazons, des grottes, des bocages;
De mille oiseaux les différens ramages,
Tous les parfums, un printemps éternel.
De clairs ruisseaux, puis des ruisseaux encore, etc.

Vous avez loué Louis-le-Grand de courage, de bonheur, de justice, de prudence, d'activité, d'amour pour ses peuples.

Exemples de plusieurs verbes qui se rapportent au même sujet.

« Le trait part, sifle et vole, et s'arrête en tremblant. »

« Il lui parla fort doucement, lui témoigna de la compassion, l'exhorta à appaiser les dieux par des mœurs pures. »

Exemples de plusieurs complemens qui se rapportent au même mot.

« L'harmonie du discours réveille une foule d'idées, de sentimens, d'images, et parle de près à notre ame. »

On emploie la virgule pour séparer les propositions de la même nature, quand elles ont peu d'étendue.

« Ici, tout est l'ouvrage d'une sagesse celeste; tout est doux, tout est pur, tout est aimable, tout marque une autorité qui est au-dessus de l'homme. »

On met entre deux virgules les mots en apostrophe, les propositions incidentes, explicatives, et les complemens qui peuvent être retranchés du corps de la phrase sans en altérer le sens.

Exemples de mots en apostrophe.

« Rends, *mon fils*, rends ces traits que je t'ai confiés. »

Exemples de propositions incidentes explicatives

« Le peuple, *qui du haut de ses murailles voyait les ennemis répandus dans la campagne*, demanda la paix avec de grands cris. »

7

« Mais ce sérieux, *loin d'avoir rien d'austère ni de sombre*, laissait paraître à découvert un fonds de cette joie sage et durable qui est le fruit d'une conscience tranquille. »

Exemples de complémens qui peuvent être retranchés du corps de la phrase sans en altérer le sens.

« J'ai admiré ces grands hommes, *principalement de votre corps*, qui ont su trouver tant de richesses auparavant inconnues. »

« Le Bosphore m'a vu, *par de nouveaux apprêts*, ramener la terreur du fond de ses marais. »

On emploie la virgule après un membre de phrase qui en attend nécessairement un autre.

EXEMPLE : « Princes, *si vos vœux et les miens avaient été remplis*, l'héritier de ces armes ne serait pas incertain. »

« Si j'avais fait sonner la retraite, si j'avais ramené nos soldats dans leur camp, les tribuns ne m'accuseraient-ils pas aujourd'hui d'intelligence avec les ennemis. »

DU POINT VIRGULE.

On emploie le point-virgule après une proposition dont le sens est complet, mais qui est suivi d'une autre qui en dépend.

EXEMPLES :

« La plus subtile de toutes les finesses est de savoir bien feindre de tomber dans les piéges qu'on nous tend ; et l'on n'est jamais si aisément trompé que quand on songe à tromper les autres. »

On sépare par le point-virgule les principaux

membres de toute période dont les parties subalternes exigent la virgule.

EXEMPLES :

« Vous verrez dans une seule vie toutes les extrémités des choses humaines ; la félicité sans bornes, aussi bien que les misères ; une longue et paisible jouissance d'une des plus nobles couronnes de l'univers ; la bonne cause suivie de succès, et depuis des retours soudains ; des changemens inouis ; la rebellion long-temps retenue, à la fin tout à-fait maîtresse ; nul frein à la licence ; etc. »

DES DEUX-POINTS.

On emploie les deux-points quand on annonce une citation ou quand on rapporte les paroles de quelqu'un.

EXEMPLES :

Enfin rompant ce triste silence, et levant les mains au ciel : « Je vous atteste, dit-il, dieux immortels, qu'Appius seul est l'auteur du crime que j'ai été forcé de commettre. »
Sulpitius outré d'une si indigne vexation lui demanda la raison d'une conduite si extraordinaire : « Eh qu'est-ce que ce pourrait être, répondit insolemment le Gaulois, sinon malheur aux vaincus. »

Quand une phrase est composée de plusieurs propositions séparées par le point-virgule et qu'on y ajoute un nouveau membre lié par le sens à toute la phrase, on sépare ce dernier membre par les deux-points.

EXEMPLES :

« L'intérêt de Philippe est de différer la ratification

du traité ; le notre est de le hâter : car nos préparatifs sont suspendus, et lui n'a jamais été si actif. »

On met les deux-points entre deux phrases dont la seconde sert a développer ou à éclaircir la premiere.

EXEMPLES :

« L'aigle, si vous sortez, fondra sur vos petits ; obligez-moi de n'en rien dire : son courroux tomberait sur moi. »

« Il faut, autant qu'on le peut, obliger tout le monde : on a souvent besoin d'un plus petit que soi. »

Lorsqu'une proposition est suivie de son enumération on met les deux-points avant l'enumération.

EXEMPLES :

« Toutes les grandes révolutions y vinrent des femmes : par une femme Rome acquit la liberté, par une femme les Plébeiens obtinrent le consulat, par une femme finit la tyrannie des décemvirs, par les femmes Rome fut sauvée des mains d'un proscrit. »

Si l'énumération précede la proposition, les deux points se mettent après l'enumération.

« Vous concevez pourquoi il nous est défendu de marier nos filles dans un âge prématuré, pourquoi elles ne sont point elevees à l'ombre de leurs toits rustiques, mais sous les regards brûlans du soleil, dans la poussière du gymnase, dans les exercices de la lutte, de la course, du javelot et du disque : comme elles doivent donner des citoyens robustes a l'état, il faut qu'elles se forment une constitution assez forte pour la communiquer à leurs enfans. »

DU POINT.

Le point se met à la fin d'une phrase entièrement finie.

Les brouillards sont un amas de vapeurs que le froid qui les condense empêche de s'élever beaucoup au-dessus de la terre, ensorte qu'ils la mouillent; ils naissent surtout des rivières et des marais et se dissipent à la première impression du soleil.

L'usage des vers-à-soie, apporté des Indes, s'introduisit en France sous la première race.

DU POINT INTERROGATIF.

Le point interrogatif se place à la fin d'une phrase interrogative.

EXEMPLES :

Quand voulez-vous enfin agir? quand la nécessité vous y contraindra. Et quelle nécessité voulez-vous dire? en est-il une autre, grands dieux! pour des hommes libres que la crainte du deshonneur? est-ce celle là que vous attendez ?

POINT D'EXCLAMATION.

Le point d'exclamation se met à la fin de toutes les phrases qui expriment la surprise, la terreur, la pitié, la joie.

> Quel carnage de toutes parts,
> On égorge à la fois les enfans, les vieillards,
> Et la sœur et le frère,
> Et la fille, et la mère,
> Le fils dans les bras de son père !

. . . .
Dieux, que ne suis-je assis à l'ombre des forêts !

. . . .
Quand pourrai-je fouler les beaux vallons d'Hémus !

DES POINTS DE SUSPENSION.

On emploie plusieurs points de suite (....) pour marquer une suspension dans le sens.

Il laisse en ton pouvoir et ton temple et ta vie,
Je devrais sur l'autel ou ta main sacrifie,
Te . mais du prix qu'on m'offre il faut me contenter
. . . .
Mais tout n'est pas détruit et vous en laissez vivre
Un . votre fils, seigneur, me défend de poursuivre

HOMONYMES

LES PLUS USITÉS DE LA LANGUE FRANÇAISE

OU

VOCABULAIRE

DE QUELQUES MOTS DONT LA PRONONCIATION EST PRESQUE LA MÊME, ET QUI S'ÉCRIVENT DIFFÉREMMENT.

A.

a.	première lettre de l'alphabet, le son est long.
a.	on a souvent besoin d'un plus petit que soi.
ah.	interjection qui marque l'admiration, la douleur.
ha.	Interjection qui marque la surprise.
abats.	Verbe abattre, j'abats, tu abats, il abat.
à bas.	Locution adverbiale, abas les turbulens.
abus.	Usage mauvais. Il fait abus de son esprit.
a bu.	Verbe boire, passé indéfini.
abattu.	Participe passé du verbe abattre.
a battu.	Condé a battu les Espagnols à Rocroy.
abas-tu.	Verbe abattre, employé interrogativement.
abaisse.	J'abaisse, tu abaisses, il abaisse.

abbesse.	Supérieure d'un couvent de femmes.
aboie.	Présent de l'indicatif du verbe aboyer.
aboi.	Aboiement, bruit que le chien fait en aboyant.
abois.	Situation désespérée, cette place est aux abois.
abord.	Substantif masculin, cette personne a l'abord gracieux.
à bord.	Locution composée de la préposition a et du substantif bord.
abhorre.	Verbe abhorrer, j'abhorre, tu abhorres, il abhorre.
acier.	Fer préparé, propre à faire des instrumens tranchans.
assied.	Verbe asseoir, je m'assieds, tu t'assieds, il s'assied.
à scier.	Ce bois est dur a scier.
accompli, ie.	Participe passé du verbe accomplir.
à complies.	A préposition, complies substantif feminin pluriel.
Acre.	Ville de Syrie.
acre.	Mesure de terre, environ un arpent et demi, l'a est bref.
âcre.	Adjectif, piquant au goût. (L'â est long).
alène.	Outil pour percer le cuir.
haleine.	Air attiré et repoussé par les poumons.
aguets.	Ils se tiennent aux aguets.
à gué.	Passer la rivière à gué (sans nager).
ais.	Substantif masc., planche de bois.
es.	Verbe être, deuxième personne singulier.
est.	Henri IV est mort en 1610.
haie.	Clôture de branchages entrelacés.

hais.	Verbe haïr, je hais, tu hais, il hait.
alèze.	Petit drap qu'on met sous les malades.
a l'aise.	Locution adverbiale, commodément.
amande.	Fruit de l'amandier.
amende.	Peine pécuniaire imposée par la justice.
aile.	On représente Mercure avec des ailes aux talons.
elle, elles.	Pronom personnel féminin.
air.	L'air se comprime par son propre poids.
Aire.	Nom d'une petite ville de France sur la Lys.
»	id. id. sur l'Adour.
aire.	Nid des oiseaux de proie, espace que renferme une figure de géométrie.
haire.	Chemise de crin.
here.	Homme sans considération.
erre.	J'erre, tu erres, il erre.
ère.	Point fixe d'où l'on commence à compter les années.
anche.	Petit tuyau de bois qu'on adapte à quelques instrumens à vent.
hanche.	Partie du corps humain où s'emboîte la cuisse.
antre.	L'antre de la sybille.
entre.	Il se faut entre aider, c'est la loi de nature.
entre.	J'entre, tu entres, il entre
appareil.	Préparation nécessaire à une opération.
à pareil.	Nous nous verrons à pareil jour.
appas.	Une merveille absurde est pour moi sans appas.

appat.	Quittez les vains plaisirs dont l'appat vous abuse.
à point.	Rien ne sert de courir, il faut partir à point.
appoint.	Complément d'une somme en petite monnaie.
après.	Après Démosthenes, Cicéron est le plus grand orateur.
apprêts.	Préparatifs.
appris.	Participe passé du verbe apprendre.
à prix.	Locution adverbiale (à prix d'argent).
arrhes.	Argent qu'on donne pour l'assurance de l'exécution d'un marché.
art.	Souvent un beau désordre est un effet de l'art.
are.	Nouvelle mesure de superficie qui vaut 100 mètres carrés.
arc.	Arme pour lancer des flèches.
Arques.	Ville du département de la Seine-Inferieure.
arêtes.	Les arêtes d'un poisson.
arrête.	Verbe. J'arrête, tu arrêtes, il arrête
arranger.	Mettre en ordre.
harengère.	Marchande de poisson.
athée.	Qui nie l'existence d'un dieu.
hâté.	Participe passé du verbe hâter.
atelier.	Lieu où l'on travaille (la première syllabe est longue).
atteliez.	Verbe atteler, que vous atteliez.
attends.	La valeur n'attend pas le nombre des années.
à temps.	Locution adverbiale, arriver à temps.
hâtant.	Participe présent du verbe hâter.
autel.	Table destinée au sacrifice.

hôtel.	Maison d'une personne de qualité ou maison garnie.
autrefois.	Adverbe, anciennement.
autre fois.	Je reviendrai une autre fois.
auteur.	C'est en vain qu'au parnasse un téméraire auteur,
hauteur.	Pense de l'art des vers atteindre la hauteur.
avant.	Avant d'écrire il faut penser.
avent.	Célébration anticipée de l'arrivée du Christ.
à vent.	Un moulin à vent.
Arras.	Chef-lieu du dép. du Pas-de-Calais.
haras.	Etablissement pour propager la race des bons chevaux.
aulne.	Arbre dont l'écorce sert aux tanneurs.
aune.	Mesure linéaire qui égale 3 pieds 7 pouces 11 lignes.
autan.	Vent orageux qui souffle du midi.
autant.	Il faut autant qu'on peut obliger tout le monde.
au temps.	Au temps de la moisson.
ôtant.	Participe présent du verbe ôter.
auspices.	Les Romains consultaient religieusement les auspices.
hospice.	Maison de charité.
Aude.	Rivière de France, qui a sa source dans les Pyrénées.
ode.	Poëme lyrique divisé en strophe.
à vin.	La Bourgogne est un pays à vin.
aveins.	J'aveins, tu aveins, il aveint.
à vingt.	A, préposit. ; vingt, adjectif numéral.

B.

bail.	Contrat par lequel on loue pour temps determiné une maison, une ferme, etc.
baille.	Verbe, je baille, tu bailles, il baille.
bal.	Assemblée pour danser.
balle.	Une balle de laine ou de plomb.
Bâle.	Ville de Suisse arrosée par le Rhin.
balet.	Instrument dont on se sert pour balayer.
ballet.	Danse figurée.
balaie.	Je balaie, tu balaies, ils balaient.
bah.	Interjection.
bas.	Substantif masculin singulier.
bat.	Je bats, tu bats, il bat.
bât.	Selle pour les bêtes de somme.
barre.	Pièce de bois ou de métal.
Bar.	Nom de plusieurs villes de France.
ban.	Publication, publier les bans.
banc.	Siége étroit et long, où plusieurs personnes peuvent s'asseoir.
beau.	Adjectif, il est beau d'être modeste.
baux.	Substantif, pluriel de bail.
beauté.	La beauté passe en peu de temps.
botté.	Celui qui a des bottes aux jambes.
belottes.	Petit animal carnassier.
blette.	Adjectif, trop mûre, une poire blette.
boite.	Je boite, tu boites, ils boitent.
boîte.	La boîte de Pandore renfermait tous les maux.
bon.	C'est n'être bon à rien que n'être bon qu'à soi.
bond.	Prendre la balle au bond.
bonasse.	Synonyme d'idiot, de niais.

bonace.	Etat de calme de la mer.
bouc.	La fange des rues.
bous.	Je bous, tu bous, ils bouent.
bout.	Extrémité d'un corps.
boucher.	Varron, consul Romain, avait exercé le metier de boucher.
bouché.	Participe passé du verbe boucher.
bouchée.	Substantif feminin, une bouchee de pain.
boucher.	Infinitif présent.
bonheur.	Le bonheur des mechans, comme un torrent s'ecoule.
bonne heure.	Levez-vous de bonne heure.
Brest	Port de mer, départ. du Finistère.
breste.	Chasse aux petits oiseaux.
brick.	Petit navire.
brique.	Pierre rougeâtre cuite au four.
brigand.	Voleur sur les grands chemins.
briguant.	Participe présent du verbe briguer.
bu, buc.	Participe passé du verbe boire.
but.	Socrate but le poison.
but.	Point où l'on veut frapper.
butte.	Petite élévation de terre.
bus, but.	Je bus, tu bus, il but.

C.

Caen	Chef-lieu de préfecture, departement du Calvados.
camp.	Lieu ou sejourne une armée.
Kan.	Prince des Tartares.
quand.	Quand verrai-je, o Sion, relever tes remparts.
quant.	Quant aux ingrats, il n'en est point Qui ne meurent enfin misérables.

8

cap.	Pointe de terre qui s'avance dans la mer.
cape.	Espèce de capuchon.
câpre.	Fruit du câprier.
car.	Conjonction.
carre.	La carre d'un chapeau.
quart.	La quatrième partie d'un entier.
carte.	Carton fin taillé en carré long.
quarte.	Terme de musique.
cens.	Dénombrement, Servius, roi de Rome, institua le cens.
Sens.	Sous-préfecture du département de l'Yonne.
sens.	Les cinq sens sont : l'ouie, la vue, le goût, le toucher et l'odorat.
sans.	A vaincre sans périls, on triomphe sans gloire.
cent.	Adjectif numéral, dix fois dix font cent.
sens, sent.	Je sens, tu sens, il sent.
canaux.	Pluriel de canal, conduit destiné au passage des eaux.
canot.	Petit bateau.
ce, se.	En ce monde, il se faut l'un l'autre secourir.
chaine.	Suite d'anneaux passés les uns dans les autres.
chêne.	Arbre. Le chêne était consacré à Jupiter.
chair.	Les antropophages se nourrissent de chair humaine.
cellier.	Lieu dans lequel on serre du vin ou d'autres provisions.
sellier.	Ouvrier qui fait des selles, des harnois.

cher.	Je crains Dieu, cher Abner, et n'ai pas d'autre crainte.
chère.	A tous les cœurs bien nés, que la patrie est chère.
chère.	Crois-tu qu'un juge n'ait qu'a faire bonne chère.
chaire.	Siege elevé d'où un orateur parle à ses auditeurs.
cahot.	Espèce de saut que fait une voiture.
chaos.	Dieu tira le monde du chaos.
caisse.	Coffre pour mettre de l'argent.
quest-ce.	Quest-ce que je vois.
chœur.	Troupe de musiciens qui chantent ensemble.
cœur.	Que peut craindre un grand cœur quand la vertu lui reste.
champ.	Non je ne puis quitter le doux tableau des champs.
chant.	La grotte ne resonnait plus de son chant.
chaud.	Le climat de l'Afrique est chaud.
chaux.	Pierre calcinée par le feu.
choc.	Du choc des opinions nait la lumière.
choque.	Ceci choque la bienséance.
ci.	Adverbe, cet endroit-ci.
si.	Conjonction et note de musique.
s'y.	Chacun se dit ami, mais fou qui s'y repose.
scie.	Je scie, tu scies, il scie; verbe scier.
six.	Adjectif numeral.
cil.	Poils des paupières.
s'il.	Mis pour si il, s'il vient.
clair.	Le soleil est clair.
clerc.	Employé dans l'étude d'un avoué ou d'un notaire.

clause.	Disposition particulière d'un acte.
close.	Adjectif, fermée, porte close.
c'est.	C'est avoir fait le bien qu'avoir voulu le faire.
sait.	Que ne sait point ourdir une longue traîtrise.
ses.	Adjectif possessif, pluriel de son, sa.
ces.	Adjectif démonstratif, pluriel de ce, cet, cette.
sais.	Je sais, tu sais.
cire.	Matiere molle, provenant du travail des abeilles.
sire.	Titre donné aux rois.
cerf.	Quadrupede à cornes branchues.
serf.	Espece d'esclave.
coi.	Tranquille, il se tient coi.
quoi.	Pronom relatif, à quoi pensez-vous.
comptant.	Participe present du verbe compter.
content.	Nul n'est content de sa fortune.
contant.	Participe présent du verbe conter.
comte.	Dignitaire du troisième ordre dans la noblesse.
compte.	Substantif masculin singulier.
comptera.	Futur du verbe compter.
contrat.	Convention écrite et faite entre plusieurs personnes.
coq.	Le coq etait consacré au dieu Mars.
coque.	Les vers-à-soie font leurs coques.
cor.	Instrument à vent.
corps.	Substance étendue.
cou.	Partie du corps qui joint la tête au tronc.
couds.	Je couds, tu couds, il coud.
coup.	Impression que fait un corps sur un autre en le frappant.

couperet.	Sorte de hache pour la cuisine.
couperait.	Conditionnel du verbe couper.
cour.	Tout se farde à la cour jusqu'à la vérité.
court.	Qui ne court après la fortune?
cours.	Le cours du Rhône est rapide.
côte.	Os courbé et plat.
cotte.	Jupe que porte les femmes.
quote-part.	Payer sa quote-part.
croix.	Deux lignes disposées de manière à former quatre angles.
crois.	Verbe. Je crois, tu crois, il croit.
crête.	Excroissance charnue qui s'élève sur la tête des coqs.
Crète.	Ile de la mer Egée, maintenant appelée Candie.
cri.	Son inarticulé.
cric.	Machine pour soulever un fardeau.
craint.	Participe du verbe craindre.
crin.	Des coursiers attentifs, le crin s'est hérissé.
creuset	Vaisseau pour fondre les métaux.
creusais.	Verbe. Je creusais, tu creusais, il creusait.
crû.	Terroir où croît quelque chose.
cru, crue.	Adjectif, qui n'est pas cuit.
cru.	Participe passé de croire et de croître.
crus.	Verbe. Je crus, tu crus, il crut.
crue.	Augmentation de volume, crue des eaux.
cuir.	Peau des animaux.
cuire.	Infinitif présent.
cygne.	Oiseau à plumage blanc.
signe.	Je signe, tu signes, il signe.

D.

dans.	Préposition de lieu, dans cette ville.
d'en.	Il vient d'en sortir.
dents.	Ne pas dessérer les dents.
dam.	Dommmage (vieux mot).
danse.	Terpsichore est deesse de la danse.
dense.	Compacte, dont les parties sont serrées.
date.	Epoque a laquelle une chose a été faite.
datte.	Fruit du dattier.
d'étain.	La mine d'étain de Cornouailles est la plus renommée.
déteint.	Participe passé du verbe deteindre.
dessein.	Souvent d'un grand dessein, un mot nous fait juger.
dessin.	Représentation d'un objet, au crayon ou à la plume.
désir.	L'homme est en proie à ses désirs.
desire.	Je désire, tu desires, ils désirent.
dix ans.	Le siège de Troie dura dix ans.
disant.	Participe présent du verbe dire.
doigt.	Partie de la main ou du pied.
dois.	Verbe devoir. Je dois, tu dois, il doit.
des.	Le bonheur des méchants, comme un torrent s'écoule.
dès.	Préposition, dès le point du jour.
dey.	Chef du gouvernement d'Alger.
dais.	Sous un dais de feuillage.
Don.	Fleuve de la Russie qui se jette dans la mer d'Azof.
don.	Substantif, l'apologue est un don qui vient des immortels.

dont.	Pronom relatif. L'homme dont j'ai parlé.
donc.	Conjonction. Je pense, donc j'existe.
d'or.	Le département de la Côte-d'Or est très-fertile.
dore.	Je dore, tu dores, il dore (verbe dorer).
dors.	Je dors, tu dors, il dort. (Verbe dormir).
dégoûter.	Causer de la répugnance.
dégoutter.	Couler goutte à goutte.
du.	La paix du cœur.
dû, due..	Participe passé du verbe devoir.
dus.	Je dus, tu dus, il dut.
doue.	Verbe douer. Je doue, tu doues, il doue, ils douent.
doux.	Qu'il est doux de revoir les murs de sa patrie.
d'où.	D'où naît ce changement.

E.

echo.	Fille de l'air et de la terre. (Mythologie).
écho.	Répétition d'un son.
écot.	Dépense de chacun dans un repas commun.
éclair.	Substantif masculin. Eclat de lumière qui précède le tonnerre.
éclaire.	Verbe. J'éclaire, tu éclaires, il éclaire.
encens.	L'encens croît dans l'Arabie.
en sens.	En sens contraire.
en cent.	Diviser un objet en cent morceaux.
envie.	La noire envie agite ces serpents.
en vie.	Cet animal est-il envie.

enter.	Greffer. Terme d'agriculture.
hanter.	Fréquenter. Ne hantez pas les mauvaises compagnies.
equivalant.	Participe prés. du verbe equivaloir.
équivalent.	Adjectif. Qui est de même valeur.
être.	Toute puissance est faible à moins que d'être unie.
êtres.	Connaître les êtres d'une maison.
hêtre.	Grand arbre.
étant.	Participe present du verbe être.
étends.	J'étends, tu étends, il etend.
etang.	Lieu où l'on nourrit le poisson.
exaucer.	Dieu veuille exaucer nos vœux.
exhausser.	Elever. Exhausser un bâtiment.
extravagant.	Adjectif. Un projet extravagant.
extravaguant.	Participe présent du verbe extravaguer.

F.

fabricant.	Substantif. Celui qui fabrique.
fabriquant.	Participe présent du verbe fabriquer.
face.	Substantif féminin. Figure ou côté de quelque chose.
fasse.	Jamais un lourdeau quoi qu'il fasse, Ne pourra passer pour galant.
faim.	La faim chasse le loup hors du bois.
feint.	Participe passé du verbe feindre.
fard.	Composition pour rendre la peau plus belle.
phare.	Fanal placé sur une tour pour éclairer les vaisseaux en mer.
fais.	Verbe faire. Je fais, tu fais, il fait.
faix.	Substantif. Fardeau, charge.
faire.	Il faut faire aux méchans guerre continuelle.

fer.	Métal très-dur.
ferre.	Verbe. Je ferre, tu ferres, il ferre, ils ferrent.
faîte.	Au faîte du bonheur on pousse des soupirs.
fête.	Jour consacré au culte divin.
faites.	Vous faites le bonheur de vos parents.
faut.	Il ne se faut jamais moquer des misérables.
faux.	Instrument pour faucher.
faux.	Adjectif. Contraire à la vérité.
fausse.	Qu'importe du bonheur la source fausse ou vraie.
fausse.	Je fausse, tu fausses, il fausse. (Verbe fausser).
fosse.	Grand creux dans la terre.
foi.	Il est beau de mourir pour conserver sa foi.
foie.	Un vautour mangeait le foie de Prométhée.
fouet.	Il fait claquer son fouet.
fond.	Le fond de la vallée.
fonds.	Je fonds, tu fonds, il fond. (Verbe fondre).
fonds.	Le travail est le meilleur fonds.
font.	Ils font le bien.
fonts.	Vaisseau contenant l'eau du baptême.
forêt.	La forêt des Ardennes.
le Forez.	Ancienne province de France.
forais.	Verbe forer (percer). Je forais, tu forais, il forait.

G.

geai.	Le geai se pare des plumes du paon.
j'ai.	J'ai faim, j'ai soif.
jet.	Jet d'eau, eau qui jaillit hors d'un tuyau.
gai, gaie.	Adjectif, joyeux, un homme gai, une femme gaie.
guet.	Faire le guet.
gué.	Endroit d'une rivière ou l'on peut passer sans nager.
goutte.	Maladie qui affecte particulièrement les articulations.
goûte.	Je goûte, tu goûtes, il goûte.
grace.	Le roi a droit de faire grâce.
Grasse.	Jolie ville du département du Var.
grasse.	Féminin de gras, une personne grasse.
Grèce.	De nombreuses montagnes traversent la Grèce.
graisse.	Substance animale onctueuse.
gris.	Adjectif, un cheval gris.
gril.	Ustensiles de cuisine.
guère.	Adverbe de quantité.
guerre.	Les passions nous font la guerre.
guérite.	Loge où une sentinelle se met à couvert.
guérites.	Passé défini du verbe guerir, vous guérites.
Gray.	Petite ville de France, sur la Saone.
gris.	Pierre formée de grains de sable fin.

H.

hâle.	Le hale brunit la peau.
halle.	Place publique ou se tient le marché.

hôte.	Qui compte sans son hôte compte deux fois.
hotte.	Sorte de paniers qu'on met sur le dos.
haute.	Adjectif feminin, de haut.
ôte.	Verbe actif, j'ôte, tu ôtes, il ôte.
hôtesse.	Feminin de hôte.
hautesse.	Titre qu'on donne aux sultans.
héro.	Prêtresse de Venus.
heros.	Homme qui se distingue par sa grandeur d'âme.
Hérault.	Rivière de France qui prend sa source dans les Cévennes.
heraut.	Un héraut d'armes.
hors.	Tout est perdu hors l'honneur.
or.	Metal jaune très-pesant.
or.	Conjonction.
hutte.	Petite loge de terre et de bois, la hutte d'un berger.
ut.	Note de musique.

I.

il, ils.	Pronom personnel, 3me personne.
île.	Espèce de terre entourée d'eau de tous côtés.
Ill.	Rivière de France qui se jette dans le Rhin.
Ille.	Rivière de France qui passe a Rennes qui se jette dans la Vilaine.
Ille.	Petite ville de France aux pieds des Pyrénées.
intrigant.	Homme qui se mêle d'intrigues.
intriguant.	Participe présent du verbe intriguer.

J.

Jean.	Jean le bon, perdit la bataille de Poitiers.
gens.	Les vieilles gens sont soupçonneux.
jeunes.	Les jeunes gens sont trop confiants.
jeûne.	Abstinence de manger.
joie.	La joie est dans le cœur.
jouais.	Je jouais, tu jouais, il jouait.
jouet.	Nous sommes le jouet de la fortune.

L.

la.	La ruse la mieux ourdie peut nuire à son inventeur.
là.	Adverbe de lieu, que faites vous là.
las.	Fatigué, il est las.
lac.	Etendue d'eau, entouré de terre de tous côtes.
lacs.	On lui a tendu des lacs.
laque.	Résine qu'on doit a une espèce de fourmis des Indes orientales.
lacer.	Verbe serrer, avec un lacet.
lasser.	Fatiguer, on se lasse de tout, excepté du travail.
laid.	Un homme laid.
laie.	La femelle du sanglier.
lait.	Heureux qui vit content du lait de ses brebis.
les.	Les plus à craindre sont souvent les plus petits.
l'été.	La saison la plus chaude.
laité, laitée.	Adjectif, carpe laitée, qui a de la laite.
l'Ethé.	Fleuve de l'enfer. (Mythologie.)
l'an.	François Ier monta sur le trône l'an 1315.

Laon.	Ville, chef-lieu du département de l'Aisne.
l'en.	Je l'en félicite.
lent.	Quatre bœufs attelés, d'un pas tranquille et lent, Promenaient dans Paris le monarque indolent.
lard.	Porc chargé de lard.
lares.	Petites statues que les païens conservaient dans leur maison avec respect.
l'art.	Souvent un beau désordre est un effet de l'art.
leçon.	Faire la leçon à quelqu'un.
le son.	Le son parcourt 337 mètres par seconde.
le sont.	Le sont-ils coupables.
leur, leurs.	Adjectif possessif des deux genres.
l'heure.	Substantif, l'heure est enfin arrivée.
l'Eure.	Rivière qui se jette dans la Seine.
leurre.	Appât (vieux mot.)
lieu.	Un bienfait reproché tient toujours lieu d'offense.
lieue.	Mesure itinéraire, deux lieues de France égalent un myriamètre.
lie.	Verbe lier, je lie, tu lies, il lie.
lis.	Verbe lire, je lis, tu lis, il lit.
lie.	Ce qu'il y a de plus grossier dans une liqueur, lie de vin.
Liége.	Ville des Pays-Bas sur la Meuse.
liége.	Espèce de chêne vert, commune dans les Landes de Bordeaux.
lit.	Meuble sur lequel on se couche.
lice.	Lieu préparé pour les tournois.
lis.	Plante à fleur blanche et odorante.
lisse.	Adjectif, uni, poli.

Lys.	La Lys, rivière de France qui se jette dans l'Escaut.
lion.	Le roi des animaux.
Lyon.	Chef-lieu de département du Rhône.
lions.	Impératif du verbe lier.
lyre.	Les vers sont enfants de la lyre.
lire.	Il faut les chanter, non les lire.
l'on.	Locution composée de la lettre euphonique *l*, et du pronom indéfini *on*.
long.	Adjectif masculin, dont le féminin est longue.
l'ont.	Ils l'ont rencontré et l'ont reconduit.
lui.	Le conte fait passer le précepte avec lui.
luit.	Le soleil luit pour tous le monde.
lut.	Enduit pour boucher un vase. (Chimie.)
luth.	Instrument de musique.
lutte.	Substantif féminin, exercice gymnastique.
lutte.	Verbe, je lutte, tu luttes, il lutte.

M.

ma.	Adjectif possessif féminin.
m'as.	Tu ne m'as que trop entendu.
mât.	Le mât d'un vaisseau.
m'aime.	Il commande a la Grèce, il est mon père, il m'aime.
même.	Les barbares mêmes reconnaissent l'existence de Dieu.
mal.	Le mal qu'on dit d'autrui, ne produit que du mal.

malle.	Coffre dont on se sert en voyage.
male.	Qui est du sexe masculin.
mai.	Cinquième mois de l'année.
mais.	Conjonction, on aime à deviner les autres, mais on n'aime pas à être deviné.
mes.	Approchez, mes enfans.
mets.	Ce qu'on sert sur la table pour manger.
met.	Verbe mettre, je mets, du mets, il met.
m'ait.	Quoiqu'il m'ait nui.
m'est.	Il m'est doux de lui être utile.
maintien.	Ils imposaient par la gravité de leur maintien.
maintiens.	Je maintiens, tu mantiens, il mantient.
maître.	Dieu est le maître de l'univers.
mettre.	Mettre sa gloire à reparer les malheurs.
mètre.	Mesure de longueur, la 10,000,000° partie du quart du méridien. (3 pieds 11 lignes.)
marchand.	Celui qui vend et achette des marchandises.
marchant.	Participe présent du verbe marcher.
mare.	Amas d'eau dormante.
marc.	Poids de huit onces.
marc.	Marc de raisin, marc de café.
mari.	Celui qui est joint à une femme par le mariage.
marie.	Je marie, tu maries, il marie.
marie.	Nom propre de femme.
marri.	(Vieux mot), fâché.
m'en.	Vous m'en faites accroire.

ment.	On ne croit pas celui qui ment.
Mans.	Chef-lieu du département de la Sarthe.
Mantes.	Ville de France où mourut Philippe-Auguste.
menthe.	Plante balsamique.
maire.	Premier officier civil d'une commune ou d'un arrondissement.
mer.	Vaste étendue d'eau salée qui couvre la plus grande partie du globe.
mère.	Blanche de Castille fut la mère de Louis IX.
mon.	Adjectif possessif.
mont.	Le Mont-Parnasse était consacré aux Muses.
mole.	Jetée de pierre à l'entrée d'un port.
molle.	Féminin de mou. (adjectif.)
main.	Tout est bien en sortant des mains du créateur.
Mein.	Rivière d'Allemagne qui se jette dans le Rhin.
maint.	Adjectif, vieux mot qui signifie plusieurs.
mords.	Verbe, je mords, tu mords, il mord.
mors.	Partie de la bride qui se place dans la bouche du cheval.
mort.	Fenelon est mort en l'an 1615.
maure.	Qui est né dans la Mauritanie en Afrique.
maux.	Les maux sont ici bas, les biens sont dans les cieux.
Meaux.	Sous-Préfecture du département de Seine et Marne.
mot.	Je vous le dirai en peu de mots.

(101)

murs.	Il est doux de revoir les murs de sa patrie.
mure.	Fruit du mûrier.
mûr.	Adjectif, ces fruits sont mûrs.
meurs.	Verbe, je meurs, tu meurs, il meurt.
mœurs.	Des siècles, des pays, étudiez les mœurs.
moi.	On cherche les rieurs, et moi je les évite.
mois.	Le mois de janvier était consacré à Janus.

N.

naît.	C'est souvent du hasard que naît l'opinion
n'est.	Il n'est pour voir que l'œil du maître.
net.	Adjectif dont le feminin est nette.
ni.	Ni l'or ni la grandeur ne nous rendent heureux.
nid.	Le rossignol fait son nid dans un buisson.
nie.	Verbe, je nie, tu nies, il nie.
noie.	Verbe, je noie, tu noies, ils noient.
nouais.	Je nouais, tu nouais, il nouait.
noix.	Fruit du noyer.
non.	Particule négative.
nom.	Rien n'est plus commun que le nom d'amis.
n'ont.	Les chrétiens n'ont qu'un Dieu, maître absolu de tout.
nourrice.	Une louve servit de nourrice à Romulus et à Rémus.
nourrisse.	Que je nourrisse, que tu nourrisses.

nuit.	Je nuis, tu nuis, il nuit.
nuit.	Déesse des ténèbres, fille du ciel et de la terre. (Mythologie.)

O.

haut.	Du haut du ciel sa voix s'est fait entendre
o.	Signe d'appellation : O mon père.
ho.	Interjection qui marque l'étonnement.
oh.	Interjection qui marque l'admiration
aulx.	Pluriel d'ail.
on.	A l'œuvre on connaît l'artisan.
ont.	Les hommes ont toujours importuné les dieux.
où.	La naissance n'est rien où la vertu n'est pas.
ou	Conjonction : Vaincre ou mourir.
août.	Le huitième mois de l'année. (prononcez ou.)
oubli.	Les termes du blason tombent dans l'oubli.
oublie.	Substantif feminin, sorte de pâtisserie.
oublie.	Verbe, j'oublie, tu oublies, il oublie.
oui.	Oui, je viens dans son temple adorer l'Eternel.
ouïe.	Substantif féminin, celui des cinq sens par lequel on reçoit les sons.
oing.	Vieille graisse de porc.
oint.	Participe passé du verbe oindre, enduire.
Ouen St-Ouen.	Noms de plusieurs petites villes de France.

P.

pain.	Aliment fait de farine pétrie.
peint.	Raphaël a peint les galeries du Vatican.
pin.	Arbre résineux, le pin était consacré à Cybèle.
pair.	Adjectif, semblable, égal.
paire.	Une paire de pigeons (couple.)
père.	Saturne était père de Jupiter.
perd.	Quand un ami se perd, il faut qu'on l'avertisse.
panser.	Appliquer à une plaie les remèdes convenables.
penser.	On doit penser avec ordre.
pension.	Maison d'éducation.
pensions.	Verbe penser, à l'imparfait de l'indicatif.
pan.	Fils de Mercure, dieu des campagnes.
pan.	Partie d'un vêtement ou d'un mur.
paon.	Oiseau consacré à Junon.
pends.	Verbe, je pends, tu pends, il pend.
par.	Absalon fut suspendu par les cheveux.
part.	Substantif, portion d'une chose divisée.
pars.	Je pars, tu pars, il part.
parti.	Prendre le parti de Pompée.
partie.	La partie est plus petite que le tout.
partis.	Je partis, tu partis, il partit.
pate.	Farine pétrie.
patte.	Se servit de la patte du chat.
Pau.	Ville près des Pyrénées où naquit Henri IV.
peau.	On représente Hercule revêtu de la peau du lion de Némée.

Pô.	Fleuve d'Italie qui prend sa source dans les Alpes.
pot.	Vase, substantif masculin.
peu.	A peu de gens convient le diadème.
peut.	Tel brave les tourmens qu'un bienfait peut séduire.
plein.	La feinte est un pays plein de terres déserts.
plain.	Plat, un appartement de plain-pied.
plains.	Verbe, je plains, tu plains, il plaint.
perce.	Je perce, tu perces, ils percent.
Perse.	Ispahan, capitale de la Perse.
poids.	Pesanteur, qualité de ce qui est pesant.
pois.	Légumes rond et farineux.
poix.	Suc résineux tiré du sapin ou du pin.
point.	Rien de trop est un point dont ont parle sans cesse, Et qu'on n'observe point.
poing.	Main fermée, un coup de poing.
porc.	Cochon, animal qu'on engraisse pour le manger.
pores.	Ouverture imperceptible des corps.
port.	Le port de Brest est le plus beau de l'Europe.
plus.	Plus d'une Pénélope honora son pays.
plus.	Verbe, je plus, tu plus, il plut.
plumait.	Je plumais, tu plumais, il plumait, ils plumaient.
plumet.	Substantif masculin, espèce de panache.
poêle.	Sorte de fourneau pour chauffer un appartement.
poils.	Filets déliés qui croissent sur la surface de la peau.

pouce.	Le pied vaut 12 pouces, le pouce, 12 lignes.
pousse.	Impératif du verbe pousser.
pré.	Substantif masculin, petite prairie.
près.	A une grande vanité près, les héros sont faits comme les autres hommes.
prêt.	Adjectif masculin, disposé a
pris.	Tel est pris qui croyait prendre.
pris.	Je pris, tu pris, il prit.
prix.	Un bienfait tôt ou tard trouve un prix infaillible.

Q.

cartier.	Celui qui fait des cartes.
quartier.	La quatrième partie d'un chose.
quoique.	Conjonction, quoique riche il n'est pas considéré.
quoi que.	Quoi que vous disiez, vous ne serez point écouté
quel, quelle	Un trône quelqu'il soit, n'est point à dédaigner.
qu'elle.	Qu'elle paraisse à mes yeux.
quelquefois	Adverbe, de fois à autre, par fois.
quelques fois.	Adjectif et substantif, je l'ai vu quelques fois.

R.

raie.	Je raie, tu raies, ils raient.
rets.	Filets pour prendre les oiseaux.
raiponce.	Plante qu'on mange en salade.
réponse.	La réponse se fait à une question.
rang.	Les rois n'ont de rang dans l'histoire que par leurs vertus.

rend.	Un grand cœur rend justice à son ennemi même.
ras.	Uni, un chien a poil ras.
rat.	Petit quadrupède rongeur.
récent.	Adjectif masculin, nouveau.
ressens.	Je ressens, tu ressens, il ressent.
reflux.	Mouvement regle de la mer qui se retire après le flux.
reflue.	La mer reflue sur nos côtes.
ris.	Je ris, tu ris, il rit.
riz.	Graine farineuse produite dans les pays chauds.
Riom.	Jolie ville du departement du Puits de Dôme.
rions.	Imperatif du verbe rire.
raisonner.	Raisonner c'est le propre de l'homme.
résonner.	Sa grotte ne résonnait plus de son chant.
roi.	Nommer un roi père de ses sujets, c'est l'appeler par son nom.
Roye.	Petite ville du département de la Somme.
rond.	Adjectif, de forme circulaire.
rompt.	Verbe, je romps, tu romps, il rompt.
Rennes.	Chef-lieu du departement d'Ile et Vilaine.
renne.	Quadrupède du genre des cerfs.
rène.	Courroie de la bride d'un cheval.
Rhin.	Fleuve qui descend des Hautes-Alpes.
reins.	Avoir les reins forts.
Reims.	Ville de France, département de la Marne.
rince.	Je rince, tu rinces, ils rincent.

S.

sainte	Adjectif féminin de saint.
Saintes.	Ville de France, département de la Charente-Inférieure.
sale.	Adjectif, mal propre.
sale.	Verbe, je sale, tu sales, ils salent.
salle.	Substantif, une des pièces d'un appartement.
salon.	Substantif, pièce d'un appartement où l'on reçoit des visites.
salons.	Impératif du verbe saler.
salue.	Verbe, je salue, tu salues, ils saluent.
salut.	Substantif, action de saluer.
saine.	Adjectif féminin de sain.
scène.	Substantif féminin, partie du théâtre où jouent les acteurs.
Seine.	La Seine a son embouchure au Hâvre.
sain.	Adjectif, un homme sain, qui n'est pas sujet à être malade.
saint.	Adjectif, dont le féminin est sainte.
sein.	L'asyle le plus sûr est le sein d'une mère.
seing.	Synonyme de signature.
ceint.	Participe passé du verbe ceindre (entourer.)
saut.	Le saut du Niagara; rocher d'où se précipite le fleuve Saint-Laurent.
sceau.	Cachet, empreinte faite sur la cire.
Sceaux.	Bourg près Paris où mourut Florian.
sot.	Un sot trouve toujours un plus sot qui l'admire.
seau.	Vaisseau propre a puiser de l'eau.
sel.	Substance dure, friable et dissoluble.

Selle.	Petite ville de France, sur le Cher.
Celle.	Nom de plusieurs villes de France.
celle, celles.	Pronom demonstratif.
serein.	Substantif, vapeur qui retombe au coucher du soleil.
serein.	Adjectif, air serein.
serin.	Petit oiseau dont le chant est fort agreable.
son.	Adjectif possessif, de son propre artifice on est souvent victime.
sont.	Les delicats sont malheureux, rien ne saurait les satisfaire.
seller.	Un cheval, lui arranger la selle sur le dos.
sceller.	Attacher une piece de fer avec du plâtre.
céler.	Un dessein, un secret, le cacher.
saure.	Adjectif, de couleur jaune, tirant sur le brun.
sors.	Je sois, tu sois, il soit.
sort.	Destinée, tel est l'arrêt du sort.
sou.	Vingt sous valent une livre monnaie.
soul.	Ivre, adjectif, plein de vin.
sous.	Preposition, Racine a vecu sous Louis XIV.
sert.	Qui sert bien sa patrie, n'a pas besoin d'aieux.
sers.	Verbe servir, je sers, tu sers.
serre.	Verbe serrer, je serre, tu serres, ils serrent.
serres.	Pieds des oiseaux de proie.
soi.	On travaille pour soi lorsque l'on fait le bien.
soie.	Substantif feminin, fil delicat produit par le ver a soie.

sois.	Subjonctif présent du verbe être, que je sois, que tu sois, qu'il soit.
souhait.	Vœu, desir, parvenir au terme de ses souhaits.
sol.	Note de musique.
sol.	Terrain sur lequel nous marchons.
sole.	Poisson de mer.
statue.	Figure d'homme ou de femme de plein relief.
statut.	Règlements établis pour la conduite d'une compagnie.
suie.	Substantif féminin, matière noire produite par la fumée.
suis.	Verbe, je suis, tu suis, il suit.
sur.	Préposition, je chante ce heros qui régna sur la France.

T.

ta.	Obéis à la voix de ta conscience.
tas.	Substantif, monceau, un tas de blé.
taire.	Verbe a l'infinitif, il faut savoir se taire.
terre.	La terre a 9000 lieues de circonférence.
taie.	Substantif féminin, une taie d'oreiller.
tais.	Verbe taire, je tais, tu tais, il tait.
tes.	Adjectif possessif, pluriel de ton, ta.
t'est.	Que t'est-il arrivé?
Tet.	Rivière du Roussillon.
t'aie.	Quoique je t'aie rencontré.
tan.	Ecorce de chêne pilé.
tant.	Adverbe, rien ne pèse tant qu'un secret.

tends.	Verbe, je tends, tu tends, il tend.
tante.	La sœur du père ou de la mère.
tente.	Pavillon dont on se sert pour se mettre à couvert.
tard.	Adverbe de temps.
tare.	Substantif féminin, diminution sur le poids des marchandises.
tain.	Lame d'étain qu'on applique derrière les glaces.
teint.	Substantif masculin. Le soleil brunit le teint.
teins.	Verbe, je teins, tu teins, il teint.
tu.	Pronom.
tue.	Verbe, je tue, tu tues, ils tuent.
t'eut.	Quand il t'eut parlé.
touc.	Substantif féminin, grand bateau.
tout.	Les bienfaits peuvent tout sur une âme bien née.
tour.	Bâtiment élevé ordinairement fortifié.
Tours.	Tours, chef-lieu du département de l'Indre-et-Loire.
tirant.	Participe présent du verbe tirer.
tyran.	La terre a ses tyrans, le ciel a ses vengeurs.
trait.	Substantif masculin, dard, flèche, etc.
très.	Adverbe de quantité, très-élevé.
trais.	Je trais, tu trais, ils traient.
travail.	Le travail conduit au bonheur.
travaille.	Tout vainqueur insolent à sa perte travaille.
Terme.	Divinité dont la statue servait de limite chez les Romains.

thermes.	Bains publics des anciens.
tribu.	Le peuple romain était divisé par tribus.
tribut.	Un noble esprit peut tirer de son travail un tribut légitime.
taux.	Prix convenu pour l'intérêt de l'argent.
tôt.	Adverbe de temps. tôt ou tard.
taon.	Grosse mouche pourvue d'un aiguillon.
ton.	Adjectif possessif.
thon.	Gros poisson de mer qui se trouve sur les côtes de la Provence.
Troie.	Ville de l'Asie mineure détruite par les Grecs anciens.
Troyes.	Chef-lieu du département de l'Aube.

V.

van.	Grande corbeille dans laquelle on agite le grain pour séparer ce qui lui est étranger.
vent.	Éole était le dieu des vents. (Mythologie.)
vends.	Je vends, tu vends, il vend.
Vaux.	Contrée la plus belle et la plus fertile de la Suisse.
vaux.	Vieux mot remplacé par vallée, courir par monts et par vaux.
vaut.	Un tiens vaut, ce dit-on, mieux que deux tu l'auras.
veau.	Les Israélites adoraient le veau d'or.
vos.	Roi, voilà vos vengeurs contre vos ennemis.
vice.	Défaut, imperfection.

vis.	Pièce ronde de bois ou de métal cannelée en lignes spirales.
ver.	Un ver de terre.
verre.	Corps transparent et fragile.
vers.	L'aimant se tourne vers le nord.
vert.	Adjectif, ils sont trop verts, dit-il, c'est bon pour les goujats.
vain.	Le ciel est juste et sage, et ne fait rien en vain.
vains.	Comme le ciel se rit des vains projets des hommes.
vin.	Bacchus était le dieu du vin. (Mythologie.)
vaincs.	Je vaincs, tu vaincs, il vainct.
vingt.	Adjectif de nombre, on ne prononce le *t* que devant une voyelle.
vins.	Verbe venir, je vins, tu vins, il vint.
vaine.	J'ai beau vous retenir, ma resistance est vaine.
veine.	Allez, parlez, mes vers, dernier fruit de ma veine.
veux.	Si tu veux qu'on t'épargne, épargne aussi les autres.
veut.	Le ciel, par les travaux, veut qu'on monte a la gloire.
voie.	La raison pour marcher n'a souvent qu'une voie.
voie.	Verbe voir au subjonctif, que je voie, que tu voies, qu'il voie.
vois.	Je vois, tu vois, il voit, ils voient.
voix.	Aux accents de ma voix, terre prête l'oreille.
vu.	J'ai vu, tu as vu.
vue.	La vue peut être perfectionnée.

vil-e.	Adjectif, méprisable, abject.
ville.	Assemblage de maisons disposé par rues.
volait.	Je volais, tu volais, il volait.
volet.	Planche qui ferme un fenêtre.

Z.

zéphyr.	Vent doux et agréable.
zephyre.	Fils d'Eole et de l'Aurore. (Mythol.)

DEUXIÈME PARTIE.

RÈGLE GÉNÉRALE.

Le pluriel des adjectifs et des substantifs se forme en ajoutant un s a la fin.

EXERCICE.

L'élève mettra au pluriel les mots suivans.

Le tigre cruel.
Le livre utile.
La brebis timide.
Le lièvre craintif.
La jolie pantomime.
La fausse pleurésie.
Le sot sobriquet.
La soucoupe dorée.
La taie d'oreiller blanche.
La revanche forcée.
L'ouragan violent.
Le long panégyrique.
Le juge prudent.
L'honneur véritable.
Le papillon léger.

L'abeille laborieuse.
Le fruit mûr.
L'histoire amusante.
Le chemin escarpé.
Le corridor étroit.
L'ancienne coutume.
L'engagement vif.
Le tonnerre effrayant.
Le papier blanc.
Le bruit public.
La belle main.
Le joli jardin.
Le grand livre.
La rose fraîche.
La pêche vermeille.

EXERCICES SUR LES EXCEPTIONS A LA RÈGLE PRÉCÉDENTE.

PREMIÈRE EXCEPTION.

Les substantifs et les adjectifs terminés au singulier par s, x, z, n'ajoutent rien au pluriel.

Le grand palais.
Le prompt succès.
Le bon engrais.
Le mauvais terrain.
Le fils doux.
L'abus énorme.
La souris grise.
La brebis peureuse.

L'appartement spacieux.
Le père heureux.
L'enfant soumis.
Le peuple belliqueux.
Le heros invincible.
Le repas somptueux.
La perdrix légère.
Le bœuf gras.

DEUXIÈME EXCEPTION.

Les substantifs terminés au singulier par au et par eu prennent x au pluriel.

Un grand bateau.
Le feu vif.
Le gateau frais.
Le jeu agreable.
Un cailloux dur.
Un clou rond.
Le cheveu fin.
Le cerveau exalté.
Le chalumeau champêtre.

Le nouveau tableau.
Le treteau neuf.
Le joli couteau.
Le roseau flexible.
Le tonneau plein.
Le taureau effrayant.
Le manteau gris.
Le feu dangereux.
Le chameau bossu.

TROISIÈME EXCEPTION.

Substantifs en ou qui prennent x au pluriel au lieu de s.

Le bijou précieux.
Le genou arrondi.
Le caillou dur.
Le beau joujou.

Le chou vert.
Le triste hibou.
Le pou incommode.
Le glouglou répète.

Les autres substantifs en ou rentrent dans la règle générale et prennent un s au pluriel.

QUATRIÈME EXCEPTION.

Les substantifs ainsi que la plupart des adjectifs terminés en al, forment leur pluriel en aux.

Le cheval fougueux.
L'hôpital bien entretenu.
L'animal tranquille.
Le cardinal religieux.
Le mal pernicieux.
Le cristal fragile.
Le procès-verbal.
Le grand amiral.
L'ennemi loyal.
Le bocal blanc.

Le vaste local.
Le maréchal brutal.
Le rival préféré.
Le tableau original.
Un caractère égal.
Le vassal libéral.
Le tribunal impartial.
Le signal convenu.
Le terme trivial.
Un précepte moral.

Les substantifs suivans terminés en ail, forment leur pluriel en aux.

Le bail long.
L'émail brisé.
Le corail rouge.

Le soupirail ouvert.
Le travail utile.

Mots en al *et en* ail *qui rentrent dans la règle générale.*

Un grand détail.
Le gouvernail neuf.
L'eventail cassé.
Le sérail turc.
Le bal paré.
Le carnaval joyeux.
Le régal splendide.

Le beau portail.
L'épouvantail horrible.
Le camail noir.
Le mail aéré.
Le pal.
Le cal.
Le combat naval.

FORMATION DU FÉMININ DANS LES ADJECTIFS.

Règle : Tout adjectif terminé au masculin par un e muet, n'ajoute rien au féminin.

Phrases a mettre au féminin.

Il est sage.
Il était tranquille.
Il sera honnête.
Il sera aimable.

Il serait atrabilaire.
Il a été sanguinaire.
Il eut été sédentaire.
Il avait été le troisième.

Tout adjectif qui n'est pas terminé au masculin par un e muet en prend un au féminin.

EXERCICE. — *Mettre au féminin les phrases suivantes.*

Il est dissimulé.
Il était ingrat.
Il sera grand.
Il eut été sensé.
Il avait été médisant.
Il sera trivial.
Il est fatal.
Il était prudent.
Il eut été étranger.

Il avait été noir.
Il sera dessus.
Il fut loyal.
Il est profond.
Il avait été fort.
Il était patient.
Il eut été entreprenant.
Il serait élevé.
Il aurait été méchant.

Les adjectifs en *eur* qui sont formés d'un participe present, en changeant *ant* en *eur*, font *euse* au feminin.

Exercice a mettre au feminin.

Il est danseur.
Il est flatteur.
Il était trompeur.
Il sera chanteur.
Il est chicaneur.
Il était joueur.
Il est rêveur.

Il sera penseur.
Il a été trompeur.
Il fut solliciteur.
Il sera radoteur.
Il etait railleur.
Il aurait été voleur.
Il sera causeur.

Les adjectifs masculins terminés par *f* changent cette consonne en *ve* au feminin.

Exercice a mettre au feminin.

Il est bref.
Il était naïf.
Il sera actif.
Il était décisif.
Il fut positif.
Il a été retif.
Il fut chétif.

Il eût ete attentif.
Il avait eté captif.
Il aura ete craintif.
Il est lascif.
Il sera expéditif.
Il aurait ete vif.
Il sera tardif.

Les adjectifs masculins terminés en *eux* font *euse* au féminin.

Il est courageux et capricieux.
Il etait belliqueux et ambitieux.
Il etait dangereux et orgueilleux.
Il avait été dedaigneux et peureux.
Il sera impétueux et judicieux.
. Il aurait ete religieux et judicieux.
Il serait présomptueux et superstitieux.
Il fut haineux et hideux.

Il sera fameux et ombrageux.
Pour les autres exceptions voir la grammaire.

FORMATION DU PLURIEL DANS LES ADJECTIFS.

Les adjectifs forment leur pluriel par l'addition d'un *s*.

Adjectifs et substantifs à mettre au pluriel.

Le bon père.
Le frère impatient.
La sœur tendre.
Le lièvre timide.
Le joli bouquet.
Le jeune soldat.

La belle rose.
La plante amère.
Le sentiment délicat.
Le pâle narcisse.
Le papier blanc.
La perle fine.

Pour les exceptions voir page 29 et consulter la grammaire.

EXERCICE SUR LES GENRES DES SUBSTANTIFS.

L'élève mettra à la première personne du singulier les verbes des phrases suivantes et les substantifs au singulier.

Nous acceptons ces offres. Nous renverserons ces idoles. Nous nettoierons ces écritoires. Nous demeurerons dans ces beaux hôtels. Achèterons-nous ces oies. Nous préférons ces oratoires aux vôtres. Nous avons mal amené ces épisodes. Nous ramassons ces centimes. Nous préférons ces idiomes. Avons-nous fait partie de ces auditoires. Nous regardâmes ces monticules. Nous briserons ces éventails. Nous avons entendu ces esclandres. Nous ferons peindre ces alcôves et ces antichambres. Nous avons deviné ces énigmes. Nous critiquons ces avant-scènes. Il a fallu que nous essuyions ces opprobres.

Tournez les phrases par le singulier.

J'accepte cette offre. Je renverse cette idole, etc.

Phrases à mettre à la seconde personne du singulier et les substantifs au singulier.

Avez-vous pu remarquer ces ellipses. Que pensez vous de ces antithèses? Avez-vous relevé ces sentinelles. Vous auriez remarqué la délicatesse de ces fibres? Vous achèterez ces épées. Vous serez charmés de ces organes. Ces hyperboles vous ont étonnés. Vous serez surpris de la grosseur de ces artères. Vous trouverez ces intervalles immenses. Vous payâtes ces ustensiles bien cher. Lirez-vous ces apologues? Quand terminerez-vous ces inventaires? Comment avez vous trouvé ces arcs de triomphe? Nous admirons ces horloges. Réfléchissez sur les paraboles de ces évangiles. Évitez ces anachronismes. Vous célébrerez solennellement ces anniversaires.

Phrases à mettre à la 3me personne du singulier et les substantifs également au singulier.

Les maîtres d'écriture ont apporté ces exemples. Que pensent-ils de ces hydres? Que penseriez-vous de ces disparates? Elles critiquèrent ces parafes. Ils admirent ces accessoires. Ces abîmes sont immenses. Ces acrostiches, comment les trouvent-ils? Ces ambes ont plus fait perdre que gagner. Ils mangeront ces anchois. Les écoliers mesureront ces angles. Aimeraient-elles ces anis? Ils descendent ces escaliers. Ne caressent-ils pas ces chats angora. Blâmèrent-ils ces antithèses? Ces antres sont inaccessibles. Que faisaient ces hommes avec ces concombres? Ils avaient pêché ces crabes. Ils prononcèrent ces éloges avec enthousiasme. Ils ont fait publier plusieurs armistices.

Leurs artifices sont nuisibles. Ces emblêmes sont ingénieux. Que ne préparent-ils ces emplâtres? Ils ont lu ces épilogues, ces épithalames, ces exordes et même ces anagrammes. Ces erysipèles se guérissent difficilement. Les écoliers ont monté tous ces etages, ils ont brisé ces éventails. Admirent-ils la morale de ces évangiles? Aperçoivent-ils ces obélisques. Ces deux hémisphères, quand les dessineront-ils? Ces hémistiches sont vicieux. Ces horoscopes ils les entendront. Ils lui ont donné ces indices sur ces incendies. Aiment-ils ces légumes? Ces orchestres ont charmé les spectateurs. Furent ils satisfaits de ces ouvrages? Ils etaient assis dans ces stales. Les serviteurs nettoieront ces immondices. Les marchands ont reçu ces horloges et ces pédales.

Les elèves construiront des phrases dans lesquelles ils feront entrer les substantifs suivans, joints à des adjectifs qui puissent en faire connaître le genre.

Sandaraque, patère, parois, omoplate, outre, nacre, hypothèques, hortensia, enclume, ébène, dinde, arrhes, argile, amorce, antichambre, apresmidi, amorce, alarme, air, aire, renne, obus, pourpre, pleurs, pastel, panache, empire, decombres, epiderme, équilibre, équinoxe, escompte, mânes, isthmes, girofle, amiante, amadou, amalgame, amidon, âge, albâtre, alvèole, acabit, antidote, antipodes, antimoine, asterique, auspice, autel, balustre, chanvre.

EXERCICES SUR LES VERBES.

L'élève mettra les verbes des phrases suivantes a la seconde personne du singulier.

Je demande l'histoire de France; je la lis, j'apprends que Pharamond fut le premier roi de France. J'admire la bravoure de Mérovée, je blâme la conduite scandaleuse de Childeric qui le fit chasser par ses sujets; je ne sais si je dois approuver Clovis, j'éprouve une vive satisfaction a le savoir vaincre Syagrius, mais j'ai horreur de sa cruauté envers ses parens et ses amis; je désapprouve le partage de la France entre ses quatre fils; je condamne les rois fainéans et je loue les qualités de Charles Martel; je ressens un plaisir extrême en lisant sa victoire sur les Sarrazins; je m'arrête avec étonnement sur le règne de Charlemagne qui battit les Saxons et recula les limites de la France; je plains Louis-le-Débonnaire, chassé deux fois du trône par ses fils.

Seconde personne du singulier.

Tu demandes l'histoire de France, tu la lis, tu apprends que etc.

Troisième personne du singulier.

Il demande l'histoire de France.

Première personne du pluriel.

Nous demandons l'histoire de France, nous la lisons.

Les élèves continueront cet exercice en mettant ces phrases à la seconde et à la 3ᵐᵉ personne du pluriel.

Imparfait.

Je réfléchissais sur les difficultés qu'éprouva Hugues Capet pour usurper le trône; je gémissais de la conduite imprudente de Louis VII qui s'embarqua pour la Terre-Sainte; je justifiais le titre d'Auguste donné à Philippe vainqueur à la bataille de Bouvines; je chérissais la mémoire de Saint-Louis, rendant la justice sous un chêne, et je maudissais Catherine de Medicis auteur du massacre de la Saint-Barthelemy; je soupirais à la lecture du récit des vêpres Siciliennes; je conservais une haine violente contre les Siciliens qui égorgèrent 8,000 Français en deux heures; je parvenais à bien connaître le règne de Philippe-le-Bel; je souffrais en lisant la condamnation des Templiers.

Les élèves mettront les imparfaits ci-dessus à la seconde et à la troisième personne du singulier, ensuite au pluriel.

Passé défini.

Je quittai la capitale, j'arrivai le même jour à Orleans qui en est éloigné de trente lieues; je passai sur un pont magnifique situé sur la Loire, j'y considerai la statue de Jeanne d'Arc; j'observai long-temps ce ce monument qui représente l'héroïne qui força les Anglais à lever le siège de cette ville; je m'embarquai sur la Loire, je vis les bords riants de ce fleuve, je me proposai d'en suivre le cours jusqu'à Nantes; je voulus voir Blois, je visitai cette ville, patrie de Louis XII, j'admirai le pont, un des plus beaux de l'Europe; je m'embarquai de nouveau, et je descendis la Loire; je me fis conduire à Amboise, patrie de Charles VIII; j'allai à Tours, situé entre la Loire et le Cher; j'appris que cette ville fait un commerce considerable de vin, de fruits, d'huiles. Je prévins mes hôtes de mon départ pour Nantes; je parcourus les environs ornés de belles maisons de plaisance; je remontai dans le bateau, et, secondé par un vent favorable, je parvins à Nantes en peu de temps; je visitai le pont; je vis arriver plusieurs vaisseaux marchands; je me promenai sur les quais, je pris connaissance des curiosités de cette ville; je desirai voir de plus gros vaisseaux; je quittai cette ville; je me dirigeai vers Paimbœuf.

FUTUR.

Je partirai dimanche, je m'embarquerai à Dunkerque, patrie de Jean Bart; je me dirigerai vers le sud, et je passerai devant Calais; je considererai cette ville; je me rappellerai le devouement d'Eustache de Saint-Pierre; je laisserai Boulogne à ma gauche; j'apercevrai l'embouchure de la Somme; je rémarquerai Dieppe connu par les jolis ouvrages en ivoire qui s'y fabriquent; je verrai le Hâvre, port marchand; j'examinerai l'embouchure de la Seine qui sépare le Hâvre de Honfleurs; je côtoierai la partie septentrionale du département du Calvados, j'éviterai les rochers dangereux qui portent ce nom; je me dirigerai vers la partie septentrionale du département de la Manche, je verrai Cherbourg, un des plus beaux ports de l'Europe; je doublerai le cap la Hogue; je côtoierai la partie occidentale du département de la Manche; je parcourrai les côtes du département du Nord; je m'areterai à l'île d'Ouessant, célèbre par le combat naval qui eut lieu entre la flotte française et la flotte anglaise, je continuerai ma route; je ferai voile vers la partie méridionale du département du Finistère; je passerai devant Vannes, chef-lieu du département, je rencontrerai l'embouchure de la Loire; je côtoierai le département Bourbon-Vendée, je visiterai La Rochelle, port marchand, je verrai les restes de la digue construite par Richelieu; je me trouverai à l'embouchure de la Gironde, j'apercevrai le bassin d'Arcachon; je poursuivrai mon voyage le long des côtes du département des Landes, je m'arrêterai à l'embouchure de l'Adour; j'irai visiter Bayonne au confluent de l'Adour et de la Nive.

Il serait bon que l'élève récommençât les exercices ci-dessus sous la forme interrogative.

Il remarquera que la seule différence consite à mettre le pronom après le verbe, au lieu de le mettre auparavant. EXEMPLES : Demandes-tu l'histoire de France, la lis-tu, etc.

EXERCICE SUR LES VERBES PASSIFS.

A mettre au pluriel.

Je suis comblé de joie : je suis récompensé de mes travaux, je suis préservé du malheur dont je suis menacé depuis long-temps; je suis sauvé du danger qui me menace et je n'y serai plus exposé; j'ai été instruit à mes dépens, mais je ne serai plus entraîné; je serai loué et sans doute récompensé, mais je ne serai jamais puni; je serai plutôt couronné, car je suis recommandé, et quand j'ai été présenté, j'ai été fêté; puissé-je n'être pas trompé! je suis rassuré parce que j'ai été conservé dans les places où je suis employé, et j'y ai été constamment obéi.

EXERCICE SUR LES VERBES PRONOMINAUX.

A mettre aux trois personnes du pluriel.

Si je me promène long-temps, je me sens fatigué : je me retire dans ma chambre, je m'assieds, je me mets à réfléchir, je me plais à me créer des chimères : je me crois un grand personnage, je me suppose riche, je me fais un devoir de dépenser mon argent noblement, je m'achète une belle maison dans le centre de Paris, bientôt je me transporte en idée à la Chaussée d'Antin dans un hôtel magnifique, à la vue duquel je me suis souvent extasié ; je me le procure et je m'acquitte envers le vendeur ; je me fais bâtir un château à la campagne, je me donne une superbe voiture, je me fais amener quatre chevaux fringans, et je m'assure de plusieurs domestiques ; je m'habille comme un grand seigneur ; je me comporte comme si je m'étais toujours vu possesseur d'une immense fortune ; je me rapproche des malheureux ; je me résous à ne pas passer un jour sans faire du bien ; je m'entoure d'infortunes ; je me repose sur mon immense fortune pour soulager les orphelins ; je me propose de faire construire un établissement pour les vieillards, je me flatte d'obtenir l'autorisation du gouvernement.

EXERCICES SUR LA FORMATION DES TEMPS DES VERBES.

Formation du futur.

Je veux écouter les conseils, profiter du temps, l'employer utilement, posséder des talens utiles, établir une maison considérable par son commerce, recevoir beaucoup de marchandises et entreprendre la Banque.

Mettez les infinitifs ci-dessus au futur et vous aurez :

J'écouterai les conseils, je profiterai du temps, je

l'emploierai utilement, je possederai des talens utiles, j'établirai une maison considérable par son commerce, je recevrai beaucoup de marchandises, et j'entreprendrai la Banque.

Mettez au futur simple les infinitifs suivans.

Je veux voyager, arrêter ma place à la diligence, partir de Paris, me diriger vers Saint-Germain, m'arrêter quelques heures dans cette ville, me promener dans la forêt, admirer la terrasse et le château, me transporter à Meulan, examiner le pont bâti sur la Seine, me diriger sur Mantes où mourut Philippe-Auguste en 1223 (1), puis visiter Vernon à 6 lieues de là; passer quelques jours dans cette ville, examiner les manufactures de velours, de coton, d'indienne et de toile de coton; continuer ma route jusqu'au pont de l'Arche, parcourir cette petite ville qui a un beau pont de 22 arches, à quatre lieues de Rouen; descendre dans cette dernière ville, y séjourner quelques jours, visiter la place où mourut l'infortunée Jeanne d'Arc, attendre des lettres de ma famille, puis retenir ma place pour aller au Hâvre; monter en voiture, descendre dans cette ville bombardée deux fois par les Anglais, admirer le port, les raffineries de sucre, m'embarquer dans un paquebot, me promener sur la mer, rentrer après deux heures de navigation, et fréquenter les environs de cette ville.

Mettez ce même exercice au conditionnel présent.

Formation de l'imparfait de l'indicatif (page 60).

Je me suis toujours enthousiasmé en lisant l'histoire de Henri IV, en méditant sur les événemens de son règne, en apprenant ses succès, en admirant son courage, en me mettant à sa place, croyant être

(1) L'élève doit mettre les chiffres en toutes lettres.

lui-même, me voyant victorieux à la bataille d'Arques combattant Mayenne et suppléant au nombre par ma valeur, encourageant mes soldats gagnant cette fameuse bataille, faisant part de ma victoire au brave Crillon, battant mes ennemis a Ivry, affrontant mille dangers, donnant partout l'exemple du courage, criant à mes troupes : sauvez les français assiegeant la capitale, laissant entrer des vivres dans Paris, affermissant mon pouvoir, accordant aux protestans la faculté de posseder toutes les charges, et trouvant dans Sully un ministre vertueux.

Mettez a l'imparfait de l'indicatif les participes présens de l'exercice ci-dessus (page 60)

Exemples.

Je me suis toujours enthousiasmé lorsque je lisais l'histoire de Henri IV, je méditais sur les événemens de son règne, j'admirais ses succès, j'admirais son courage, je me mettais à sa place, je croyais être etc.

Mettez les mêmes participes présens au présent du subjonctif tournant les phrases comme celles ci-dessous.

Il faut que je lise l'histoire de Henri IV, que je médite etc.

Formation de l'imparfait du subjonctif.

(page 61)

Mettez a l'imparfait du subjonctif les passés définis de l'exercice de la page 123.

Exemple.

Il fallait que je quittasse la capitale, que j'arrivasse le même jour à Orléans qui en est éloigné de 30 lieues, que je passasse sur etc.

Formation de l'impératif.

(page 61).

Mettez à l'impératif les présens de l'indicatif des verbes ci-dessous.

J'étudie la géographie, je construis une carte, je prends ma règle, je taille mon crayon, je tire une ligne horizontale, j'abaisse une perpendiculaire sur cette ligne, je forme un cadre d'une grandeur determinée, j'établis une échelle, je trace l'équateur, à partir de cette ligne je fais mes divisions, j'indique mes degrés de latitude, j'écris les chiffres, je tue une ligne pour former mon premier meridien, je conduis mes degrés de longitude, je place les points indicateurs des villes principales, je figure les fleuves et les rivières au crayon, je dessine les contours des divers pays, je les passe à l'encre, je colorie chaque contrée, et j'écris les noms des villes et des rivières.

Nous commençons l'étude de la cosmographie, nous apprenons que la terre tourne sur elle-même; nous lui reconnaissons deux mouvemens de rotation ; nous remarquons le premier appelé diurne qui se fait en 24 heures ; nous réfléchissons sur le second appelé de translation qui se fait au tour du soleil en une année ; nous divisons les corps célestes en deux classes ; nous plaçons dans la première les etoiles fixes, nous mettons dans la seconde les planètes.

Vous apercevez que le soleil est de forme sphérique ; vous examinez ses taches, vous les voyez reparaître, vous en concluez qu'il tourne sur lui même; vous comptez les jours, vous remarquez que c'est en 25 jours et demi ; vous apprenez que son diamètre est de 319,000 lieues ; vous connaissez la route ou orbite que les planetes décrivent ; vous n'ignorez pas qu'elle a la forme d'un ovale ; vous nommez perihelie la plus petite distance, et vous appelez la plus grande aphélie ; vous designez sous le nom de satellites, des corps qui tournent autour des planetes ; vous distinguez 4 planetes qui ont des satellites ; vous envisagez la lune satellite de la terre.

EXERCICE Ier.

Le son nasal.

La modestie est au merite ce que les onbres sont aux figures dans un tableau.

Ce qui disculpe le fat anbitieux de son anbition, est le soin que l'on prend, s'il a fait une grande fortune, de lui trouver un mérite qu'il n'a jamais eu, et aussi grand qu'il croit l'avoir.

L'anbition s'est toujours jouée de la vie des hommes. Le conble de la gloire et le plus beau de tous arts a été de se tuer les uns les autres.

On voit en tous lieux le ciel et la terre qui renplissent les hommes d'admiration.

Ils ne se mettent guère en peine d'y ajouter les enbellissemens de l'art, parce qu'ils y trouvent peu de beautés en conparaison de ces grands objets qui les occupe et qui leur suffise.

S'il est vrai que l'on soit pauvre par toutes les choses que l'on desire, l'anbitieux et l'avare languissent dans une extrême pauvreté.

EXERCICE II.

Le son an.

Le Ciel permit qu'une saule se trouva,
Dont le branchage, après Dieu, le causa

Dieu fait triompher l'innocence:
Chantons, célébrons sa puissance

Il a vu contre nous les méchants s'assembler,
Et notre sang prêt à couler.

Comme l'eau sur la terre ils allaient le répandre.
Du haut du ciel sa voix s'est fait entendre

Quoi! fille d'Abraham, une crainte mortelle semble déja vous faire chanceler.

Le bonheur des méchants comme un torrent s'écoule.

Madame, pardonnez si j'ose le défendre;
Le zele de Joad n'a point du vous surprendre

Au bonheur des méchants qu'un autre porte envie

On ne prime point avec les grands, ils se défandent par leur grandeur; ni avec les petits, ils vous repoussent par le qui vive.

On s'accoutume difficilement à une vie qui se passe dans une antichembre, dans des cours, ou sur l'escalier.

On servit un repas champêtre sur les bords de l'île, et l'on entendit dans les bois voisins une voix douce et flexible dont les accens enchanteurs ravirent d'extase tous les convives.

C'est pour le coup qu'il faut se croire heureux, en bêchent son jardin.

En le livrent à la pitié des hommes, on a commencé par lui crever les yeux.

Il a fallu céder au peuple ; mais, en me rendant la liberté, on m'a privé de la lumière.

EXERCICE III.

Le son in.

Attendez la disgrace avant que de vous plaindre ;
Vous commencez vos maux en commençant à craindre.

Sur ce vaste sujet si j'allais tout tracer,
Tu verrais sous ma main des tomes s'amasser.

Dans le temple aussitôt le prélat, plein de gloire,
Va goûter les doux fruits de sa sainte victoire ;
Et de leur vain projet les chanoines punis,
S'en retournent chez eux éperdus et bénis.
Des chantres désormais la brigade timide
S'écarte, et du palais regagne les chemins.
Telle à l'aspect d'un loup, terreur des champs voisins,
Fuit d'agneau effrayé une troupe bêlante.
Mêle plutôt ici tes soupirs à mes plaintes,
Et tremble en écoutant le sujet de mes craintes.

La colère à l'instant succédant à la crainte,
Ils rallument le feu de leur bougie éteinte.

Comment nommerai-je cette sorte de gens qui ne sont faits que pour les sots ?

DES VOYELLES.

EXERCICE IV.

Le son a.

Que le préla surpris d'un changement si prompt,
Apprenne la vengeance aussitôt que l'affront.

Le sena avait approuvé les lois par un décret ; le peuple satisfait les confirmat.

On rétablit le tribuna et le droit d'appel au peuple ; on abolit le decemvira.

Une campagne de vingt ou trente jours épuisait les ressources du solda.

Un tribun accusat Camille de s'être approprié une partie du butin.

Ses parens le destinaient a la profession d'avoca.

Souffrons patiamment les maux que nous ne pouvons empêcher.

Ce fait est arrivé réçamment ; la suite pourrat devenir funeste.

Il parvint de bonne heure à l'épiscopa, et employa une partie de son patrimoine a soulager les pauvres.

Vous avez établi des principes, agissez donc conséquamment.

La Providence éclate aussi puissemment dans les petites choses que dans les grandes.

Un sage philosophe a dit éloquamment :
Dans tout ce que tu fais, hâte-toi lentement.

L'âme trouve en elle-même ce qui peut la faire vivre excellamment.

EXERCICE V.

I *Le son* é.

Les jardiniers ont taillé les cerisié qui étaient dans le jardin.

C'est principalement dans l'adversitée que l'on reconnaît la véritable amitier.

Je ne sais, pour moi, de quelle maladie nous guérissent les médecins; mais je sais qu'ils nous en donnent de bien funestes; la lâchetée, la pusillanimitée, la crédulitées, la terreur de la mort.

Le tonnelié a descendu le vin a la cave.

L'armée française a fait trois mille prisonnié.

Il y a deux sortes de curiositée : l'une d'intérêt, qui nous porte à désire d'apprendre ce qui nous peut être utile; et l'autre d'orgueil, qui vient du désir de savoir ce que les autres ignorent.

La félicitée est dans le goût, et non pas dans les choses.

La pitiée est un sentiment de nos propres maux.

Il y a des actions de piétée qui paraissent méprisables aux yeux des hommes, et qui sont d'un grand prix devant Dieu.

Le maronnié d'Inde produit un fruit amer.

Donne une assiété de fraises a cette petite qui a si bien chanté.

EXERCICE VI.

Le son i.

Une pluie abondante inonda les champs; les abricotiers furent dépouillés de leurs fleurs.

La jalousi est le plus grand de tous les maux et celui qui fait le moins de pitié aux personnes qui le cause.

La railleri est plus difficile à supporter que les injures, parce qu'il est dans l'ordre de se fâcher des injures, et que c'est une espèce de ridiculité de se fâcher de la railleri.

L'intention de ne jamais employer la supercheri nous expose à être souvent trompés.

Salomon renvoie le paresseux à la fourmie.

L'hypocrisi est un hommage que le vice rend à le vertu.

Le lièvre et la perdrie, concitoyens d'un champ, vivaient dans un etat ce semble, assez tranquille.

Une sourie tomba du bec d'un chat-huant.

Grâce au ciel, je passe les nuies sans chagrin, quoiqu'en solitude.

Tous les jours il avait l'œil au guet; et la nui, si quelque chat faisait du brui, le chat prenait l'argent.

Un petit grain de foli plait dans la conversation.

Si nous ne nous flattions nous-mêmes, la flatteri des autres ne pourrait nous nuire.

Nota. Pour les finales des primitifs, consultez les composés.

EXERCICE VII.

Le son o.

Quand on ne trouve pas son repo en soi même, il est inutile de le chercher ailleurs.

Sans doute qu'a la foire ils vont vendre sa pau.
Parbleu! dit le meunier, est bien fou du cervau
Qui prétend contenter tout le monde et son pere.

Un homme qui s'aimait, sans avoir de rivau,
Passait dans son esprit pour le plus bau du monde.
Il accusait toujours les miroirs d'etre feaux.

Il n'y a point de sos si incommode que ceux qui ont de l'esprit.

Les dévos de profession qui, sans une grande nécessite, ont commerce dans le monde, doivent être fort suspects.

La philosophie triomphe aisément des meaux passés et des meaux à venir; mais les maux présens triomphent d'elle.

EXERCICE VIII.

Le son u final.

Quand nous négligeons notre salu, ce n'est point la charité qui nous fait travailler à celui des autres.

C'est une louable adresse de faire recevoir doucement un refu par des paroles civiles, qui répare le déficit du bien qu'on ne peut accorder.

Les corps ne sont figures, mobiles, etc., que parce

qu'ils sont étendus : l'étendu est donc la propriété qui les distinguent.

Et quelle âme, dis-moi, ne serait éperdu
Du coup dont ma raison vient d'être confondu !

C'était peu, dans l'antiquité, d'elever des statu aux heros ; on les mettaient au nombre des dieux.

Les vertues ne sont le plus souvent que des vices déguises.

Un beau-père aime son gendre, aime sa brue ; une belle-mère aime son gendre, n'aime pas sa brue : tout est réciproque.

Après les avoir vaincus il leur imposa un tribus.

Il n'avait plus pour moi cette ardeur assidu
Lorsqu'il passait les jours attachés sur ma vu.

ORTHOGRAPHE DES CONSONNES.

EXERCICE IX.

C et D.

Soyez plutôt maçon, si c'est votre metier.

Les giants vivent presque toujours sans réflexion : cependant ils sont plus obliges que les autres de rentier souvent en eux-mêmes.

Cet homme joignant une morale douce à un profont savoir.

Un acteur marchant sur le bout des pieds pour representer le giant Agamemnon, ou lui cria qu'il le faisait un homme grand, et pas un grant homme.

Un homme galand peut n'être pas un galant homme.

Les peuples voisins paraissent être parfaitement d'accort.

Le bonheur le plus gran, le plus digne d'envie,
Est celui d'être utile et cher a sa patrie.

On peut être a la fois et pompeux et plaisant,
Et je hais un sublime ennuyeux et pesant.

EXERCICE X.

F.

Ce ne doit pas être un motife d'intérêt qui nous porte a faire le bien.

Cet objet néanmoins n'eut aucun pouvoir sur la dûreté des Juifes.

Il suivait tout pensife le chemin de Mycène

Son enfant paraît être extrêmement craintfe

Voici l'instant décisife arrivé

Comment n'aurait-il pas réussi dans ses entreprises, ayant un caractère aussi actife !

Le souverain pontife s'avança avec gravité.

EXERCICE XI.

G et J.

Venez, comblés de mes louanjes,
Du besoin d'aimer Dieu désabuser les anjes.

Il est aisé d'être jénéreux quand on est le plus fort.

Il m'a dit que ce théolojien était le dernier des

hommes ; que si sa société avait à être fâchée, ce n'était pas de mon ouvrajes.

Il n'y a rien de jéné, et tout y parait libre et orijinal.

Je me suis imajiné que je vous entretenais dans votre gardin.

Voila donc monsieur Despréaux gustifié selon vous-même.

C'est donc à l'usaje des mots que vous devez le pouvoir de considérer vos idées chacune en elle-même.

J'ai peur que les lecteurs ne rougissent pour moi de me voir refuter de si étranje raisonnemens.

Veillez a son passaje, et dites-lui qu'un ami l'attend dans le lieu où il doit se rendre.

Nous répondîmes que chacun de nous était occupé aux durs travaux des champs ou des soins du ménaje.

Ah ! dit Bélisaire à ces bonnes jens, me trouvez-vous encore a plaindre.

Les sept couleurs primitives sont : le rouje, le gaune, l'oranjé, le vert, le bleu, l'indigo, le violet.

EXERCICE XII.

Q et S.

Il n'y a qe les petits esprits qi ne peuvent souffrir q'on leur reproche leur ignorance.

Jouisez du présent, mais n'en abusé pas.

La faveur met l'homme au-dessus de ses égaux, et sa chute au-desous.

Le mal que nous faison ne nous attire pas tant de persécutions et de haine que nos bonnes qualités.

L'on dit à la cour du bien de quelqu'un pour deux

raisons : la première, afin qu'il apprenne que nous disons du bien de lui ; la seconde, afin qu'il en dise de nous.

Il est aussi dangereux à la cour de faire les avances, qu'il est embarrasant de ne les point faire.

Tout le monde se plaint de sa mémoire, et personne ne se plaint de son jugement.

La veritable eloqence est celle du bon sens, simple et naturelle.

Il est imposible de peindre les accueils flatteurs qu'on lui fit lorsqu'il entra dans ses etats.

EXERCICE XIII.

Finales en anse.

Nous croyons souvent avoir de la constanse dans les malheurs, lorsque nous n'avons que de l'abattement.

Cette clemense dont on fait une vertu, se pratique tantôt par vanité, quelquefois par paresse, souvent par crainte, et presque toujours par tous les trois ensemble.

Tibère faisait vanité de la patianse avec laquelle il supportait certaines libertés qu'on prenait à son egard.

Il y a une inconstanse qui vient de la légèreté, de l'esprit ou de sa faiblesse.

L'espérance entretient la reconnaissanse.

On ne peut se résoudre à croire ce qui fait violense à la nature.

EXERCICE XIV.

Finales en eure ou eur.

Le bonheure ou le malheure vont d'ordinaire a ceux qui ont le plus de l'un ou de l'autre.

L'honneure acquis est caution de celui qu'on doit acquerir.

Le caprice de notre humeure est encore plus bizarre que celui de la fortune.

Presque tous les malheure de la vie viennent des fausses idées que l'on se forme sur tout ce qui se passe.

Toutes les passions ne sont autre chose que les divers degrés de la chaleure et de la froidure du sang.

La trop grande faveure auprès des rois n'est pas sûre.

L'incredulité de l'esprit vient presque toujours de la corruption du cœure.

EXERCICE XV.

Finales en ir ou en ire.

L'homme croit souvent se conduir, lorsqu'il est conduit.

Il y a bien des personnes qui aiment les livres comme des meubles, plus pour parer et embellire leurs maisons, que pour orner et enrichire leur esprit.

Cette supputation loin d'obscurcire l'histoire des rois de Perse, contribue a l'éclaircire.

La nécessité de mourire faisait toutes la constance des philosophes.

On aime mieux dir du mal de soi-même que de n'en pas parler du tout.

On ne ferait pas tant de cas de la reputation, si on faisait reflexion sur l'injustice des hommes a l'etablire ou a la detruir.

EXERCICE XVI.

Finales en oir *ou* oire.

La gloir des grands hommes se doit toujours mesurer aux moyens dont ils se sont servis pour l'acquerir.

On nous depeint Mucien comme s'abandonnant aux plaisirs quand il en avait le loisir, et, quand il était nécessaire, faisent très-bien son devoire.

> Mais, parle, raisonnons : quand du matin au soire,
> Chez moi, pousseut la bêche, ou portent l'arrosoire.

> Ainsi que ce cousin des quatre fils Aimon,
> Dont tu lis quelquefois la merveilleuse histoir,
> Je rumine, en marchant, quelqu'endroit du grimoir

On ne tient plus à son devoire dès qu'on ne tient plus à la vérité qui est la base de tous les devoirs.

L'ambitieux ne jouit pas même de sa gloir, il la trouve trop obscure.

> Dans le temple aussitôt le prêtre plein de gloir,
> Va gouter le doux fruit de sa sainte victoir

> Chacun peint avec art dans ce nouveau miroire,
> S'y vit avec plaisir ou crut ne s'y point voir.

> Vous connaissez les soins qu'il me rend chaque soire,
> Quel est ce grand secours qu'il nous fait entrevoire.

EXERCICE XVII.

Finales en our *ou* oure.

L'Amoure de Dieu n'exclut pas la crainte de ses jugemens.

La coure est comme un édifice bâti de marbre; je veux dire qu'elle est composée d'hommes fort durs, mais fort polis.

Les erreurs ont quelquefois un aussi long coure dans le monde que les opinions les plus véritables.

Le magistrat, des lois emprunta le secoure,
Mais attendant qu'elle bon sens de retoure,
Ramène triomphans ses ouvrages au joure,
La Comédie apprit à rire sans aigreur.

EXERCICE XVIII.

Finales en once.

On a fait au spectacle l'annonse d'une pièce nouvelle.

On vit arriver le Nonse du Pape, et chacun se questionnait pour s'informer du sujet de son voyage.

La livre se divise en 16 onses.

Il croît dans ce jardin moins de fleurs que de ronses.

Ecoutez les paroles que prononse l'oracle.

Le monarque renonse aux droits que lui assurait les circonstances.

Prononse mon arrêt, tu seras obéi.

Il rendra réponse à celui qui lui fut envoyé.

EXERCICE XIX.

Finales en assion, ession, ission, ossion, ussion.

Il y a peu de choses impossibles d'elles-mêmes, et l'applicassion pour les faire réussir nous manque plus que les moyens.

L'intrépidité doit soutenir le cœur dans les conjurassion.

La justice, dans les juges qui sont modérés, n'est que l'amour de leur elevassion.

L'affectassion est aussi insupportable aux autres, qu'elle est pénible à celui qui s'en sert.

Moins on cherche la réputassion, plus on en acquiert.

La moderassion ne peut avoir le mérite de combattre l'ambission et de la soumettre; elles ne se trouvent jamais ensemble.

Un petit grain de folie plait dans la conversassion.

Toute devossion est fausse, qui n'est point fondée sur l'humilité chrétienne et la charité envers le prochain.

Il y a une révolussion générale qui chérit le goût des esprits aussi bien que les fortunes du monde.

Il est très-rare que la raison guérisse les pation: une pation se guérit par une autre.

La superstission semble n'être autre chose qu'une crainte mal réglée de la Divinité.

Qui dit le peuple, dit plus d'une chose: c'est une une vaste expression; et l'on s'étonnerait de voir ce qu'elle embrasse, et jusqu'où elle s'étend.

La condission de comédiens était infâme chez les Romains, et honorable chez les Grecs.

EXERCICE XX.

(Page 20.)

Notre orgueille s'augmente souvent de ce que nous retranchons de nos autres défauts.

Là il tient le fauteuille chez Aricie, où il risque chaque soir cinq pistoles d'or.

Le soleille sans nuage en ce charmant lointain,
Ne m'a jamais semblé si beau que ce matin.

Il y a dans les cours des apparitions de gens aventuriers et hardis, d'un caractère libre et familier, qui se produisent eux-mêmes.

Cieux, écoutez ma voix! Terre, prête l'oreil!
Oh! que si quelque bruit par un heureux réveil,
T'annonçait du lutrin le funeste appareil.
Quel chagrin, lui dit-il, trouble votre sommeille,
Quoi, voulez-vous au chœur prévenir le soleil?
La plaintive élégie, en longs habits de deuil,
Sait, les cheveux épars, gémir sous un cercueil.

EXERCICE XXI.

(Page 8.)

Adjectifs terminés en eu.

Nous nous tourmentons moins pour devenir heureu, que pour faire croire que nous le sommes.

Le plus heureux temps de l'homme ambissieu, est celui où il réussit à son gré.

Il est naturel aux hommes d'être curieus.

Il est aussi honnête d'être glorieu avec soi-même, qu'il est ridicule de l'être avec les autres.

Peu de gens savent être vieux.

Le peuple souvent a le plaisir de la tragedie, il voit périr sur le theâtre du monde les personnages les plus odieu, qui ont fait le plus de mal, dans diverses scènes, et qu'il a le plus hais.

RÉDUPLICATION DES COISONNES.

(Page 18.)

EXERCICE XXII.

C'est une louable adresse de faire recevoir doucement un reffus par des paroles civiles, qui réparent le déffaut du bien qu'on ne peut accorder.

Notre reppentir n'est pas tant un reggret du mal que nous avons fait, qu'une crainte de celui qui peut nous en arriver.

Quand on ne trouve pas son reppos en soi-même, il est inutile de le chercher ailleurs.

On est d'ordinaire plus meddisant par vanité que que par malice.

Tout le monde se plaint de sa memmoire, et personne ne se plaint de son jugement.

EXERCICE XXIII.

(Page 19.)

B.

Le désir de paraître habbiles empêche souvent de le devenir.

Les habbitudes de la vieillesse ne sont pas de moindes obbstacles pour le salut que les passions de la jeunesse.

Les morts après huit ans sortent-ils du tombbeau.

Les chasseurs ont tue beaucoup de gibbier.

Les jeunes gens ne sauraient trop éviter la compagnie des debbauchés.

Les Juifs celebrent religieusement le jour du sabat, et ont un grand respect pour leurs docteurs, qu'ils appellent Rabin.

EXERCICE XXIV.
(Page 19.)
C.

Le roi a favorablement acueilli sa demande.

Tout le monde s'acorde à dire que ce jeune acteur laisse entrevoir les plus heureuses dispositions.

L'abbaye qu'il désirait lui a été acordee.

Il faut, dit-on, saisir l'ocasion aux cheveux.

S'ocuper, c'est savoir jouir; l'oisivité pèse et tourmente.

On s'acoutume à la laideur.

Les ocasions nous font connaître aux autres et encore plus à nous-mêmes.

Toujours de nos malheurs nous acusons le sort.

EXERCICE XXV.
(Page 19.)
D.

Addonnez-vous sérieusement à l'étuddes.

On nous annonce comme certain la redition de cette place. Les Français ne tarderont pas à se rendre maîtres de la citaddelle.

On nous a présenté la liste des candiddats, à laquelle on a fait une adition considérable.

S'il y a des hommes dont le riddicule n'a jamais paru, c'est qu'on ne l'a jamais bien cherché.

Quand je choisis un avocat, je cherche le plus habile; quand j'ai besoin d'un meddecin, je fais venir le plus expérimente; et quand je souhaite de faire un ami, je jette les yeux sur celui qui me paraît le plus désintéressé.

La grâce qu'il a demanddée lui a été accordee.

EXERCICE XXVI.

(Pages 19 et 20.)

F et G.

"On a souvent plus d'envie de passer pour oficieux, que de réussir dans les ofices; et souvent on aime mieux pouvoir dire à ses amis qu'on a bien fait pour eux, que de bien faire en effet.

L'afectation est aussi insupportable aux autres qu'elle est pénible à celui qui s'en sert.

Les véritables mortiffications sont celles qui ne sont pas connues. La vanité rend les autres faciles à souffrir. Chaque homme n'est pas plus diférent des autres hommes, qu'il l'est souvent de lui-même.

Les hommes et les afaires ont leur point de perspective.

Pour railler sans ofenser personne, il faut beaucoup d'esprit et de politesse.

Le sufisant est celui en qui la pratique de certains détails que l'on honore du nom d'affaires, se trouve jointe à une très-grande médiocrité d'esprit.

J'ai employé tous les moyens que mon imagination m'a sugéré.

En voulant se justifier, il a agravé son crime.

Vous devez employer toute votre intelligence pour aggrandir votre domaine.

Nous devons préférer l'utile à l'aggréable.

Nous sommes toujours enclins à blamer l'agresseur.

EXERCICE XXVII.

L.

Voyez l'article de la *Réduplication des consonnes*,

(Page 20.)

Evitez de lui rappeler des faits, qui renouveleraient ses chagrins.

Les Français affrontent les plus grands dangers quand la gloire les appèle.

En vain il appèlera les troupes à son secours.

Heureuse mille fois, si ma douleur mortelle,
Dans la nuit du tombeau m'eut plongé avec elle!

Et la laine et la soie, en cent façons nouvèles,
Apprirent à quitter leur couleur naturelles.

L'usage des pendulles s'est beaucoup multiplié depuis quelques années.

Il a été fait des recherches scrupulleuses dans ses papiers, il est résulté que les preuves des dilapidations qu'on lui reprochait, se sont trouvés nules.

Un cri doulloureux a frappé nos oreils.

La doulleur du corps est le seul mal de la vie que la raison ne peut guérir ni affaiblir.

Ah! que sous de beaux noms cette gloire est cruèle!
Combien mes tristés yeux la trouveraient plus bèle!

.. Votre rivalle en pleurs,
Vient a vos pieds sans doute apporter ses doulleurs

L'humillité n'est souvent qu'une feinte soumission dont on se sert pour soumettre les autres : c'est un artifice de l'orgueille qui s'abaisse pour s'élever, et, bien qu'il se transforment en mille manières, il n'est jamais mieux déguisé et plus capable de tromper que lorsqu'il se cache sous le nom de l'humillité.

Le bonheur des méchans comme un torrent s'écoulle.

S'il y a des hommes dont le ridiculle n'a jamais paru, c'est qu'on ne l'a pas bien cherché.

EXERCICE XXVIII.

M.

Voyez l'article de la *reduplication des consonnes*, (Page 21.)

SOUFFRONS patiamment les maux que nous ne pouvons empêcher.

Un sage philosophe a dit éloquement :
Dans tout ce que tu fais, hâtes-toi lentement

Quelques crimme toujours précèdent les grands crimes
Quiconque a pu franchir les bornes légittimmes,
Peut violer enfin les droits les plus sacrés
Ainsi que la vertu le crimme a ses degrés ;
Et jamais on n'a vu la timmide innocence,
Passer subitement a l'extrême licence.

Ammi, peux-tu penser que d'un zèle frivole
Je me laisse aveugler pour une vaine idole ?

Il ne faut pas regarder quel bien nous fait un ammi, mais seulement le desir qu'il a de nous en faire.

EXERCICE XXIX.
N.

Voyez la *Réduplication des consonnes*, (page 22.)

La cause de presque tous les faux raisonements est que l'on n'envisage qu'une partie de la question ; pour raisoner juste, il faut la concevoir dans toute son étendue.

Voyons-la, puisqu'ainsi mon devoir me l'ordone,

Qu'entends-je? Quels conseils ose-t-on me donner?
Ainsi donc jusqu'au bout tu veux m'empoisoner!

La fortunne ne parait jamais si aveugle qu'à ceux a qui elle ne fait pas de bien.

Le ciel même peut-il réparer les ruines
De cet arbre seche jusque dans ses racinnes?

EXERCICE XXX.
(Page 22.)
P.

Toi, supperbe Orbassan, c'est toi que je défie ;
Viens mourir de mes mains, ou m'arracher la vie

Monsieur Lebon, vous êtes un fripon.

Quoi! monsieur, j'étais votre duppe? Non, madame; mais je n'étais pas la vôtre.

Je vous suplie de faire là-dessus de sérieuses réflexions.

Supose que Dieu ait fait la même grâce à l'auteur de Clelie.

J'ai vivement regretté que l'on ait suprimé ces vers.

EXERCICE XXXI.

(Page 23.)

R et S.

Que dis-je? il n'est point mort, puisqu'il respirre en vous.
Le voici. Vers mon cœur tout mon sang se retirre;
J'oublie, en le voyant, ce que je viens lui dirre
Cependant un bruit sourd veut que le roi respirre

L'onde approche, se brise, et vomit à nos yeux,
Parmi des flots d'écume un monstre furrieux

Et peut-il, dira-t-elle, en effet, l'exiger?
Elle a son directeur, c'est à lui d'en juger
Il lui fait dans le flanc une large blessurre.

Le monde, de qui l'âge avancée les ruinnes,
Ne peut plus enfanter de ces ames divines

Votre ame a ce penser de colere murmure,
Allez donc de ce pas en prévenir l'injurre

Laissez à des chantres vulgairres,
Le soin d'aller sitôt meriter leur salairre

Assez de gens méprisent le bien, mais peu savent le donner.

La force et la faiblese de l'esprit sont mal nommées.

La galanterie de l'esprit est de dire des choses flatteusses d'une manière agréable.

Les défauts de l'esprit augmentent en vieillisant, comme ceux du visage.

La jaloussie est le plus grand de tous les maux et celui qui fait le moins de pitié aux personnes qui le cause.

EXERCICE XXXII.

(Page 23.)

« Quelque disposission qu'ait le monde à mal juger, il fait encore plus souvent grâce au faux mérite, qu'il ne fait injustice au véritable.

Pouvez vous souhaitter qu'Andromaque vous aime ?
Eh bien ! c'est donc en roi qu'il faut que je vous traittes
Je ne laisserai point ma victoire imparfaitte.
Vous-même rougiriez de ma lâche conduitte ;
Vous verriez, à regret, marcher à votre suitte
Un indigne empereur, sans empire et sans cour.

Des coursiers attentifs le crin s'est hérissé.

Nos maux nous apprennent à avoir pittié de ceux des autres.

Mais, ô d'un déjeûner, vaine et frivole atente !
Je saurai t'épargner une chute si vaine.

Pourquoi ne jeterait-il pas dans le fleuve ces papiers, preuve manifeste de son crime ?

Phaéton atela au char du Soleil ses coursiers fougueux.

EXERCICE XXXIII.

(Page 34.)

Leur.

Mais en leurs montrant les choses essentielles et necessaires, on ne néglige pas de leur apprendre celles qui peuvent servir à leurs polir l'esprit et à leurs former le jugement. On a imaginé pour cela plusieurs moyens qui, sans les détourner de leur travail et de leur exercices ordinaires, les instruise en les divertissant. On leurs met, pour ainsi dire, a profit leurs heures de recreation; on leur fait faire entre elles, sur leur principaux devoirs, des conversations ingénieuses qu'on leur a composees, ou qu'elles-mêmes composent sur-le-champ; on leurs fait réciter par cœur, et déclamer les plus beaux endroits des poetes, etc., et cela leurs sert surtout à les défaire de quantité de mauvaises prononciations qu'elles pourraient avoir apportees de leur provinces.

EXERCICE XXXIV.

(Page 33.)

Ses ou ces, ce ou se.

Je hais ses panégyristes perpetuels qui ont toujours l'encensoir à la main.

Le fleuve roulait ces eaux avec violence.

De quel air penses-tu que ta sainte verra
D'un spectacle enchanteur la pompe harmonieuse?
Ses danses, ses héros à voix luxurieuse,
Entendra ses discours sur l'amour seul roulant,
Ses doucereux Renauds, ces insensés Rolands?

Ses jeunes gens ont toujours montré beaucoup de goût pour l'etude.

Que sont devenus ses fameux conquérants que l'homme aveugle mettait au nombre de ces dieux?

Lisez Demosthène et Cicéron, se sont les deux plus grands orateurs de l'antiquité.

La crainte et la honte accompagnent toujours le mal; se sont les vrais marques qui le font connaître.

Chacun ce dit ami, mais fou qui s'y repose.

Se livre ne m'a pas coûté trop cher.

Les malades ce flattent toujours.

Se miracle inouï me fit tourner les yeux
Vers la divinité qu'on adore en ses lieux.

EXERCICE XXXV.

(Page 37.)

Adjectifs de nombre.

Ce grand empire a le grand Mogol pour souverain. Ses revenus montent tous les ans à 250,000,000 d'écus, outre le trésor que ses prédécesseurs lui ont laissé, et que l'on fait monter à 750,000,000, tant en espèces qu'en pierreries. De l'autre côté, ses dépenses sont très-grandes. Il entretient constamment 300,000 hommes de cavalerie, outre une armée innombrable d'infanterie. Il paraît, par une liste de son campement contre les Persans, en 1,658 que le Mogol avait alors 216,000 hommes de cavalerie.

Le roi Louis XII, surnommé le Père du peuple, mourut en 1515.

Les îles Açores furent découvertes par les Portugais en 1434.

Louis IX s'embarqua à Aigues-Mortes en 1248, prit Damiette en 1249, fut fait prisonnier en 1250, et mourut en 1270.

Les Alpes forment un plateau considérable, situé

entre la Suisse, la France et l'Italie; le principal pic est le Mont-blanc, haut de 4,770 mètres ou environ 15,000 pieds. C'est la plus haute montagne de l'Europe.

Les Pyrénées sont situées entre la France et l'Espagne; le pic le plus élevé est le *Mont-perdu*, 3,400 mètres.

Les monts Himâlaya, en Asie, sont les plus hautes montagnes du globe, elles ont 7,800 mètres ou 24,000 pieds environ de hauteur.

Le Chimboraço, la plus haute montagne de l'Amérique, a plus de 6,500 mètres, ou 20,000 pieds environ.

On évalue la population du globe à 700,000,000 d'individus, dont 170,000,000 pour l'Europe; 400,000,000 pour l'Asie; 70,000,000 pour l'Afrique; 40,000,000 pour l'Amérique; 20,000,000 pour les îles du Grand-Océan.

Le diamètre du soleil équivaut à 319,000 lieues. Cet astre est environ 1,330,000 fois plus gros que la terre. Il est éloigné de nous de plus de 12,000 fois la longueur du diamètre de la terre, ou de 34,000,000 de lieues, sa lumière nous arrive en 8 minutes 13 secondes.

Nota. Les élèves devront écrire les chiffres en toutes lettres.

EXERCICE XXXVI.

(Page 34.)

Quelque.

Quelques rigoureusement démontrées que vous paraissent vos assertions, nous ne pouvons les approuver.

Quelques savantes que soient vos sœurs, elles ont été surpassées par des demoiselles plus jeunes qu'elles.

Vos ressources, quel qu'elles puissent être, ne sont point inépuisables.

Quelleque juste que soit votre cause, votre adversaire trouvera le moyen de l'emporter auprès des juges.

Ce n'est point au nom des hommes et par un manque de respect envers leurs croyances, quelque chères et sacrees qu'elles leur puissent être, qu'on peut venir de la sorte réclamer du sang.

Quel que puissante que soit pour moi l'autorité d'un esprit aussi élevé, j'ai quelque peine à adopter cette opinion.

Quelques bonnes que soient vos raisons je crains qu'on ne les ecoute pas.

Ce membre du premier corps littéraire de France, pourrait-il, quelleque fussent d'ailleurs sa docilité et son amour pour la paix et le silence, pousser la résignation au point d'acquiescer à une sentence qui le condamne à la prison.

Quel que soient les sujets que l'on traite, et quel que soit la forme du style que l'on emploie, on ne doit jamais oublier que le principe et le fondement de l'art d'écrire, est le bon sens.

Quelques brillants que soient les dons de la fortune, la vertu les efface, elle seule a du prix.

EXERCICE XXXVII.

(Page 55.)

Tout.

Votre sœur fut toute étonnée de me voir. Vos amis furent tous interdits de la réponse qu'on leur fit.

Ce chien a les oreilles toutes arrachées.

Cet enfant est tombé ; il a les mains toutes écorchées.

J'ai trouvé vos cousins tous tristes et tous abattus.

Les plus grands philosophes, tous éclairés qu'ils sont, ignorent les véritables causes de bien des effets naturels.

La vertu, toute austère qu'elle est, fait goûter de véritables plaisirs.

Cette maison me convient, toute petite qu'elle est.

Loin d'ici ces maximes de la flatterie, que les rois naissent habiles, et que leurs ames privilégiées sortent des mains de Dieu toute sages et toute savantes.

Quelques jolies que soient ses campagnes, je ne peut m'y plaire.

EXERCICE XXXVIII.

(Page 56.)

Demi, demie, nu, nue, excepté, supposé, vu, attendu, passé.

Saint-Louis porta la couronne d'épines, nus pieds et nus tête.

Le roi accorda à cet homme célèbre une audience d'une demie heure.

La bataille a duré une heure et demi ; douze cents combattants restèrent sur la place.

On vit ses soldats combattre pieds nuc.

Feue madame votre mère m'a recommandé votre éducation.

Est ce ainsi que ce prince se comportait du temps de la feu reine ?

Exceptee l'heure que je vous ai donnee, vous ne me trouverez jamais chez moi.

Tous ces fugitifs, exceptés quelques sénateurs qui s'echappèrent à la faveur des ténèbres, signèrent la capitulation, et demandèrent grâce à genoux.

Attendus les ordres que j'ai reçus de votre père, je vous défends d'aller à la campagne.

Les heures passe dans ces frivoles amusements, sont autant de perdues.

Passé l'heure du dîner, il est toujours au café.

EXERCICE XXXIX.

(Page 37.)

Même.

Les même marchandises qui n'avaient pu se vendre l'année précédente, ont été hors de prix cette année.

Les magistrats doivent rendre la justice à tout le monde, mêmes à leurs ennemis.

Il y a une etude de la nature qui ne demande presque des yeux, et qui, par cette raison, est à la portée de toutes sortes de personnes, et mêmes des enfans.

Quelle agreable variété nous présente cette prairie !

Partout ce sont des fleurs, mais ce ne sont pas les même.

Non-seulement les astres, les animaux, mais les plantes même attestent l'existence d'un Dieu créateur.

EXERCICE XL.

(Page 14.)

Remarque sur la finale de la 3.me personne des verbes de la 4.me conjugaison.

Sophie cout très-bien.

Cet artiste joint la modestie au talent.

Il prent le parti de voyager.

Votre mère se plaint de votre conduite; c'est en vain qu'elle feint de ne pas s'en apercevoir, elle rent de vous un témoignage bien peu satisfaisant.

Il craind de s'opposer à sa juste demande.

Cet artiste peind le portrait avec le plus heureux succès.

Dorval se contreind toujours en votre présence.

L'imprudence se pleind toujours, et rejette ses fautes sur la fortune.

Il cout la peau du renard à celle du lion.

RÉCAPITULATION.

Avant le temps du déluge, la nourriture que les hommes prenait, sans violense, dans les fruits qui tombaient d'eux-mêmes, et dans les herbes qui aussi bien sechait si vite, étaient sans doute quelque reste de la première innocense, et de la douceur à laquelle nous étions formés. Maintenant, pour nous nourrir, il faut répandre du sang, malgré l'horreur qu'il nous cause naturellement; et tous les rafinements dont nous nous servons pour couvrir nos tables, sufisent à peine à nous deguiser les cadavres qu'il nous faut manger pour nous assouvir.

Ce fut après le deluge que parurent ces ravageurs de province, que l'on a nommé conquérants, qui, poussés par la seul gloire du commandement, ont exterminé tant d'innocents. Nemrod, meaudit rejeton de Cham, meaudit par son père, commença à faire la guerre, seulement pour s'établir un empire. Depuis ce temps, l'anbission s'est jouée sans aucune borne de la vie des hommes : ils en sont venus à ce point de s'entretuer sans se hair. Le comble de la gloire, et le plus beau de tous les arts, a été de se tuer les uns les utres.

Quelques soient ces motifs, on doit regretter que l'auteur les ait jugés assez graves pour amener une rupture.

Les brouillards sont un amas de vapeures que le froid qui les condense empêche de s'élever beaucoup au-dessus de la terre, en sorte qu'ils la mouillent. Ils naissent surtout des rivières et des marais et se dissipes à la premiere impression du soleil.

La rosée est un mélange de vapeurs que la chaleure du jour n'a point elevees bien haut et qui, condensées par la fraicheure se réunissent et tombent au lever du soleil. En hiver, elles produisent ce qu'on appelle la gelée blanche, parce qu'elles se glace par la froideur de l'air.

Quelques belles que soient vos victoires, je n'en saurais être content, puisqu'elles vous rendent d'autant plus nécessaire au pays où vous êtes, et qu'en avançant vos conquêtes, elles reculent votre retour.

Pendant que tous les sujets de Denys-le-Tyran faisaient des imprecassion contre lui, il apprit avec surprise qu'une femme de Syracuse, extrêmmement agée, demandait, tous les matins, aux dieux, de ne pas survivre à ce prince. Il la fit venir, et voulut savoir la raison d'un si tendre intérêt. Je vais vous le dire, répondit-elle : Dans mon enfanse (il y a bien long-temps de cela), j'entendais tout le monde se plindre de celui qui nous gouvernait, et je désirais sa mort avec tout le monde. Il fut massacre. Il en vint un autre, qui, s'étant rendu maître de la citadelle, fit regretter le premier. Nous conjurions les dieux de nous en délivrer : ils nous exauceres. Vous parûtes, et vous nous avez fait plus de mal que les deux autres. Comme je pense que le quatrième serait encore plus cruel que vous, j'adresse tous les jours des vœux au Ciel pour votre conservasion.

Ceux qui savent estimer les choses à leur juste prix, ne trouve point de lieux laids; car on voit en tout lieu le ciel et la terre, qui sont des spectacles capable de les remplir d'admiration. Ils ne se mettent guère en peine d'y ajouter des embellissements de l'art, parce qu'ils y trouvent peu de beautés en comparaison de ces grands objets qui les occupent et qui leurs suffisent.

Quelque difficile que soit cet ouvrage, je l'entreprandrai pour vous plaire.

Dioclétien gouverna avec vigueur, mais avec une insupportable vanité. Pour résister a tant d'ennemis qui s'elevaient de tous côtés, au-dedans et au-dehors, il nomma Maximien empereur avec lui, et sut neanmoins se conserver l'autorité principale.

César gagne la bataille Actiaque. Les forces de l'Egypte et de l'Orient, qu'Antoine menait avec lui, son dissipées : tous ses amis l'abandones, et même sa Cleopâtre, pour laquelle il s'était perdu. Hérode Iduméen, qui lui devait tout, est contreint de se doné au vainqueur, et se maintient par ce moyen, la possession du royaume de Judee, que la faiblesse du vieux Hircan avait fait perdre entièrement aux Asmonéens. Tout cède à la fortune de César : Alexandrie lui ouvre ses portes ; l'Egypte devient une province romaine. Cléopâtre, désespérée de ne la pouvoir conservé, se tue après Antoine. Rome tand les bras à Cesar, qui demeure, sous le nom d'Auguste et sous le titre d'empereur, seul maître de tout l'empire. Il dompte, vers les Pyrénées, les Cantabres et les Asturiens revoltés : l'Ethiopie lui demande la paix ; les Parthes épouvantés lui renvoie les étendards pris sur Crassus avec tous les prisonniers romains. Les Indes recherche son alliance ; ses armes se font sentir aux Rhètes ou Grisons, que leurs montagnes ne peuvent defendre ; la Pannonie le reconnaît ; la Germanie le redoute, et le Weser reçoit ses lois. Victorieux par terre et par mer, il ferme le temple de Janus.

C'est par ces renouvellements de violence que les

historiens ecclésiastiques comptent dix persécutions sous dix empereures. Dans de si longues souffrances, les chrétiens ne firent jamais la moindre sédission.

Lorsqu'on a bien mûrement considéré une affaire, quelqu'en soit l'issue, on n'a aumoins rien à se reprocher.

Dans une des îles de la mer Egée, au millieu de quelques peuplié antiques, on avait autrefois consacré un autel à l'amitie; il fumait jour et nuit d'un encent pure et agréable a la deesse. Mais bientôt, entourée d'addorateurs mercenaires, elles ne vit dans leurs cœurs que des liaisons intéressées et mal assorties. Un jour, elle dit à un favori de Crésus : Portes ailleurs tes offrandes : ce n'est pas à moi qu'elles s'adressent; c'est à la fortune. Elle repondit à un Athénien qui faisait des vœux pour Solon, dont il se disait l'ami : En te liant avec un homme sage, tu veux partager sa gloire, et faire oublie tes vices. Elle dit à deux femmes de Samos, qui s'embrassaient étroitement au pied de l'autel : Le goût des plaisirs vous uni en apparense, mais vos cœurs sont déchiré par la jalousie, et le seront bientôt par la haine. Enfin, deux Syracusains, Damon et Phintias, tous deux élevés dans les principes de Pythagore, vinrent ce prosterner devant la déesse : Je reçois votre hommaje, leurs dit-elle; je fais plus, j'abandonne un asile trop longtemps souillé par des sacrifices qui m'outragent, et je n'en veux plus d'autres que vos cœurs : allez montrer au tyrant de Syracuse, à l'univers, à la postéritee, ce que peut l'amitié dans des amis que j'ai revêtus de ma puissance. A leur retour, Denys, sur un simple soupçon, condamna Phintias à la mort; celui-ci demanda qu'il lui fût permi d'aller régler des affaires importantes qui l'appelais dans une ville voisine : il promit de se présenter au jour marqué, et partit après que Damon eut garantit cette promesse au péril de sa propre vie. Cependant les affaires de Phintias trainent en longueur ; le jour destinnée à son trepas arrive : le peuple s'assemble ; on blame, on pleint Damon qui marche tranquillement à la mort, trop certain que son ami allait revenir, trop heureux s'il ne revenait pas. Dejà le moment fatal approchait; lorsque mille cris tumultueus annoncent l'arrivée de Phintias : il court, il vole au milieu du suplice, il voit le glaive suspandu sur la tête de son ami ; et, au milieu des embrassements et des pleurs, ils se disputent le bonheur de mourir l'un pour l'autre. Les spectateurs fondent en larmes; le tyran lui-même se précippite du trône, et leur demande instamment de partager une si belle amitié. (*Voyages du jeune Anacharsis.*)

Nous nous sommes donc décidés à publier cette esquisse chronologique, quelle qu'imparfaite qu'elle soit, nous croyons qu'elle suffira pour faire prendre une idée assez complète de la révolution.

Quelque soit votre occupation, peu importe, l'essentiel c'est que vous obviiez à l'oisivité et au danger des rêveries.

Etymologie du mot Ephémère.

C'est le nom d'un insecte qui naît, se reproduit, et meurre dans l'espace d'une seule nuit. Les naturalistes l'observes dans les nuits du mois d'août, principalement sur les rivages de la Marne, de la Seine et du Rhin. La vie de cet insecte ne passe pas quatre ou cinq heures; il meure sur les onze heures du soir, après avoir pris la figure d'un papillon, environ à six heure après midi. Il est vrai cependant qu'avant de prendre cette figure, il a vécu trois ans sous celle d'un ver qui se tient toujours au bord de l'eau, dans les trous qu'il s'y est creusé dans la vase.

Le changement de ce ver qui est dans l'eau, en éphémère qui vole, est si subite, qu'on n'a pas le temps de le remarquer. Si on prend le ver dans l'eau, on ne saurait desserrer la main si promptement que le changement ne soit fait, à moins que de presser un peu le ver à l'endroit de la poitrine; par ce moyen on peu le tirer de l'eau avant qu'il soit changé.

L'éphémère, après être sorti de l'eau, cherche un lieu où il puisse se mettre, et se dépouiller d'une fine membrane, ou voile, qui le couvre tout entier: se second changemant se passe dans l'air. L'éphémère s'arrête avec la pointe de ses petits ongles, le plus ferme qu'il peut: il lui piant un mouvement semblable à celui du frisson; aussitôt la peau qu'il a sur le milieu du dos se déchire, les ailes se défont de leur étui, comme nous tirons quelquefois nos gants en les renversants. Apres ce dépouillement, l'éphémère se met à voler en tout sens; il se tient quelquefois sur l'eau, sur sa queue, en frappants ses ailes les unes contre les autres.

L'éphémère ne prent aucune nourriture dans les cinq ou six heures qui bornent le cours de sa vie; il semble qu'il n'ait été fait que pour ce multiplier, car il ne quitte sa figure de ver que lorsqu'il est en état de faire ses œufs, et il meurt aussitôt qu'il les a fait.

En trois jours de temps, on voit paraître et mourire toute l'espèce des éphémères: il durent quelquefois jusqu'au cinquieme jour, par la raison de quelques maladi qui est arrivee a quelques-uns de l'espèce, et qui les a empêchés de ce changer en même temps que les autres. (*Tiré des Ephémérides.*)

L'humanité envers les peuples est donc le premier

devoir des grands, et l'humanité renferme l'afabilité, la protection et les largesses.

Dans toutes les entreprises de quelque nature qu'elles soient, ton premier soin doit être d'examiner en conscience, si ce que tu te proposes de faire est juste sous tous les rapports ; si la conscience ne repont pas a cette question sans hésiter, et de la manière la plus affirmative, alors prend bien garde de faire les moindres demarches quelque puissent être les suites de ton inaction : car il vaut cent fois mieux ne rien faire que d'entreprendre quelleque chose contre la conscience, ou même dans le doute de la conscience.

Personne n'ose convenire fieuchement des richesses de son siècle. Nous sommes comme les avares, qui disent toujours que le temps est dur.

Toutes les nations adoucissent à la longue la prononciation des mots qui sont le plus en usage : c'est ce que les Grecs appelaient Euphonie. On prononçait la diphtongne *oi* rudement, au comencement du seizième siècle : la cour de François Ier adoucit la langue comme les esprits ; de là vient qu'on ne dit plus *François* par un *o*, mais *Français* ; qu'on dit : *Il aimait, il croyait*, et non pas, *il aimoit, il croyoit*.

On commença, au douzième siècle, a introduir dans la langue quelques termes de la philosophi d'Aristote ; et, vers le seizième, on exprima par des termes grecs toutes les parties du corps humain, leur maladis, leur remède. Quoique la langue s'enrichit alors du grec, et que depuis Charles VIII elle tirât beaucoup de secours de l'italien déjà perfectionné, cependant elle n'avait pas pris une consistance régulière : François Ier aboli l'ancien usage de plaider, de juger, de contracter en latin, usage qui attestait la barbarie d'une langue dont on n'osait se servir dans les actes publics ; usage pernicieux aux citoyens, dont le sort était réglé dans une langue qu'ils n'entendaient pas. On fut alors obligé de cultiver le français ; mais la langue n'etait ni noble, ni régulière. La syntaxe était abbandoné au caprice. Le genie de la conversation etant tourné a la plaisanteri, la langue devint très féconde en expressions burlesques et naïves, et très-stérille en termes nobles et harmonieux ; de là vient que, dans le *Dictionnaire de Rimes*, on trouve vingts termes convenables a la poesie comique, pour un d'un usage plus rellevée.

Le genie de la langue française est la clarté et l'ordre ; car chaque langue a son génie, et ce génie consiste dans la facilité que donne le langage de s'exprimer plus ou moins heureusement, d'employer ou de rejeter les tours familiers aux autres langues. Le Français n'ayant point de déclinaisons, et étant toujours asservit aux articles, ne peut adopter les inversions grecques ou latines, il oblige les mots à s'arranger dans l'ordre naturel des idées.

Plusieurs personnes ont cru que la langue française s'etait appauvrie depuis le temps d'Amiot et de Montaigne. En effet, on trouve dans ses auteurs plusieurs expretions qui ne sont pas recevables, mais ce sont, pour la plupart, des termes familiers auxquels on a substitué des équivalens. Elle s'est enrichie de quantité de termes nobles et énergiques ; et, sans parler ici de l'eloquence des choses, elle a acqui l'éloquence des paroles. C'est dans le siècle de Louis XIV, comme on l'a dit, que cette éloquence a eu son plus grand éclat, et que la langue a été fixée. Quelques changemens que le temps et le caprice lui prépare, les bons auteurs des 17e et 18e siècles serviront toujours de modele.

EXERCICES SUR LES PARTICIPES.

(Pages 63 et 64.)

Participes accompagnés du verbe être.

Ainsi nous voilà plus brouillé que jamais, au grand contentement des rieurs, qui étaient déjà fort affligé de notre réconciliation. Je ne doute pas que cela ne vous fasse beaucoup de peine; mais pour vous montrer que ce n'est pas de moi que la rupture est venue, c'est que, en quelque lieu que vous soyez, je vous déclare, monsieur, que vous n'avez qu'à me mander ce que vous souhaitez que je fasse pour parvenir à un accord, et je l'exécuterai ponctuellement.

En effet, pour ce qui est de ces écrits contre les anciens, beaucoup de mes amis sont persuadé que je n'ai déjà que trop employé de papier, dans mes réflexions sur Longin, à réfuter des ouvrages si pleins d'ignorance, et si indignes d'être refuté.

La tendre Pompilia, ivre d'amour maternel, venait plus souvent au temple pour remercier la déesse, qu'elle n'y était venu pour en obtenir l'objet de ses vœux.

Les méchants son assez puni quand ils sont reconnu pour tels.

Les grands sont entouré, salué, respecté; les petits entourent, saluent, se prosternent, et tous sont contens.

Plus les phénomènes sont merveilleux, plus ils demandent de précaution pour être reçu.

Nous ne sommes pas mieux flatté, mieux obéi, plus suivi, plus entouré, plus ménagé, plus caressé de personne pendant notre vie, que de ceux qui croient gagner à notre mort, et qui la désirent.

Les lettres ont été inventé pour parler aux yeux.

Participes accompagnés du verbe avoir, (page 64.)

Hersilie a marqué son passage par la ruine et la desolation. Ses faibles ennemis ont fui devant elle; Hersilie les a poursuivi le fer et la flamme a la main. Les épis, couché sur la terre, ont été broyés par les pieds des chevaux; les arbres sont coupés a hauteur d'homme, leurs branches dispersés; l'époux et l'épouse égorgés sont étendus l'un auprès de l'autre; leur bras sanglans et raidi, sont restés entrelacé.

Je vous proteste donc que le temps est venu d'acomplir notre glorieux projet.

Ces réflexions, que j'ai composée à l'occasion des dialogues de M. Perrault, se sont multipliés sous ma main beaucoup plus que je ne croyais, et sont cause que j'ai divisés mon livre en deux volumes.

Nous nous sommes écarté de la route que nous avions commencés à suivre.

Les mauvaises nouvelles se sont toujours repandus plus promptement que les bonnes.

Bien des gens se sont poli et enrichi insensiblement par la lecture des savans.

Mais pour en revenir au récit de ma pièce, croiriez-vous, monsieur, que la chose est arrivée comme je l'avais prophétisée, et qu'a la réserve de deux petits scrupules, qu'il vous a dits et qu'il vous a repétés qui lui étaient venus au sujet de ma hardiesse a traiter en vers une matière si délicate, il n'a fait d'ailleurs que s'écrier : Cela est vrai ; et il a été surtout extrémement frappé de ces vers que vous lui aviez passé, et que je lui ai récité avec toute l'énergie dont j'étais capable,

Les hommes haissent souvent ceux qui les ont obligé, et cessent de hair ceux qui leur ont fait outrage.

La nature a toujours portée les hommes vers ce qui leur a plu, et les a eloigné de ce qui leur a nui.

En rappelant Pompilia à la vie, je me feliciterai de l'avoir sauvé.

Soldats du Dieu vivant, qu'il a choisi pour être les restaurateurs de son culte; vous qu'il a préserve jusqu'ici de tous les périls, et sur mer et dans les combats; vous, dont il s'est servi pour arborer ses étendards, et faire révérer son saint nom chez les nations nombreuses que vous avez soumises, ce n'est point pour acquerir une gloire passagère en domptant des peuples barbares, que nous avons abandonnes nos familles et notre patrie, et que nous nous sommes exposé sans crainte aux hasards d'une guerre longue et difficile; nous n'avons pas prodigues notre sang pour une prise de peu de valeur. Le but de notre entreprise a été de délivrer la Cité sainte, et de briser le joug indigne sous lequel nos frères sont assujeties. Nous aurons acquis une faible gloire, mais sans avoir rien avance pour l'exécution de notre premier dessein. Que nous sert-il, en effet, d'avoir passés la mer avec de si grande force? Que nous sert d'avoir portés dans l'Asie le flambeau de la guerre, si contents d'avoir renversés des empires, nous négligeons de fonder celui dont l'établissement était notre principal objet?

Toute l'armée fut bientôt instruite du choix qu'avait faits les chefs. Godefroy se fit voir aux soldats; il leur parut digne du rang suprême où il venait d'être elevé. Le nouveau general reçut leur salut et leurs applaudissements d'un air noble et tranquille; et, après les avoir remercié des marques utiles qu'ils lui donnaient de leur zèle, il ordonna pour le lendemain une revue générale.

Ceux qu'on vit paraître les premiers furent des Français, au nombre de dix mille hommes, armé de pied en cap. Ils étaient venu de l'Ile de France, beau et spacieux pays, situé entre quatre rivières. Hugues, frère de leur roi, les avait commandé d'abord : après la mort de ce prince, ils avaient mi a leur tête Clotaire, capitaine d'un rare mérite.

Quelque calomnies dont on ait voulu me noircir, quelque faux bruits qu'on ait semées sur ma personne, j'ai pardonné sans peine ces petites vengeances au déplaisir d'un auteur irrité, qui se voyait attaqué par l'endroit le plus sensible d'un poète, je veux dire par ses ouvrages.

En effet, notre dispute n'était pas encore bien fini, que vous m'avez fait l'honneur d'envoyer vos ouvrages, et que j'ai eu soin qu'on vous portât les miens.

C'est ce que j'ai principalement affecté dans une nouvelle épître que j'ai fait à propos de toutes les critiques que l'on a imprimé contre ma dernière satire. J'y compte tout ce que j'ait fait depuis que je suis au monde : j'y rapporte mes défauts, mon âge, mes inclinations, mes mœurs ; j'y dis de quel père et de quelle mère je suis née ; j'y marque les degrés de ma fortune ; comment j'ai été à la cour, comment j'en suis sorti, des incommodités qui me sont survenu, des ouvrages que j'ai fait.

Je ne saurais, monsieur, assez vous témoigner ma reconnaissance de la bonté que vous avez eu de vouloir bien permettre qu'on me montrât la lettre que vous avez écrite à M. Perrault sur ma dernière satire. Je n'ai jamais rien lu qui m'ait fait un si grand plaisir ;

et, quelques injures que ce galant homme m'ait dite, je ne saurais plus lui en vouloir de mal, puisqu'elles m'ont attirées une si honorable apologie. Jamais cause ne fut si bien défendue que la mienne. Tout ma charmée, édifiée dans votre lettre; mais, ce qui m'y a touché d'avantage, c'est cette confiance si bien fondé avec laquelle vous y déclarez que vous me croyez sincèrement votre ami.

Vous avez donnes des livres à Julie; elle ne les a pas lus.

La voila cette princesse si aimé, si chéri! la voilà telle que la mort nous l'a fait.

Je m'imagine que le public me fait la justice de croire que je n'aurais pas beaucoup de peine à répondre aux livres qu'on a publié contre moi.

M. Arnaud, un peu avant de mourir, a fait, contre cette préface, une dissertation, qui est imprimé : je ne sais si on vous l'a envoye.

Participes des verbes pronominaux, (page 66.)

Puisque le public a été instruit de notre démêlé, il est bon de lui apprendre aussi notre réconciliation, et de ne lui pas laisser ignorer qu'il en a été de notre querelle sur le Parnasse, comme de ces duels d'autrefois, que la prudence du roi a si sagement réprimé; ou, après s'être battu à outrance, et s'être quelquefois cruellement blessé l'un et l'autre, on s'embrassait, et on devenait sincèrement ami.

Les Allemands étaient suivi de cette nation blonde qui habite entre la France, l'Allemagne, et la mer, dans un pays arrosé de la Meuse et du Rhin, gras en pâturages et abondant en bestiaux. Les habitans industrieux s'y sont fait un rempart contre l'Océan, dont souvent ils ont éprouvés la furie, par le ravage de leur bien, et par la perte entière des villes et des provinces que ces flots ont englouti.

Romains! s'écrie-t-il, vous m'avez vu triompher ; mais c'était à Numa de triompher à ma place; c'est à Numa que je dois ma victoire. Je lui donne pour récompense celle que tant de rois ont vainement demandé, celle qui a dedaignée tant de heros, ma fille.

Les Turcs vaincus, les Persans defaits, Antioche subjuguée, tous ces triomphes qui nous frappent par leur éclat, ne sont pas notre ouvrage: c'est à Dieu seul qu'il en faut attribuer la gloire. Si nous abandonnons la fin qu'il s'était proposé en nous accordant la victoire, j'ai peur que ces triomphes éclatants ne soient bientôt plus qu'un vain nom. Ne perdons point si mal à propos le fruit de tant d'avantages que nous avons reçus du ciel ; continuons à nous conduire comme nous avons faits jusqu'ici, et que la fin couronne de si glorieux débuts, aujourd'hui qui les passages sont ouverts, et que la saison est favorable.

Il y avait dejà plus de cinq ans que les Chretiens étaient passes dans l'Orient pour l'exécution de leur glorieux dessein. Ils avaient pris Nice d'assaut; ils s'etaient rendus maîtres par intelligence de la puissante ville d'Antioche ; et, après l'avoir défendue contre les efforts d'une armée innombrable de Persans, ils s'etaient empares de Tortose.

Nous ne devons point passer de jour sans donner quelque temps à la science que nous nous sommes proposes d'étudier.

Les Amazones se sont rendu célèbres dans la guerre par leur courage.

Nous nous sommes amusé à voir les curiosités de cette ville.

Et l'un et l'autre camp les voyant retiré,
Ont quittés le combat et se sont séparé

Il est vrai que des dieux le courroux embrasé,
Pour nous faire périr semble s'être épuisés.

Il le voit, il l'attend, et son âme irrité,
Pour quelque grand dessein semble s'être arrêté.

A ce discours, ces héros irrité,
L'un sur l'autre à la fois se sont précipité
Nous nous sommes en foule opposé à leur rage.

Mais que vos yeux sur moi se sont bien exercé !
Qu'ils m'ont vendu bien cher les pleurs qu'ils ont versé !
Racine.

Dis-leur que dans son sang cette main s'est plongé ;
Dis que je l'adorais, et que je l'ai vengé. *Voltaire*

Mes ans se sont accru. Mes honneurs sont détruit

Exercices sur toutes les difficultés que peuvent offrir les Participes.

Mais le prudent Romulus avait prévue cet orage. Instruit que, malgré sa défense, Numa remplirait ses sermens ; excité par la cruelle Hersilie, voulant venger à la fois sa fille et son autorité méprisé, le roi de Rome avait fait mêler un poison trop sûr dans le peu de nourriture qu'avait pris la fille de Tatius.

Ils avaient été condamné aux peines du Tartare, pour s'être laissé gouverner par des hommes méchants et artificieux.

Mes recherches ont été vaines, lui répondit Léon après un tendre embrassement. J'ai parcouru tout le midi de l'Italie, je n'ai pu découvrir les traces de Zoroastre ni d'Anaïs ; mais j'ai appri le danger qui te menace. J'ai vu les peuples se remuer pour venir t'assiéger dans Rome, et j'ai volés à ton secours.

L'espoir de te faire des alliés m'a donnée la hardiesse de me présenter chez le peuple.

A peine ai-je dit ces paroles, que toute l'assemblée s'est ecrié : Marchons au secours de Numa, et que Léon nous commande.

J'aurais bien voulu pouvoir adoucir, en cette nouvelle édition, quelques railleries un peu fortes qui me sont échappées dans mes réflexions sur Longin; mais il m'a paru que cela serait inutile, à cause des deux éditions qui l'ont précédé, auxquelles on ne manquerait pas de recourir.

La bonté qu'a eu le plus grand prince du monde, en voulant bien que je m'employasse, avec un de vos plus illustres écrivains, à ramasser en un corps le nombre infini de ses actions immortelles; cette permission, dis-je, messieurs, qu'il m'a donné, m'a tenue lieu auprès de vous des qualités qui me manquent : elle vous a entièrement déterminé en ma faveur.

C'est ainsi que toute la cour et toute la ville en ont jugés, et jamais ouvrage n'a été mieux réfutée que la preface du devot. Tout le monde voudrait qu'il fût en vie, pour voir ce qu'il dirait en se voyant si bien foudroyé. Cette dissertation est le penultieme ouvrage de M. Arnauld, et j'ai l'honneur que c'est par mes louanges que ce grand personnage a finies, puisque la lettre qu'il a écrite à M. Perrault est son dernier écrit. Vous savez sans doute que c'est cette lettre qui me fait un si grand honneur, et M. Le Verrier en a une copie qu'il pourra vous faire tenir quand vous voudrez, supposé qu'il ne vous l'ait pas déjà envoyé.

Voilà toute l'histoire de la bagatelle que je donne au public. J'aurais bien voulu la lui donner achevé;

mais des raisons très secrètes, et dont le lecteur trouvera bon que je ne l'instruise pas, m'en ont empêchés. Je ne serais pas tant pressé de le donner imparfait, comme il est, si ce n'eût été les malheureux fragmens qui en ont courus. J'en avais ainsi usés par pure modestie; mais aujourd'hui que mes ouvrages sont entre les mains de tout le monde; il m'a paru que cette modestie pourrait avoir quelque chose d'affecté.

Enfin vous devez attendre qu'ils ne seront pas moins choqué du peu de cas que vous avez faits de leur jugement, lorsque vous prétendez que M. Despréaux a si peu réussi quand il a voulu traiter des sujets d'un autre genre que ceux de la satire, qu'il pourrait y avoir de la malice à lui conseiller de travailler à d'autres ouvrages.

Il y a d'autres choses dans votre préface que je voudrais que vous n'eussiez point écrit; mais celles-là suffisent pour m'acquitter de la promesse que je vous ai fait d'abord de vous parler avec la sincérité d'un ami chrétien, qui est sensiblement touché de voir cette division entre deux personnes qui font toutes deux profession de s'aimer.

Monsieur, cette comparaison est bonne; mais elle n'est pas de vous, car je l'ai entendue faire à notre curé.

Quelques efforts que l'on eût fait pour défigurer mon héros, il n'a pas plutôt paru devant elle, qu'elle la reconnue pour Alexandre.

Et je doute que les larmes d'Andromaque eussent faits sur l'esprit de mes spectateurs l'impression qu'elles y ont faits, si elles avaient coulés pour un autre fils que celui qu'elle avait d'Hector.

Ceux-mêmes qui s'y étaient le plus diverti, eurent

peur de n'avoir pas lis dans les règles, et trouvèrent mauvais que je n'eusse pas songé plus sérieusement à les faire rire.

Pénélope ne voyant revenir ni lui ni moi, n'aura pue resister à tant de prétendants; son père l'aura contrainte d'accepter un nouvel epoux.

Baleazar est aimé des peuples; en possédant les cœurs, il possède plus de tresors que son père n'en avait amassés par son avarice cruelle.

> Belle leçon pour les gens chiches!
> Pendant ces derniers temps, combien en a-t-on vu
> Qui, du soir au matin, sont pauvres devenus,
> Pour vouloir trop tôt être riche!

Je ne crois pas que j'eusse besoin de cet exemple d'Euripide, pour justifier le peu de liberté que j'ai pris.

Cette maison n'est pas aussi belle que je l'avais imaginée.

Je lui ai fait tous les cadeaux que j'ai pus.

Les serpens paraissent privés de tout moyen de se mouvoir, et uniquement destiné à vivre sur la place où le hasard les a faits naître.

Combien d'ennemis n'a-t-il pas vaincu!

Combien de victimes on a immolé!

Ces écoliers se sont plus à me tourmenter.

Je vous remercie des démarches que vous avez eue la bonté de faire.

> Cent fois je me suis faite une douceur extrême
> D'entretenir Titus dans un autre lui-même

J'estime, après tout, que ce sont des fautes dont ils ne se sont pas soucié.

Les chaleurs qu'il a fait cette année ont occasionnés beaucoup de maladies.

La disette qu'il y a eue cette année n'a pas peu contribué à augmenter le nombre des malheureux.

Instruit de ces vérités dès mon enfance; l'esperance que j'en ai conçu m'a valu plus de bonheur que la fortune n'en peut donner.

Vous lui avez dit de plus jolies choses qu'elle n'en a jamais entendue de Némorin, et votre indulgence pour elle la consolera de quelque sévérité qu'elle a eprouvé.

Ce goût du travail, cet amour de la gloire, me furent inspirés par vos écrits : que de charmes cette douce occupation a répandu sur mes jours! Combien de fois j'ai trouvé dans vos écrits le delassement et la paix dont mon esprit avait besoin! Combien de plaisirs vous m'avez valu!

EXERCICES DE PONCTUATION.

(Page 71 et suivantes.)

Vous l'avez loué (Louis-le-Grand) de courage de bonheur de justice de prudence d'activité d'amour pour ses peuples en un mot de toutes les vertus royales mais ce sera toujours une louange pour Louis-le-Grand qu'on puisse dire avec vérité qu'il n'y a personne dans son royaume qui parle avec plus de justesse plus d'elegance plus de grâce plus de dignité plus d'énergie.

Tenieres est exact dans le dessin et l'on ne peut rendre mieux que lui la forme des paysans de Flandres on ne peut mieux que lui peindre leur attitude l'ensemble de leurs personnes et l'esprit de leurs corps et de leurs vêtemens comme il a bien donné le caractère qui leur est propre à leurs vestes à leurs culotte à leurs bas à leurs souliers à leurs chapeaux à leurs pipes et à tous les accessoires dont ils sont environnés il peint leur morale avec autant d'exactitude que leur physique leurs passions en effet ne devaient pas avoir la même physionomie que celles des autres hommes dans ses tableaux on les entend raisonner se disputer politiquer on voit la santé de leur âme entretenue par les pots de bière dont ils sont entourés.

Les jeunes gens d'Athènes éblouis de la gloire de Thémistocle de Cimon de Periclès et pleins d'une folle ambition après avoir reçu pendant quelque tems les leçons des sophistes qui leur promettaient de les rendre de très-grands politiques se croyaient capables de tout et aspiraient aux premières places l'un d'eux nommé Glaucon s'était mis si fortement en tête d'entrer dans le maniement des affaires publiques quoiqu'il n'eût pas encore vingt ans que personne dans sa famille ni parmi ses amis n'avait eu le pouvoir de la détourner du dessein si peu convenable à son âge et à sa capacité Socrate qui l'affectionnait à cause de Platon son frère fut le seul qui réussit à lui faire changer de résolution.

Un jour l'ayant rencontré il l'aborda avec un discours si adroit qu'il l'engagea à l'écouter c'était déjà avoir beaucoup gagné sur lui vous avez donc envie de gouverner la république lui dit-il Il est vrai répondit Glaucon vous ne sauriez avoir un plus beau dessein repartit Socrate car si vous réussissez, vous vous mettrez en état de servir utilement vos amis d'agrandir votre maison et de défendre les bornes de votre patrie vous vous ferez connaître non-seulement dans Athènes mais par toute la Grèce et peut-être que votre renommée volera jusque chez les nations barbares comme celle de Thémistocle enfin quelque part que vous soyez vous attirerez sur vous le respect et l'admiration de tout le monde un debut insinuant et si flatteur plut extrêmement au jeune homme qui se trouvait pris par son faible il resta volontiers sans qu'il fût besoin de l'en presser et la conversation continua. Puisque vous desirez vous faire estimer et honorer il est clair que vous songez a vous rendre utile au public — Assurement Dites-moi donc je vous prie au nom des dieux quel est le premier service que vous pensez rendre a l'état. Comme Glaucon paraissait embarrassé et rêvait a ce qu'il devait repondre apparemment reprit Socrate ce sera de l'enrichir c'est-à-dire d'augmenter ses revenus — C'est cela même — Et sans doute vous savez en quoi consiste les revenus de l'etat et a combien ils peuvent monter Vous n'aurez pas manqué de faire une étude particulière afin que si un fond vient a manquer tout-à-coup vous puissiez aussitôt le remplacer par un autre je vous jure repondit Glaucon que c'est a quoi je n'ai jamais songé — Marquez-moi au moins les dépenses que fait la république car vous savez de quel importance il est de retrancher celle qui sont superflues — Je vous avoue que je ne suis pas plus instruit sur cet article que sur l'autre — Il faut donc remettre a un autre temps le dessein que vous avez d'enrichir la république car il est impossible de le faire si vous ignorez les revenus et les dépenses.

Mais dit Glaucon il y a encore un autre moyen que vous passez sous silence on peut enrichir un état par la ruine de ses ennemis Vous avez raison, repondit Socrate mais pour cela il faut être le plus fort autrement on court risque de perdre soi-même ce que l'on a ainsi celui qui parle d'entreprendre et une guerre doit connaitre les forces des uns et des autres afin que s'il trouve son parti plus fort il conseil hardiment la guerre s'il se trouve le plus faible il dissuade le peuple de s'y engager Or savez-vous quelles sont les forces de la republique tant par mer que par terre et quelles sont celles de nos ennemis En avez-vous un état par ecrit vous me feriez plaisir de me le communiquer Je n'en ait point encore repondit Glaucon je vois bien dit Socrate que nous ne ferons pas sitôt la guerre si l'on vous charge du gouvernement car il vous reste bien des choses à savoir, et bien des soins a prendre.

Il parcourut ainsi plusieurs autres articles non moins importans sur lesquels il le trouva également neuf et il lui fit toucher au doigt le ridicule de ceux qui ont la temerité de s'ingerer dans le gouvernement sans y apporter d'autre preparation qu'une grande estime d'eux-mêmes et une ambition demesurée de s'élever aux premières places Craignez mon cher Glaucon lui dit Socrate craignez qu'un desir trop vif des honneurs ne vous aveugle et ne vous fasse prendre un parti qui vous couvrirait de honte en mettant au grand jour votre incapacité et votre peu de talent.

Glaucon profita des sages avis de Socrate et prit du temps pour s'instruire en particulier avant que de se produire en public. Cette leçon est pour tous les siecles et peut convenir à beaucoup de personnes de tout etat et de toute condition.

Les grands seraient inutiles sur la terre s'il ne s'y trouvait des pauvres et des malheureux Ils ne doivent leur elevation qu'aux besoins publics et loin que les peuples soient faits pour eux il ne sont eux-mêmes faits que pour le peuple.

C'est donc aux grands de remettre le peuple sous la protection des lois. La veuve ou l'orphelin tout ceux qu'ont foule et qu'on opprime ont un droit acquis à leur credit à leur puissance elle ne leur est donnée que pour eux c'est a eux à porter au pied du trône les plaintes et les gemissemens de l'opprimé Ils sont comme le canal des communications et le lieu des peuples avec le souverain puisque le souverain lui-même n'est que le pere et le pasteur des peuples.

Qu'avez vous au-dessus d'eux Celui qui ne connaît de titres et de distinction dans ses creatures que les dons de sa grâce Cependant Dieu leur père comme le vôtre les livre au travail a la peine et à la misere a l'affliction et il ne réserve pour vous que la joie le repos et l'opulence ils naissent pour souffrir pour porter le poid du jour et de la chaleur pour fournir de leurs peines de leurs sueurs à vos plaisirs et à vos profusions pour traîner comme de vils animaux si j'ose ainsi parler le char de votre grandeur et de votre indolence.

Oui Sire quiconque flatte ses maîtres les trahit la perfidie qui les trompe est aussi criminelle que celle qui les détrône la vérité est le premier hommage qu'on leur doit Il n'y a pas loin de la mauvaise foi du flatteur à celle du rebelle On ne tient plus à l'honneur et au devoir dès qu'on ne tient plus a la verité qui est la base de tous les devoirs La même infamie qui punit la revolte devrait être destinée à l'adulation la sûreté publique doit supleer aux lois qui ont omis de la compter parmi les grands crimes auxquels elle décerne des supplices car il est aussi criminel d'attenter à la bonne foi des princes qu'a leur personne sacrée de manquer à leur égard de vérité que de manquer de fidelité puisque l'ennemi qui vent nous perdre est encore moins à craindre que l'adulateur qui ne cherche qu'à nous plaire.

Mais l'ambition ce desir insatiable de s'élever au-dessus et sur les ruines même des autres ce ver qui pique le cœur et ne laisse jamais tranquille cette passion qui est le grand ressort des intrigues et de toutes les agitations des cours qui forme les révolutions des etats et qui donne tous les jours à l'univers de nouveaux spectacles cette passion qui est tout et à laquelle rien ne coûte est un vice encore plus pernicieux aux empires que la paresse même.

Je sais qu'il y a une noble émulation qui mène a la gloire par le devoir c'est elle qui donne aux empires des citoyens illustres des ministres sages et laborieux de vaillans généraux des auteurs célèbres des princes dignes des louanges de la postérité.

L'ambitieux ne jouit de rien ni de sa gloire il la trouve trop obscure ni de ses places il veut monter plus haut ni de sa prospérité ni des hommages qu'on lui rend ils sont empoisonnés par ceux qu'il est obligé de rendre lui même ni de sa faveur elle devient commune dès qu'il la faut partager avec ses concurrens ni de son repos il est malheureux à mesure qu'il est obligé d'être plus tranquille C'est un Aman objet souvent des désirs et de l'envie publique et qu'un seul honneur refusé a son excessive autorité rend insupportable à lui-même L'ambition le rend donc malheureux mais de plus elle l'avilit et le dégrade Que de bassesses pour parvenir il faut paraître non pas tel qu'on est mais tel qu'on nous souhaite Bassesse d'adulation on encense et l'on adore l'idole qu'on méprise bassesse de lâcheté il faut savoir essuyer des dégoûts des rebuts et les recevoir presque comme des grâces bassesses de dissimulation point de sentiment à soi et ne penser que d'après les autres bassesse de déréglement devenir les complices et peut-être les ministres des passions de ceux de qui nous dépendons et entrer en part de leur desordre pour participer plus sûrement a leurs grâces.

Quintilien dit si l'enfance est susceptible de soins par rapport aux mœurs pourquoi ne le sera-t-elle pas rapport à l'etude Que peuvent-ils faire de mieux depuis qu'ils sont en etat de parler car il faut bien qu'il fasse quelque chose. Je sais bien continue-t-il que dans tout le temps dont il s'agit ces enfans ne pourront pas autant avancer qu'ils le feront dans la suite en une seule année mais pourquoi mépriser ce petit gain et ne pas mêttre a profit cette avance quelque mediocre qu'elle soit car cette année qu'on aura ainsi gagnee sur l'enfance accroîtra a celles qui suivent et somme totale faite mettra l'enfant en etat d'apprendre plus de choses qu'il n'aurait fait sans cela il faut donc tâcher de ne pas perdre ces premieres annees d'autant plus que les commencemens de l'étude ne demande presque que de la memoire et l'on sait que les enfans n'en manquent pas.

Je trouve encore un autre avantage dans cette pratique c'est de plier de bonne heure l'esprit des enfans de les accoutumer a une sorte de règle de les rendre plus dociles et plus soumis et d'empêcher une dissipation aussi contraire souvent à la santé du corps qu'à l'avancement de l'esprit.

J'en puis ajouter un troisième qui n'est pas moins considérable. La Providence a mis dans les enfans une grande curiosité pour tout ce qui est est nouveau une facilité merveilleuse à apprendre une infinité de choses dont ils entendent parler un peu chant naturel à imiter les grandes personnes et à se mouler sur leurs exemples et leurs discours en différant la culture de ces jeunes esprits on renonce à toutes ces heureuses préparations que la nature leur a donné en naissant et comme la nature ne peut être oisive on les oblige a tourner vers le mal ses premières dispositions destinées à faciliter le bien.

Quintilien n'ignorait pas qu'on pouvait lui objecter l'extrême faiblesse des enfans dans les années dont il s'agit et le danger qu'il y a d'user par des efforts prématurés des organes encore tendres et délicats qu'une contention un peu forte peut déranger pour toujours Je n'ai pas dit-il si peu de connaissance de la faible complexion des enfans que je pretende qu'on doive dès-lors les presser vivement et exiger d'eux une forte application Il veut que ce soit un jeu et non une étude un amusement et non un travail sérieux On peut leur raconter des histoires agréables mais courtes et détachées leur faire de petites questions qui soient à leur portée et dont on leur fournisse la réponse par la maniere adroite dont on les interroge leur laisser le plaisir de croire que c'est de leur propre fond qu'ils l'ont tirée afin de leur inspirer le desir d'apprendre les louer de temps en temps mais avec sobriete et sagesse pour leur donner de l'émulation sans trop enfler leur amour-propre répondre à leurs questions et toujours avec justesse et selon la vérité refuser quelquefois de les laisser étudier quand ils le demandent pour augmenter leur ardeur par cet innocent artifice n'employer jamais dans cet âge la contrainte ni la violence et encore moins la punition pour les faire travailler car la grande application des gouvernantes et des maîtres qui leur succèdent est d'éviter que les enfans qui ne peuvent aimer l'etude n'en conçoivent de l'aversion par l'amertume qu'ils y trouvent dans ces premières années. (*Rollin, de la manière d'enseigner et d'étudier les belles-lettres.*)

Miltiade n'avait à Marathon que dix mille hommes César n'en employa que vingt-deux mille à Pharsale et Epaminondas que six mille a Leuctre Thémistocle n'avait que deux cents galères à Salamis et Gonsalves au passage de Garillan avait très-peu de troupes contre un corps d'armée infiniment plus nombreux.

Xercès ne pouvant avec une grande armée forcer le passage des Thermopyles qui n'était défendu que par trois cents Grecs Que d'hommes m'accompagnent dit-il mais que j'ai peu de soldats

Dans un port de Basse-Normandie un armateur qui envoyait des navires en Amérique désirant avoir une couple de singes en fit note au bas des ordres qu'il donnait par écrit a son capitaine Malheureusement le cher homme ne savait pas l'orthographe et de plus écrivait les mots comme il les prononçait Or en Basse-Normandie au lieu de dire *ou* on prononce simplement *o* Notre homme écrivit à votre retour vous m'apporterez deux o trois singes mais comme il n'écrivit la quantité qu'en chiffres et qu'il n'y mit point de virgule cela fit 203 singes que le capitaine fut obligé de lui rapporter à son retour parce qu'il connaissait d'ailleurs la rigide exactitude de son patron. Celui-ci voyant arriver cette criarde famille taxa l'autre d'extravagance Le capitaine produisit l'ordre par écrit il n'y avait point à répliquer l'armateur dans son dépit fit tuer tous les singes mais on dit qu'il en fit empailler deux pour se rappeler qu'un négociant doit au moins savoir l'orthographe.

La faute d'orthographe justifiée.

Monsieur de Génicourt riche propriétaire
Recevant d'un sien locataire
Apres l'avoir sergenté vivement
Pour des termes échus une somme d'argent
Sur laquelle il ne comptait guère
Au bas de sa quittance écrit *Reçu content*
De cette orthographe bizarre
Le locataire un peu surpris
Crut devoir se venger au moins par le mépris
— Certes dit-il votre savoir est rare
Avec tous vos écus qu'avez-vous donc appris
Sachez de moi monsieur l'ignare
Que l'on écrit ainsi *reçu comptant*
Parce qu'il faut compter en recevant
A cet épilogueur rigide
Monsieur de Génicourt répondit gravement
Votre observation sans doute est très-solide
Mais moi lorsque j'écris je prends mon cœur pour guide
Et si du mot *content* ici j'ai fait l'emploi
C'est que je suis toujours *content* quand je reçois

Un de nos meilleurs grammariens se mourrait suffoqué je crois par un abcès qu'il avait dans la gorge Son medecin s'approche de son lit en lui disant si vous ne prenez point ce que je vous ordonne *je vous observe que* Ah miserable s'ecrie le moribond transporté d'une sainte colère n'est-ce pas assez de m'empoisonner faut-il encore que tu viennes m'assassiner par tes solécismes Va-t-en A ces mots l'abcès crève la gorge se débarrasse et grâce au solécisme le grammairien est rendu à la vie.

Enigme.

Je m'assieds sur le trône
On me voit sur le Pô
Je m'étends sur le Rhône
Je couvre les châteaux
Et sans être gourmand
Je flaire les gâteaux
J'accompagne l'Être suprême
Je marche avec le diadême
On me prête sur intérêt
Et je domine la forêt.
Eh bien ! mon cher lecteur
Ne peux-tu me connaître
Tant de fois me voyant paraître

Quelqu'un racontait un jour des nouvelles qui occupaient fort les politiques *il arrivera tout ce qu'il pourra* répondit en plaisantant M. l'abbé Dangeau *mais j'ai dans mon portefeuille deux mille verbes français bien conjugués* Il comparait avec la même gaîté sa passion pour la grammaire à celle d'un enthousiaste plus sérieux que lui et qui s'écriait en soupirant *les participes ne sont pas connus en France.*

L'abbé d'Olivet rapporte l'anecdote suivante
M. de Fontenelle apporta à l'Académie un de ses ouvrages qu'il venait de publier Quelqu'un de ceux qui étaient présens ayant lu ces mots à l'ouverture du livre *La pluie avait tombé* feignit que des femmes l'avait prié de mettre en question si *j'ai tombé* ne pourrait pas se dire aussi bien que *je suis tombé* On alla aux voix et M. de Fontenelle prenant la parole fronda merveilleusement ces sortes d'innovations A peine finissait-il qu'on lui fit voir la page et

la ligne où était la phrase que j'ai rapportée Point de réponse a cela si ce n'est celle d'un galant homme qui reconnaît ses fautes sans biaiser.

Il manque à cet auteur d'ailleurs judicieux et tendre ces beautés de détails ces expressions heureuses qui sont l'ame de la poesie et qui font le mérite des Homère des Virgile des Tasse des Milton des Pope des Corneille des Racine des Boileau.

Lettre de madame de Maintenon à sa belle-sœur madame Daubigné.

Voici ma très aimable sœur le calcul de la dépense que vous devez faire par jour pour douze personnes monsieur et madame 3 femmes 4 laquais 2 cochers et un valet de chambre.

15 livres de viande à 5 sous 3 livres à 15 sous 2 pièces de roti 2 livres 10 sous pour du pain 1 livre 10 sous pour du vin 2 livres 10 sous pour du bois 2 franc pour du fruit 1 franc 10 sous de la chandelle 8 sous pour de la bougie 10 sous total 14 f. 10 en y joignant le blanchissage le sel et les épices votre dépense ne doit pas passer par jour 15 fr. Je compte 4 sous en vin pour 4 laquais 2 cochers madame de Montespan n'en donne pas davantage aux siens et si vous avez du vin en cave il ne vous en coûtera que 3 sous J'ai mis 6 sous pour le valet de chambre 20 sous pour vous deux je prends au pis je prends une livre de chandelle a cause que les jours sont courts Je mets 40 sous pour le bois quoique vous n'ayez besoin que de deux feux Je mets pour 30 sous de fruits quoique le sucre ne coute que 11 sous et qu'il n'en

---

Nota. Les élèves écriront les nombres en toutes lettres.

faille qu'un quarteron pour une compote Je mets 2 pieces de roti dont on épargne une quand Monsieur ou madame dine ou soupe en ville mais aussi j'ai oublié une volaille bouillie sur le potage Nous entendons le ménage et vous pouvez encore sans passer les 15 fr. avoir une entrée de saucisses tantôt langue de mouton la pyramide eternelle et la compote que vous aimez tant tout cela pose et que j'apprends a la cour ma cher fille votre dépense de bouche ne doit passer de 6,000 fr. Pour habiller Madame mettons-en 1000 pour Monsieur 1,000 fr. de gages et livrees 100 pour le loyer da la maison 1,000 total 10,000 fr. tout cela n'est-il pas honnête Si ce calcul peut vous être utile je n'aurai point regret à la peine que j'ai prise a le faire et du moins je vous aurai fait voir que je sais quelque chose au ménage Adieu ma chere enfant aimez moi comme je vous aime.

On lit dans l'histoire de l'académie des sciences que M. Dodart observa qu'un orme portait dans le développement de ses germes quinze millards huit cent quarante millions de graines bien distinctes. La raison conduit l'imagination jusque là. Mais l'imagination et la raison se perdent dans ce calcul immense lorsqu'on réflechit que chacune des graines contenues dans l'orme contenait elle-même un orme qui renfermait un pareil nombre de graines propres a se reproduire. C'est là peut-être la plus sensible image de l'infini dont le Créateur qui est lui-même l'infini par essence a imprime des traces dans tous ses ouvrages.

L'usage des vers a soie apporte des Indes s'introduisit en France sous la 1re race.

L'arbre du café vient ordinairement d'Arabie et chacun sait que le café d'Arabie est encore regardé comme le meilleur. C'est de là qu'il a été transplanté à l'île de France. Les cafiers qui enrichissent la Martinique proviennent tous d'un pied qui y fut envoyé au comencement du XVIIe siècle du jardin de plantes de Paris Desclieux qui l'y conduisit y mit tant de dévouement que le voyage s'étant prolongé et l'eau douce étant revenue rare à bord, il arrosait cet arbuste avec sa propre ration.

En combien de façons avez-vous conté l'histoire du pape Honorius.

Vous avez assez d'ennemis pourquoi en conter de nouveaux.

Mais cependant ô ciel ô mère infortunée
De festons odieux ma fille couronnée
Tend la gorge aux couteaux par son père apprêtés
Calchas va dans son sang .. Barbares arrêtez
Et moi si mon devoir si ma foi ne l'arrête,
S'il ose quelque jour me demander ma tête
Je ne m'explique point Osmon mais je prétends
Que du moins il faudra la demander long-temps

EXERCICES

ur les participes présens et les adjectifs verbaux qui ont la même terminaison.

Ces réflexions embarrassants notre homme, on ne ort point, dit-il, quand on a tant d'esprit.

La mer mugissante ressemblait à une personne qui nt été trop long-temps irritée....

Toutes les planetes circulantes autour du soleil araissent avoir été mises en mouvement par une im- ulsion commune.

Combien de pères tremblants de deplaire à leurs nfants, sont faibles et se croient tendres.

J'arrivai dans des deserts affreux, on y voyait des bles brûlant au milieu des plaines.

La terre, comblante les vœux du laboureur, rend centuple des grains qu'on lui confie.

Un air dévorant, des cendres étincelant, des mmes détachées, embarraient notre respiration ute, sèche, haletant et déjà presque suffoquée r la fumée.

Des vieillards, des femmes éperdues, des prêtres, es soldats assiégeants les issues.

Les morts se ranimants à la voix d'Elysée, pour- ivis, menaçant, l'un par l'autre heurtés, s'elancent in du seuil à pas précipités.

Tous les peuples nombreux que ton trident do- ine. en apprenant ton sort seront saisis d'effroi.

J'aimais les forts tonnants aux abords difficiles, le aive nu d'un chef guidant les rangs dociles, la vé- te perdue dans un bois isolé.

17

Les fleurs, les lustres brillants, les rideaux de soie, de superbes ornemens décoraient l'église et l'autel.

Ah ! sur ces bords charmant les roses sont fanées;
Quelques boutons vermeils cueillis dans leur fraîcheur.
Seuls changés en essence et bravants les années
Ont gardé du printemps les parfums enchanteurs.

Les cultes renaissant étonnés d'être frères
Sur leurs autels rivaux qui fumaient à-la-fois,
Pour toi confondaient leurs prières

Philippe préparait des secours plus puissant,
Mais l'Espagne épuisée en apprêts menaçant,
De sa flotte en espoir inondant mes rivages,
Avait dans ses calculs oublié les orages

Les arbres et les plantes
Sont devenus chez moi créatures parlantes.

En intéressant la sensibilité de vos lecteurs, vous avez captivé leurs suffrages.

EXERCICES SUR LES PARTICIPES.

Adjectifs verbaux.

Mille jeunes guerriers s'avancent les armes renverse. L'inconsolable Tatia, enveloppé de voiles funèbres et couronnée de cyprès, jette sur le cercueil des fleurs trempés de ses larmes.

Je me souviendrai toute ma vie d'avoir vu cette tête qui nageait dans le sang, ces yeux fermes et éteints, ce visage pâle et défigure, cette bouche entr'ouverte qui semblait vouloir achever des paroles commencés.

Quels lauriers me plairont de son sang arrosé.

En examinant avec plus d'attention, nous voyons des montagnes affaissé, des rochers fendu et brise, des contrées engloutie, des iles nouvelles, des terrains submergés, des cavernes combles; nous trouvons des matières pesantes, souvent posé sur des matieres légères; des corps durs environnés de substances molles, des choses sèches, humides, chaudes, froides, solides, friables, toutes mêlees et dans une espèce de confusion.

Participes accompagnés du verbe être.

Ainsi nous voilà plus brouillés que jamais au grand contentement des rieurs qui étaient dejà fort affligé de notre réconciliation.

Les épis couchés sur la terre ont été broyes par les pieds des chevaux. Les arbres sont coupé à hauteur d'hommes, leurs branches dispersés. L'époux et l'epouse égorgée sont étendues l'un auprès de l'autre, leurs bras sanglans et roidis sont resté entrelacé.

Les méchans sont assez puni quand ils sont reconnu pour tels.

Les grands sont entouré, salué, respecté; les petits entourent, saluent, se prosternent, et tous sont contens.

Plus les phénomènes sont merveilleux, plus ils demandent de précautions pour être reçu.

Nous ne sommes pas mieux flattés, mieux obei, plus suivi, plus entouré, plus ménages, plus caressés, de personnes pendant notre vie, que de ceux qui croient gagner à notre mort et qui la désirent.

La justice, ce premier besoin des hommes civilisés, n'était pas rendu en Egypte par le monarque en personne; des revenus etaient assignés a chacun des magistrats composant le tribunal suprême.

Il semble que c'est pour des français que la chevalerie dût être inventé.

Le roi lui dit en lui remettant son épée : vous vou en servez trop bien pour qu'elle ne vous soit pas ren du.

Les félicitations de mes amis ont été troublés pa les plaintes dont retentissent les monts Helvétiques

Les lettres ont ete inventés pour parler aux yeux.

Les Allemands etaient suivis de cette nation blond qui habite entre la France, l'Allemagne et la mer.

Nous fûmes enveloppe dans une profonde nuit.

A peine fûmes-nous arrive sur ce rivage, que l' habitans crurent que nous étions ou d'autres peupl de l'île armé pour les surprendre, ou des étranger qui etaient venus pour s'emparer de leurs terres.

Les gens de merite etaient connu des Perses.

Les anciens Grecs etaient généralement persuad que l'ame est immortelle.

Nous sommes enfin venus à ce grand empire d'o sont sorti les plus grands royaumes du monde.

Le cœur est un aveugle à qui sont dus toutes n erreurs.

Oh malheureuse Tyr, en quelles mains es-tu tom bée.

Dans cette place etait preparé une grande lice qu etait fermee par des barrières.

Beaucoup de mes amis sont persuade que je n' que trop employé de papier dans mes réflexions su Longin, a réfuter des ouvrages si pleins d'ignoran et si indignes d'être réfutés.

Participes accompagnés du verbe avoir.

Hersilie a marqué son passage par la ruine et la désolation, ses faibles ennemis ont fuis devant elle.

Guelfe avait amenés des guerriers qui ne craignaient point d'affronter la mort sous ses ordres. Ils n'etaient pas moins de cinq mille en partant, mais les combats précedens en avaient diminués le nombre de près des deux tiers.

Aussi avons-nous regardé avec des yeux stoïques les libelles diffamatoires qu'on a publié contre nous.

J'avoue que la traduction que votre excellence a bien daigné faire de mon art poétique et les éloges dont elle l'a accompagné m'ont donné un véritable orgueil.

C'est ce que j'ai principalement affecté dans une nouvelle épître que j'ai fait a propos de toutes les critiques qu'on a imprimé contre ma dernière satire.

Cette épître n'a pas encore vue le jour et je ne l'ai pas même encore écrit, mais il me paraît que tous ceux a qui je l'ai récité en sont aussi frappé que d'aucun autre de mes ouvrages.

On me dira que Lucilius vivait dans une république où ces sortes de libertés pouvaient être permise. Certainement il faut que ceux qui parlent de la sorte n'aient pas fort lu les anciens et ne soient pas fort instruit des affaires de la cour d'Auguste.

Les arts que les hommes ont inventé pour satisfaire à leurs besoins, ont tourné à leur gloire et à leurs délices.

Les nations qui ont envahies l'empire romain y ont appris peu-à-peu la charité chretienne qui a adoucie leur barbarie.

Les Falisques que Camille assiégeait se donnèrent

à lui touchés de ce qu'il leur avait renvoyé leurs enfans qu'un maître d'école lui avait livré.

Cham et son fils Chanaan n'ont pas eté moins connu parmi les Egyptiens et les Pheniciens, et la mémoire de Sem a toujours durée dans le peuple hebreu qui en est sorti.

On a depuis façonné et poli les pierres ; et les statues ont succédées, après les colonnes, aux masses grossières et solides que les premiers temps érigeaient.

Il n'est pas donné à tous de bien comprendre ces sublimes vérités, ni de voir parfaitement cette merveilleuse image des choses divines que les pères de l'église ont crus si certaines.

De si anciennes erreurs nous ont demontré combien etait ancienne la croyance de l'immortalité de l'ame, et nous ont prouvés qu'elle doit être rangés parmi les premières traditions du genre humain. Mais les hommes, qui gâtaient tout, en avaient étrangement abusés, puisqu'elle les portait à sacrifier aux morts.

Les esprits ambitieux et remuans excitaient les jalousies pour s'en prévaloir, et ces jalousies, tantôt plus couvertes, tantôt plus déclarée dans le fond des cœurs, ont enfin causés ce grand changement qui arriva du temps de César et les autres qui ont suivis.

Ces peuples d'Ethiopie n'étaient pourtant pas si justes qu'ils s'en vantaient, ni si renfermés dans leur pays ; leurs voisins, les Egyptiens, avaient souvent éprouvés leurs forces.

Les enfans des Egyptiens, en voyant dans les momies les corps de leurs ancêtres, se souvenaient de leurs vertus que le public avait reconnu, et s'excitaient à aimer les lois qu'ils leur avaient laissés.

Mais si les Egyptiens n'ont pas inventé l'agriculture ni les autres arts que nous voyons avant le déluge, ils les ont tellement perfectionné, et ont pris un si grand soin de les rétablir parmi les peuples où la barbarie les avait fait oublier, que leur gloire n'est guère moins grande que s'ils en avaient étés les inventeurs.

Si nos voyageurs avaient pénétrés jusqu'au lieu où cette ville était bâtie, ils auraient encore trouvés quelque chose d'incomparable dans ses ruines, car les ouvrages des Egyptiens étaient faits pour tenir contre le temps.

Les anciens rois que la Grèce avait eue en divers pays, un Minos, un Cecrops, un Thesée, un Codrus, un Témène, un Cresphonte, un Eurysthène, un Patrocte, et les autres semblables, avaient repandus cet esprit dans toute la nation.

Au milieu des plus vastes desseins qu'un homme eût jamais conçu, il mourut sans avoir eu le loisir d'établir solidement ses affaires.

Qui ne sait que les Romains ont appris des Carthaginois l'invention des galères par lesquelles ils les ont battu, et qu'enfin ils ont tiré de toutes les nations qu'ils ont connues de quoi les surmonter toutes.

La discipline militaire est la chose qui a parue la première dans leur état et la dernière qui s'y est perdue, tant elle était attachée à la constitution de leur république.

Ainsi tous les grands empires que nous avons vu sur la terre ont concourus par divers moyens au bien de la religion.

Voilà les douze époques que nous avons suivis dans cet abrégé; nous avons attachés à chacune d'elles les faits principaux qui en dépendent.

Ni la terre, ni l'eau, ni l'air, n'auraient jamais eu les plantes ni les animaux que nous y voyons, si Dieu, qui en avait fait et préparée la matière, ne l'avait encore formé par sa volonté toute puissante, et n'avait donné à chaque chose les semences propres pour se multiplier dans tous les siècles.

Il fallait bien que les Lacedemoniens eussent commencés a se lasser de leurs divisions, puisqu'ils consentirent à écouter Tessandre.

Outre les fêtes qui leur sont communes et qui les rassemblent dans les champs de Coronée auprès du temple de Minerve, ils en célèbrent fréquemment dans chaque ville, et les Thebains entre autres en ont institués plusieurs dont j'ai été témoin.

Les victoires que les Grecs avaient remportés récemment sur les Perses les avaient convaincus de nouveau que rien n'exalte plus les ames que le témoignage eclatant de l'estime publique.

Il semblait que la destinée en me conduisant à la ville où l'illustre et malheureux Rousseau a fini ses jours, me menageait une reconciliation avec lui. L'espèce de maladie dont il etait accable m'a privé de cette consolation que nous aurions tous deux egalement souhaité. L'amour de la paix l'eût emporté sur tous les sujets d'aigreur qu'on avait semé contre nous. Ses talens, ses malheurs et ce que j'ai oui dire de son caractere ont bannis de mon cœur tout ressentiment, et n'ont laisses mes yeux ouverts qu'à son mérite.

Je joins à cette édition cinq épîtres nouvelles que j'avais composé long-temps avant d'être engage dans le glorieux emploi qui m'a tire du métier de la poésie.

J'ai laissé ici la même préface qui etait dans les deux éditions précédentes, à cause de la justice que j'y rends à beaucoup d'auteurs que j'ai attaqué.

M. Perrault a compté pour rien les bonnes raisons

que j'ai mis en rimes pour montrer qu'il n'y a pas de médisance à se moquer de méchans écrits.

Un littérateur distingué m'a apporté une traduction latine qu'il a fait de mon ode, et cette traduction m'a parue si belle que je n'ai pu resister à la tentation d'en enrichir encore mon livre.

M. Arnaud a fait contre cette preface une dissertation qui est imprimée, je ne sais si on vous l'a envoyé.

Dans le peu de voyages que j'ai fait, je me suis surtout appliqué à étudier les mœurs des habitans.

Les premieres portes furent brisés ; les gardes tombèrent égorges. Semblables a des tigres furieux a qui l'on a ravis leurs petits, les Abencerrages se sont élancés et sont arrivé à la cour fatale.

Dieu appela Abraham dans la terre de Chanaan où il voulait établir son culte, et les enfans de ce patriarche qu'il avait résolus de multiplier comme les étoiles du ciel et comme le sable de la mer.

Jephté ensanglante sa victoire par un sacrifice qui ne peut être excusé que par un ordre secret de Dieu, sur lequel il ne lui a pas plu de nous rien faire connaître.

Ne croyons pas que notre ame soit une portion de la nature divine, comme l'ont rêvée quelques philosophes : Dieu n'est pas un tout qui se partage.

Le peu de soldats que nous avons rencontré brûlaient du désir de recommencer le combat.

Il vous avait promis des fleurs, il vous en a envoyé.

Je ne defends pas ces rimes parce que je les ai employées, mais parce que je les ai cru bonnes.

Ainsi ont raisonné des hommes que des siècles de fanatisme ont rendu puissans.

Les Romains, pour maintenir et assurer la discipline militaire, qu'ils regardaient comme le principal appui de l'état, s'étaient cru obligé de repandre le sang de leurs propres enfans.

Aurai-je le bonheur de vous payer des soins que vous m'avez donné dans mon enfance.

Combien de projets a-t-il fait ou reformés, combien d'ouvertures a-t-il donné; combien de services a-t-il rendu dont il a dérobée la connaissance à ceux qui en ont ressenti les effets.

Quels honneurs n'a t-on pas rendu à M. Corneille et à M. Racine.

Le peu de sûreté que j'ai vu pour ma vie à retourner a Naples, m'a fait y renoncer pour toujours.

Les soins d'une tendre mère, d'un père dont vous êtes l'unique espoir, l'amitié d'une cousine qui semble ne respirer que par vous, toute une famille dont vous êtes l'ornement, une ville entière fière de vous avoir vu naître, tout occupe et partage votre sensibilité

Madame, mandez-moi sérieusement ce qui vous a empêché de m'écrire.

Ces transfuges craignent les lois qu'ils ont violé et regrettent les vertus qu'ils ont perdu.

On ne voudra jamais croire a la rapidité avec laquelle les évenemens se sont succédé.

Ne goûtons-nous pas mille fois le jour le prix des combats que notre situation nous a coûté.

Nous reparâmes par la rapidité de notre marche le peu de momens que nous avions perdu.

Le peu de loyauté qu'ils nous ont montrée, nous fit agir avec circonspection.

J'ai connu l'intérieur des familles, je n'en ai guère vus qui ne fussent plongé dans l'amertume.

Les actrices que j'ai entendu chanter, ont enlevé les applaudissemens de tous les spectateurs.

Les romances que je leur ai entendue chanter avaient été mise en musique par un de nos célèbres compositeurs.

Plusieurs académies se sont formé en Europe, mais nous n'en avons vues nulle part qui se soient occupé de morale.

Nous vous adressons les lettres que vous a écrit Julie avant son départ.

Les sujets ont cessés d'en révérer les maximes, quand ils les ont vu ceder aux passions et aux intérêts des princes.

La nature n'a-t-elle pas imposée une assez grande peine au peuple et aux malheureux de les avoir faits naître dans la dependance.

Il laissa perdre et ruiner tous les préparatifs qu'on avait fait avec tant de soins pour soutenir la guerre contre les Romains, et renversa les esperances qu'en avaient conçu les Macedoniens.

Je dois rendre compte au ciel des résolutions qu'il a daignées vous inspirer.

J'ai sollicité des emplois pour mes frères, aucun de nous n'en a obtenus.

Nous les avons vu poursuivre les ennemis.

La jeune élève que j'ai vu peindre cette copie donne beaucoup d'espérance.

La dame que j'ai vu peindre par ce jeune artiste, n'a pas plus de vingt ans.

Les écoliers que j'ai vu jouer au bord de l'eau, couraient risque de se noyer.

La comedie que j'ai vue jouer, a mérité les suffrages de tous ceux qui l'ont lu ou vue représenter.

Comme mon elévation n'avait pas un fondement plus solide que le goût passager que vous avez eus pour moi, je ne doute pas que la moindre alteration dans les traits qui l'ont fait naître ne fut capable de vous faire tourner vers quelqu'autre objet.

Ils lui ont prodigués tous les secours qu'ils ont pu.

Je lui ai offert ma main qu'elle a refusée d'accepter.

Peut-être pouvait-on me l'epargner, après les services que j'ai rendu et les charges que j'ai eues l'honneur d'exercer.

Admirant la ruse qu'avait employé le prisonnier pour se derober aux tourmens, en abregeant sa mort, ils accorderent a son cadavre les honneurs funebres de leur pays.

N'est-il pas louable d'avoir cherché les plus noires couleurs qu'il a pues pour donner de l'horreur d'un si detestable abus.

Télemaque prend les armes, don précieux de la sage Minerve qui les avait fait faire par Vulcain.

Combien de gens ont lus sa lettre qui ne l'eussent pas regarde si le Port-Royal ne l'eût adoptée, si ces messieurs ne l'eussent distribues avec les mêmes éloges qu'un de leurs ecrits.

Le vieillard effrayé lui montre l'annonce d'un affreux orage. Les etoiles ont disparus ; la lune a perdue sa lumière, ses rayons ne percent qu'a peine le voile sombre qui l'environne.

Il est vrai, messieurs, que vous n'êtes pas venus à bout de votre dessein ; le monde vous a laissé rire et pleurer tous seuls.

Combien de rois, de princes, de heros de toutes les nations, Corneille ne nous a-t-il pas représenté toujours tels qu'ils doivent être.

C'est cette conformite que nous avons tous eu en vue lorsque, tout d'une voix, monsieur, nous vous avons appelés pour remplir sa place.

Les Abencerrages surpris ont interrogés ce témoin

fidele, à travers ses cris, à travers ses pleurs, ils ont decouvert sa trahison.

Grâces vous soient rendu, cher Belfort, vous avez justifié tout ce que j'attendais de votre amitié et vous avez acquis de nouveaux droits à la mienne.

Que dois-je penser du sejour de cette femme dans votre maison, place par vous auprès de la mère de vos enfans, par vous a qui j'avais annoncée qu'elle n'était pas telle qu'on vous l'avait dépeint; ah! Belton, auriez-vous trompé votre ami, mais non, vous etiez abusé, et sans doute ma dernière lettre ne vous était point parvenu quand vous avez permis que cette Sophie devint la compagne de lady Belton.

Elle m'a dit que son père avait perdu sa mère un an apres son mariage, qu'il avait reportee toute sa tendresse sur elle et donnés les plus grands soins à son education.

Sophie a quitte l'hôtel ce matin. Caché derrière un rideau, sa sœur l'a vu descendre le perron et traverser la rue où j'avais ordonnee qu'on lui fit avancer la voiture que j'avais envoyée chercher.

D'après ce que nous avons vus de la religion des Egyptiens, des mystères, des sciences qui n'etaient connu que des prêtres seuls, on juge bien que l'Egypte ne pouvait pas jouir des bienfaits d'un gouvernement libre.

Plutarque rapporte qu'ils avaient gravés dans le temple de Thèbes des imprécations contre un roi qui n'avait pas voulu se soumettre à la loi de la sobriété.

Les Egyptiens, qui avaient adopté le système de la métempsycose, croyaient que les ames après la mort allaient séjourner quelque temps dans le corps des animaux immondes si elles avaient méritees d'être punie, et dans ceux d'animaux plus purs si elles avaient pratiquées la vertu.

Cette scrupuleuse fidélité, cette éternelle constance dont parlent à chaque page nos vieux romans, a rendue la lecture de ces ouvrages aride.

Les flatteries des courtisans de Clodion avaient inspirées à ce jeune prince une excessive vanité.

Il y a long-temps, mon cher, que je ne vous ai adressée une lettre aussi longue.

La solitaire fontaine, que je n'avais cherché autrefois que pour m'y désaltérer, je l'ai cherché depuis pour écouter le bruit de ses eaux.

Guidés par vous, messieurs, je trouverai cette délicatesse de sentimens que j'ai toujours, non pas cherche, mais désirée rencontrer.

Vous remplacez le maître qui devait diriger mes premiers pas dans la carrière qu'il avait parcouru avec tant de gloire.

Il paraît certain que des émigrations de l'Asie on reflué dès les premiers temps en Afrique.

Si ces punitions n'avaient pas persuadé au grand nombre que le cardinal était incapable d'indulgence peut-être quelques-uns auraient-ils tentés d'effacer par une meilleure conduite le souvenir de leur révolte.

Ce vieillard était fier de sa haute naissance et des honneurs qu'il avait mérité au service de sa patrie.

Nous avions prévus les chagrins que devait bientôt nous causer notre penchant.

Les trahisons, les perfidies de Ferdinand, soutenue par les talens de Gonzalve, m'eurent bientôt enlevée la moitié que je m'étais réservée.

Cependant, le long de sa route, Elisabeth entendait parler des vols qui s'étaient commis. Si elle avait possédée quelque chose, peut-être ces bruits l'eussent-ils effrayés.

C'était surtout en approchant de la place du Krem

lin que le tumulte et le mouvement allaient toujours croissans, de grands feux y étaient allumés. Épuisée de fatigue et de froid, Elisabeth s'approche et s'assied timidement à côté. Elle avait marché tout le jour, sa joie du matin commençait à se changer en tristesse, car en parcourant les innombrables rues de Moskou, elle avait bien vue des maisons magnifiques, mais elle n'avait pas trouvée un asile; elle avait bien rencontrée une foule nombreuse de gens de toute espèce, mais elle n'avait pas trouvé un protecteur; elle avait entendue des personnes demander leur chemin, s'inquiéter de l'avoir perdu, et elle avait enviée leur sort.

Elle prend aussitôt cette route, suivie de ses curateurs, ne marchant que la nuit de peur d'être surprise, et priant le ciel de la dérober aux poursuites de son ennemi; ses prières furent vaines : elle avait à peine atteint le rivage qu'elle se voit environnée par un escadron. Ses compagnons résistent et la défendent, mais accablés par le nombre, ils sont égorgés ou mis dans les fers.

Si le ciel eût permis qu'Elisabeth eût finie le voyage ainsi qu'elle l'avait commencée, elle aurait cru avoir faiblement payé le bonheur d'être utile à ses parens.

Elisabeth considérant sa petite pièce de monnaie avec un peu d'émotion dit : je te garderai pour mon père afin que tu lui sois une preuve que des vœux ont été entendu, que son esprit ne m'a point quitté et que partout une protection paternelle a veillée sur moi.

Participes des verbes pronominaux.

En Egypte, tout homme important dans l'état soit par la gloire qu'il s'était acquise, soit par les emplois qu'il avait rempli, entrait en cause avec la nation au moment où il expirait.

Cent fois dans les quinze jours que tu as passés à Londres, tu as remarqué mon air triste et rêveur ; souvent ton inquiète amitié s'est efforcé d'en deviner la cause.

Ah ! Madame, s'est-elle écrié, ne rouvrez pas la source de mes larmes ; le sort cruel m'a voué à la dépendance, et je lui rends grâce de m'avoir fixé près de vous.

Que de remercîmens je vous dois pour les deux lettres si aimables qui se sont croisées avec la mienne. Je vous dois surtout de la reconnaissance pour la manière dont vous avez accueillie Estelle.

Les indigènes, à la vue de nos soldats avaient abandonnés la contrée. Les Guaranis surtout, peuple nombreux et puissant, s'étaient retirés dans des montagnes inaccessibles. Plusieurs détachemens avaient tenté d'y pénétrer.

Couverts de blessures, épuisés de sang, poursuivis par des vainqueurs dont le nombre allait toujours croissant, ils furent poussés hors de la ville, et détestant l'ingrate patrie qui traitait ainsi ses défenseurs, ils s'en sont éloigné au moment même en jurant de n'y jamais rentrer.

Ces trois athlètes, monsieur, se sont, ainsi que vous, présenté aux portes de l'académie, le front ceint des couronnes qu'ils y avaient remporté.

Louis XII disait à son fils, si l'aveu que je vais vous faire de mes fautes, si les préjugés où je suis tombé, les imprudences que j'ai commis, les maux que je me suis attiré, peuvent vous en épargner de semblables, je ne me plaindrai pas d'avoir acheté de mon infortune le bonheur dont vous ferez jouir les Français. Aimez ces peuples sensibles, je leur ai faits passer les Alpes six fois; ils se sont vu sous mon règne battus en Italie, attaqués en Espagne; mes fautes de politique ont fait verser des flots de leur sang et ont épuisé leurs trésors; ils m'ont tout pardonné.

Cependant pour venger vos propres injures, nous avons chassés Tarquin de Rome, nous nous sommes armé contre un souverain qui ne se défendait que par les prières qu'il nous faisait de nous séparer de vos intérêts et de rentrer sous sa domination. Nous avons depuis taillés en pieces les armées des Véiens et des Tarquinie, qui voulaient le rétablir sur le trône. La puissance formidable de Porcenna, la famine qu'il a fallu endurer pendant un long siége; des assauts, des combats continuels, rien enfin a-t-il pu ébranler la foi que nous avions donné? Trente villes des Latins s'unissent pour rétablir les Tarquins. Qu'auriez vous fait alors si nous vous avions abandonné, et si nous nous étions joint à nos ennemis? Quelles recompenses n'aurions nous pas obtenue de Tarquin pendant que le Sénat et les Nobles auraient été les victimes de son ressentiment. Qui est-ce qui a dissipée cette ligue si redoutable.

EXERCICES ANALYTIQUES

SUR L'ARTICLE ET LE SUBSTANTIF.

MODÈLE D'ANALYSE.

Le	Article masculin singulier, détermine *lion*.
lion.	Substantif commun masculin singulier.
Les	Article des deux genres pluriel, détermine *colombe*.
colombes.	Substantif commun féminin pluriel.
La	Article féminin singulier, détermine *rose*.
rose.	Substantif commun féminin singulier.
Les	Article masculin pluriel, détermine *arbres*.
arbres.	Substantif commun masculin pluriel.

L'élève analysera de même les mots suivans :

Le mouton, le tabac, la populace, les bécasses, la carafe, le badinage, les perles, les coquillages, le poisson, la paille, le détail, le travail, le pain, les poules, les vertus, la bonté, la douceur, la bienfaisance, le chat, la souris, le soldat, les prunes, les fils, la victoire, les pleurs, les détails, la ruse, la loyauté, la lithographie, les mathématiques.

EXERCICE SUR LES ARTICLES, LES SUBSTANTIFS ET LES ADJECTIFS QUALIFICATIFS.

Le	Article masculin singulier, détermine *livre*.
livre	Substantif commun masculin singulier.
utile.	Adjectif masculin singulier, qualifie *livre*.
Les	Article des deux genres, détermine *brebis*.
brebis	Substantif commun féminin pluriel.
timides.	Adjectif féminin pluriel, qualifie *brebis*.
Les	Article des deux genres pluriel, détermine *tigres*.
tigres	Substantif commun masculin pluriel.
cruels.	Adjectif masculin pluriel.
La	Article féminin singulier, détermine *espérance*.
douce	Adjectif féminin singulier, qualifie *espérance*.
espérance.	Substantif féminin singulier.

Analysez de même :

La plume légère, les plantes rares, le maître indulgent, les écoliers dociles, le grand fleuve, le Rhône rapide, Lyon, ville commerçante, la Rochelle, port marchand, Turenne, grand général, les officiers instruits, l'orateur éloquent, les jeunes chevaux, les petits lapereaux, le levreau craintif, le bel automne, la foudre vengeresse, les aigles romaines, les chefs-lieux, les choux-fleurs murs, les loups-garous, les essuie-mains blancs, les passe-ports nécessaires.

EXERCICES SUR LES ADJECTIFS DÉTERMINATIFS.

Deux	Adjectif numéral pluriel des deux genres, déterminant *plumes*.
bonnes	Adjectif qualificatif se rapportant à *plumes*.
plumes.	Substantif commun feminin pluriel.
Un	Adjectif numéral masculin singulier, déterminant *puits*.
puits	Substantif masculin singulier.
profond.	Adjectif masculin singulier.
Cet	Adjectif démonstratif masculin singulier, détermine *homme*.
homme	Substantif commun masc. singulier.
courageux.	Adjectif qualificatif masculin pluriel, qualifie *homme*.
Nos	Adjectif possessif masculin pluriel, détermine *appartemens*.
appartemens	Substantif commun masculin pluriel.
aérés.	Adjectif qualificatif se rapportant à *appartemens*.
Quelques	Adjectif indéfini pluriel des deux genres.
militaires	Substantif masculin pluriel.
errans.	Adjectif qualificatif masculin pluriel, se rapporte à *militaires*.

Analysez de même :

Ces pierres précieuses, ce vasistas utile, douze taies d'oreiller, la troisième soucoupe ronde, les ensans tricheurs, ses cruelles angoisses, notre beau chat angora, une apprentie adroite, notre soucoupe dorée, chaque sobriquet injurieux, quelques circonstances fâcheuses, plusieurs villes fortifiées.

EXERCICES SUR LES PRONOMS ET SUR LE VERBE ÊTRE.

Je	Pronom personnel des deux genres première personne singulier, sujet du verbe *être*.
suis	Première personne singulier présent-indicatif du verbe substantif *être*.
heureux.	Adjectif masculin pluriel, qualifie *je*.
Tu	Pronom personnel des deux genres singulier, sujet du verbe *être*.
es	Verbe substantif *être*, seconde personne singulier présent indicatif.
modeste.	Adjectif des deux genres singulier, qualifie *tu*.

Analysez de même :

Il est trompeur.
Elles sont raisonnables.
Leurs compagnes etaient équitables.
Ton esperance fut vaine.
Vous fûtes indignes de son amitié.
J'ai été reconnaissant de ce service.
Nous eûmes été propres à cet emploi.
J'avais été indiscret.
Sa cousine avait été muette.
Vous aviez été pareils à lui.

Je serai délicat.
Tu auras été soumis a tes maîtres.
Ils seraient jaloux et vindicatifs.
Elles auraient été vindicatives.
Sois bon envers tes semblables.
Que je sois prudente.
Qu'elles fussent vertueuses.
Que ces enfans aient été indociles.
Que nous eussions été braves.
Etant laborieux, tu seras recompensé.
Soyons irréprèhensibles.
J'aurais été immobile de frayeur.
Que je sois craintif.
Qu'elle fût franche.
Que nous ayons été prudens.
Qu'ils eussent été prodigues.

EXERCICES SUR LE VERBE AVOIR.

Je	Pronom personnel première personne sujet de *avoir*.
ai	Présent indicatif du verbe *avoir*.
une	Adjectif numéral féminin singulier, determine *propriété*.
jolie	Adjectif qualificatif, se rapporte à *propriéte*.
propriété.	Substantif feminin singulier, régime d'*avoir*.
Tu	Pronom personnel second personne sigulier, sujet d'*être*.
as	Présent indicatif verbe actif *avoir*, seconde personne.
des	Article contracté pour *de les*.
robes.	Substantif féminin pluriel, régime d'*avoir*.

Analysez de même :

Tu avais un caractère charmant.
Elles eurent des peintures précieuses.
Nous avions des couronnes de fleurs.
Vous avez eu des parens respectables.
Vingt soldats auront des récompenses.
Leurs ancêtres auront été illustres.
Ayons le désir d'être recommandables.
Que plusieurs écoliers aient des prix.
Que nul citoyen n'ait de crainte.
Que les mêmes enfans aient eu des livres.
Que vous eussiez eu une jolie bibliothèque.
En ayant de l'éducation, vous auriez un emploi honorable.

EXERCICES SUR LES VERBES DE LA PREMIÈRE CONJUGAISON.

Quelques	Adjectif indéf., détermine *personnes*.
personnes	Substantif féminin pluriel, sujet du verbe *aimer*.
aiment	Verbe actif *aimer*, troisième personne pluriel, présent indicatif, première conjugaison.
les	Article des deux genres pluriel, détermine *fleurs*.
fleurs	Substantif féminin pluriel, régime d'*aimer*.
des	Article contracté pour de *les*.
champs.	Substantif masculin pluriel, régime de la préposition *de*.

Nous	Pronom personnel première personne pluriel, sujet de *déployer*.
déployions	Verbe actif *déployer*, première conjugaison imparfait indicatif.
tous	Adjectif indéfini masculin pluriel, détermine *talens*.
nos	Adjectif possessif masculin pluriel.
talens.	Substantif masculin pluriel, régime direct de *déployer*.
Nous	Pronom personnel, première personne pluriel, sujet de *sacrifier*.
sacrifiâmes	Verbe actif *sacrifier*, première conjugaison première personne pluriel du passé défini.
nos	Adjectif possessif pluriel des deux genres, détermine *goûts*.
goûts	Substantif masculin pluriel, régime direct de *sacrifier*.
à	Préposition qui met en rapport *goût* avec *devoirs*.
nos	Adjectif possessif masculin pluriel, détermine *devoirs*.
devoirs.	Substantif masculin pluriel, régime de la préposition *à*.
Vous	Pronom personnel, première personne pluriel, sujet de *vérifier*.
avez vérifié	Verbe actif *vérifier*, première conjugaison au passé indéfini, formé du présent de indicatif du verbe *avoir*, et du participe passé du verbe *vérifier*.
plusieurs	Adjectif indéfini pluriel des deux genres, détermine *titres*.
titres.	Substantif masculin pluriel, régime direct du verbe *vérifier*.

Analysez de même :

Dès qu'ils eurent terminé leurs travaux, ces braves gens oublièrent leurs fatigues.

Les troupes avaient déposé les armes quand le général les demanda.

Nous renouvellerons les demandes que nous avons déjà adressées.

Quand vous aurez apostillé sa demande, il vous remerciera.

Nous agréerions vos offres si elles étaient plus avantageuses.

Ces jeunes élèves auraient remporté les premiers prix s'ils avaient corrigé leurs compositions.

Arrachez les épines, il vous restera des roses.

On exige que vous étudiiez les mathématiques.

Votre père exigerait que vous parlassiez purement la langue française.

Est-il possible qu'ils aient offensé leurs supérieurs.

J'aurais désiré que vous eussiez dépensé votre argent avec plus de sagesse.

Après avoir terminé votre tâche vous jouerez

EXERCICES SUR LES DEUXIÈME, TROISIÈME ET QUATRIÈME CONJUGAISONS.

Je remplis mon devoir.

Tu fournissais des preuves de ton ingratitude.

Les officiers reçurent leur congé.

Ils ont aperçu un lièvre dans le jardin.

Quand ils eurent perçu les contributions ils partirent.

Il avait rendu ses comptes quand son successeur arriva.

Admettrez-vous ces messieurs dans votre société ?

Je couperai le pain quand vous aurez émoulé ce couteau.

Il vous ferait ses excuses s'il vous voyait.

La disparition de ce caissier aurait beaucoup inquiété le négociant s'il l'avait apprise.

Dissuadez-le du projet qu'il a conçu.

Prétendez-vous qu'il répande des bruits injurieux sur le compte de mon ami ?

Voudraient-elles que nous suspendissions des travaux si importans ?

On attendra que vous ayez rétabli l'ordre.

Désireriez-vous que nous eussions répondu d'un air rébarbatif ?

Après avoir long-temps thésaurisé, il mourut.

Vous devez juger avant de raisonner.

EXERCICE SUR LES VERBES PASSIFS.

Vous êtes invités à cette cérémonie.

Ils etaient effrayés pour peu de chose.

Le mouton fut emporté par un loup vorace.

Il a été accusé de désertion injustement.

Votre père avait été averti de vos défauts.

Leurs bonnes qualités seront appréciées des honnêtes gens.

Ils seront punis quand ils auront été interroges.

Les négocians seraient enchantés de cette circonstance.

Cette chambre aurait été nettoyée avec plus de soin si elle était mieux éclairée.

Soyons unis et nous serons invincibles.

On veut qu'il soit guéri de sa folie, je crois qu'il ne l'a pas été.

Pensez-vous que son frère ait été rendu à ses parens.

Il aurait été possible que nous eussions été bien reçus dans leur société.

Pour être jugé, il faut avoir été entendu.

EXERCICE SUR LES VERBES PRONOMINAUX OU EMPLOYÉS PRONOMINALEMENT.

Je me repens de mon indulgence.
Vous êtes décidés à partir.
Ils se plaignaient de leurs enfans.
Vous vous étiez apitoyés sur le sort de cet ingrat.
Elles s'étaient trompées de route.
Ils ne se nourriront que de légumes.
Nos soldats ne se seront rendus qu'à la dernière extrémité.
Ne vous divertiriez-vous pas mieux au spectacle qu'au bal.
Tu ne te serais pas aperçu de cette ruse.
Couche-toi de bonne heure.
Vous voulez que je me flatte d'un vain espoir?
Il aurait désiré que vous vous fussiez respectés davantage.
La société voudrait que vous ne vous occupassiez pas de choses frivoles?
On aurait souhaité que vous vous fussiez reposés de vos fatigues.
Ils auraient désiré que vous vous fussiez sincèrement repentis de vos fautes.

EXERCICE SUR LES VERBES IMPERSONNELS.

Il faut que chacun fasse son devoir.
Il neigeait quand nous sommes sortis.
Il a constamment grêlé pendant l'heure de votre promenade.
Il s'est glissé des erreurs dans l'impression de ce journal.
Il serait pénible d'apprendre une nouvelle aussi fâcheuse.
Arrivera-t-il des dépêches du pays voisin ?
Il serait tombé beaucoup d'eau si le vent eût été moins violent.
Il faut qu'il fasse bien chaud pour que l'eau de ce bassin soit tarie.
Je désirerais qu'il fît moins froid cet hiver que l'hiver passé.
J'aurais desiré qu'il eût régné plus de calme dans vos discussions
Il m'a fallu bien de la patience pour lui faire entendre raison.

EXERCICE SUR LES MOTS INVARIABLES.

(*Adverbes, Prépositions, Conjonctions, Interjections*).

Vous avez agi tyranniquement.
Ils se sont imprudemment précipités au milieu du danger.
Cette dame parle bien haut et chante fort mal.
Ils se sont cherchés long-temps.

Cette rose sent bon.
Quand irez-vous à la campagne ?
Plus d'honneur moins de richesse.
Cet homme est plus libéral que riche.
Néron fut le plus cruel des tyrans.
Les fourmis se divisent en trois classes.
Avec l'amour du travail on surmonte bien des obstacles.
Pourrait-on balancer entre le vice et la vertu ?
Levez-vous des le matin.
Je vous verrai demain si j'en ai le loisir.
Je n'ai pu lui parler, car il etait parti.
Parce que vous le blâmez, faut-il que je le fuie ?
Quoique riche, il soupire après la fortune.
Je pense, donc j'existe.
Ah ! combien je vous trouve a plaindre !
Holà, accourez mes amis.
Eh bien, qu'en pensez-vous ?

FIN.

TABLE DES MATIÈRES.

	Pages
Préface.	1
De l'orthographe.	3
Des mots.	Ibid.
Règle de famille ou de dérivation.	Ibid.

RÈGLES SUR LES SONS.

Le son *A*.	4
Le son *E*.	5
Le son *I*.	6
Le son *O*.	Ibid.
Le son *U*.	7
Le son *eu* et le son *ou*.	8

DES SONS NAZALS.

Le son *an*.	8
Le son *an*, par *A*.	9
Le son *in*.	10
Finales en *anse*	11
Finales en *eur* ou *eure*.	Ibid.
Finales en *ir* ou *ire*.	Ibid.
Finales en *oir* ou *oire*.	12
Finales en *our*.	Ibid.
Finales en *once*.	Ibid.
Finales en *sion*.	13
Orthographe des consonnes.	14
Redoublement des consonnes.	18
Des signes orthographiques.	25
Règles sur la formation du pluriel dans les adjectifs et les substantifs.	27

Pages

Formation du féminin dans les adjectifs. 28
Formation du pluriel dans les adjectifs. . . . 29
Des substantifs composés. . . . . Ibid.
Substantifs dont le genre peut paraître douteux. 31
Ce *ou* se. 33
Ses *ou* ces. . . . . Ibid.
Leur *ou* leurs. 34
Quand *ou* quant. . . . . Ibid.
Quelque. . . . . Ibid.
Tout. 35
Demi, demie. — Nu, nue. 36
Feu *ou* feue. . . . . Ibid.
Adjectifs de nombre. 37
Même . . . . Ibid.
Du verbe. 38
Des différentes sortes de verbes. . . . . . Ibid.
Des modes. 39
Des temps. 40
Conjugaison du verbe être. 41
— du verbe avoir. 43
Première conjugaison. 45
Seconde conjugaison. 47
Troisième conjugaison. 49
Quatrième conjugaison. 51
Verbes passifs. 53
Verbes neutres. 55
Verbes pronominaux. 57
Verbes impersonnels. 59
De la formation des temps. 60

DES PARTICIPES

Du participe présent. 61
Du participe passé. 63
Du participe passé accompagné d'un verbe auxiliaire. 64
Des verbes pronominaux. 66
Participe suivi d'un verbe à l'infinitif. . . . 67

Du participe *fait*. 69
Du participe précédé du pronom *en*. 70
Participes précédés des mots *peu*, *combien*. . . Ibid.
Des signes de ponctuation 71
Homonymes les plus usités de la langue française. 79
Deuxième partie. 114
Formation du féminin dans les adjectifs. . . . 117
Formation du pluriel dans les adjectifs. . . . 119
Exercices sur les genres des substantifs. . . . Ibid.
Exercices sur les verbes. 122
Exercices sur les verbes passifs. 125
Exercices sur les verbes pronominaux. 126
Exercices sur la formation des temps des verbes. Ibid.
Exercice Ier, le son nasal. 130
— II, le son *an*. 131
— III. Le son *in*. 132

DES VOYELLES.

EXERCICE IV. Le son *a*. 133
— V. Le son *é*. 134
— VI. Le son *i*. 135
— VII. Le son *o* 136
— VIII. Le son *u* final. . . . . . Ibid.

ORTHOGRAPHE DES CONSONNES.

EXERCICE IX. C et D. 137
— X. F. 138
— XI. G et J . . . . Ibid.
— XII. Q et S. 139
— XIII. Finales en *anse*. 140
— XIV. Finales en *eur* ou *eure*. . . 141
— XV. Finales en *ir* ou *ire*. . . Ibid.
— XVI. Finales en *oir* ou *oire*. . . 142
— XVII. Finales en *our* ou *ource*. . . 143
— XVIII. Finales en *once*, . . . Ibid.

— XIX. Finales en *assion*, *ession*, *ission*,
   ossion, *ussion*. 144
— XX. L. 145
— XXI. Adjectifs terminés en *eu*. . . Ibid.

RÉDUPLICATION DES CONSONNES.

Exercice XXII. 146
— XXIII. B. . . . . Ibid.
— XXIV. C. 147
— XXV. D. . . . . Ibid.
— XXVI. F et G. 148
— XXVII. L. 149
— XXVIII. M. 150
— XXIX. N. 151
— XXX. P. . . . . Ibid.
— XXXI. R et S. 152
— XXXII. T. 153
— XXXIII. Leur. . . . . Ibid.
— XXXIV. Ses *ou* ces, ce *ou* se. . . 154
— XXXV. Adjectifs de nombre. . . 155
— XXXVI. Quelque. 157
— XXXVII. Tout. 158
— XXXVIII. Demi, demie, nu, nue, excepté, supposé, vu, attendu, passé. Ibid.
— XXXIX. Même. 159
— XL. 160

Récapitulation. 161
Étymologie du mot Éphémère. 165

EXERCICES SUR LES PARTICIPES.

Participes accompagnés du verbe être. . . . 169
Participes accompagnés du verbe avoir. . . . 170
Participes des verbes pronominaux 173
Exercices sur toutes les difficultés que peuvent offrir les participes 175
Exercices de ponctuation. 179

	Pages
Exercices sur les participes présens et les adjectifs verbaux qui ont la même terminaison.	193
Exercices analytiques sur l'article et le substantif.	210
Exercices sur les articles, les substantifs et les adjectifs qualificatifs.	211
Exercices sur les adjectifs déterminatifs.	212
Exercices sur les pronoms et sur le verbe être.	213
Exercices sur le verbe avoir.	214
Exercices sur les verbes de la première conjugaison.	215
Exercices sur les deuxième, troisième et quatrième conjugaisons.	217
Exercices sur les verbes passifs.	218
Exercices sur les verbes pronominaux ou employés pronominalement.	219
Exercices sur les verbes impersonnels.	220
Exercices sur les mots invariables	Ibid.

FIN DE LA TABLE.

TROYES, — IMPRIMERIE DE CARDON.

CORRIGÉ

DE L'ANALYSE

ET DES EXERCICES.

CORRIGÉ

DE L'ANALYSE

ET DES EXERCICES.

Il	Pronom personnel singulier masculin, 3ᵉ personne, sujet du verbe *être*.
est	Verbe substantif, 3ᵉ personne, présent indicatif du verbe *être*, 4ᵉ conjugaison.
trompeur.	Adjectif qualificatif masculin singulier, qualifie *il*.
Elles	Pronom personnel, 3ᵉ personne pluriel, sujet du verbe *être*.
sont	Verbe substantif, 3ᵉ personne présent indicatif du verbe *être*, 4ᵉ conjug.
raisonnables.	Adjectif qualificatif pluriel féminin, qualifie *elles*.
Leurs	Adjectif possessif, pluriel féminin, détermine *compagnes*.
compagnes	Substantif commun, pluriel féminin, détermin. par *leurs*, suj. du verbe *être*.
étaient	Verbe auxiliaire 3ᵉ personne imp. ind. du substantif verbe *être*, 4ᵉ conjugaison.
équitables.	Adjectif qualificatif pluriel féminin, qualifie *compagnes*.
Son	Adjectif possessif, féminin singulier, détermine *espérance*.

espérance	Substantif commun, singul. feminin, détermine par *son*, sujet du verbe *être*.
fut	Verbe substantif, 3e personne, passé défini du verbe *être*, 4e conjugaison.
vaine.	Adjectif qualificatif féminin singulier, qualifie *espérance*.
Vous	Pronom personnel, 2e personne pluriel, sujet du verbe *être*.
fûtes	Verbe 2e personne passé défini du verbe *être*, 4e conjugaison.
indignes	Adjectif pluriel des deux genres, qualifie *vous*.
de	Préposition.
son	Adjectif possessif, féminin singulier, détermine *amitié*.
amitié.	Substantif commun, féminin singulier, déterminé par *son*.
Je	Pronom personnel, 1re personne, sujet du verbe *être*.
ai été	Verbe, 1re personne du passé indéfini du verbe substantif *être*, 4e conjug.
reconnaissant	Adjectif qualificatif, masculin singulier, qualifie *je*.
de	Préposition.
ce	Adjectif démonstratif, masculin singulier, détermine *service*.
service.	Substantif commun, masculin singulier, déterminé par *ce*.
Nous	Pronom personnel, 1re personne pluriel, sujet du verbe *être*.
eûmes été	Verbe substantif, 1re personne, passé antérieur du verbe être, 4e conjug.
propres	Adjectif qualificatif, masculin pluriel, qualifie *nous*.

à	Préposition, régit *emploi*.
cet	Adjectif démonstratif, masculin singulier, détermine *emploi*.
emploi.	Substantif commun, masculin singulier, déterminé par *cet*.
Je	....
avais été	Verbe, 1re personne, plusque-parfait indéfini du verbe *être*, 4e conjug.
indiscret.	Adjectif qualificatif, masculin singulier, qualifie *je*.
Sa	Adjectif possessif, féminin singulier, détermine *cousine*.
cousine	Substantif commun, féminin singulier, déterminé par *sa*, et sujet du verbe *être*.
a été	Verbe substantif *être*, quatrième conjugaison, passé indéfini, 3me pers.
muette.	Adjectif qualificatif, féminin singulier, qualifie *cousine*.
Vous	....
aviez été	Seconde personne pluriel, plusque-parfait du verbe substantif *être*, 4e conjugaison.
pareils	Adjectif qualificatif, masculin pluriel, qualifie *vous*.
à	Préposition, régit *lui*.
lui.	Pronom personnel, 3e personne, singulier masculin.
Je	Pronom personnel. ....
serai	Première personne, futur indicatif du verbe substantif *être*, 4e conjug.

NOTA. Nous mettons des points quand les mots ont déjà été analysés.

délicat	Adjectif qualificatif, masculin singulier, qualifie *je*.
Tu	....
auras été	Seconde personne, futur antérieur, indicatif du verbe substantif *être*, 4ᵉ conjugaison.
soumis	Adjectif qualificatif, masculin singulier, qualifie *tu*.
à	Préposition.
tes	Adjectif possessif, pluriel masculin, détermine *maîtres*.
maîtres.	Substantif commun, masculin pluriel, détermine par *tes*.
Ils	Pronom personnel, 3ᵉ personne, pluriel masculin, sujet du verbe *être*.
auraient été	Verbe, 3ᵉ personne pluriel du conditionnel passé du verbe substantif *être*, 4ᵉ conjugaison.
jaloux	Adjectif qualificatif, masculin pluriel, qualifie *ils*.
et	Conjonction.
vindicatifs.	Adjectif qualificatif, masculin pluriel, qualifie *ils*.
Elles	
auraient été	
vindicatives.	Adjectif qualificatif féminin pluriel, qualifie *elles*.
Sois	Seconde personne singul., impératif du verbe substantif *être*, 4ᵉ conj.
bon	Adjectif qualificatif, masculin singulier.
envers	Préposition.
tes	Adjectif possessif, masculin pluriel, détermine *semblables*.

semblables.	Adjectif employé comme substantif commun, masculin pluriel, détermine par *les*.
Que	Conjonction.
je	....
sois	Verbe, 1re personne, présent du subjonctif du verbe *être*, 4e conjugaison.
prudente.	Adjectif, feminin singulier, qualifie *je*.
Que	Conjonction.
elles	Pronom.
fussent	Verbe, 3e pers. pluriel de l'imparfait du subj. du verbe *être*, 4e conjug.
vertueuses.	Adjectif qualificatif, feminin pluriel, qualifie *elles*.
Que	Conjonction.
ces	Adjectif démonstratif, masculin pluriel, détermine *enfans*.
enfans	Substantif commun, pluriel masculin, détermine par *ces*.
aient été	Verbe, 3e personne pluriel du passé du subjonctif du verbe *être*, 4e conjugaison.
indociles.	Adjectif qualificatif, masculin pluriel, qualifie *enfans*.
Que	....
nous	....
eussions été	Verbe, 1re personne pluriel du plus-que-parfait du subjonctif du verbe substantif *être*, 4e conjugaison.
braves.	Adjectif qualificatif, masculin pluriel, qualifie *nous*.
Étant	Participe présent du verbe substantif *être*.

laborieux	Adjectif qualificatif, masculin singulier.
tu	....
seras	Verbe, 2ᵉ personne, futur simple du verbe *être*.
riche.	Adjectif qualificatif se rapportant à *tu*.
Soyons	Verbe, 1ʳᵉ personne, impératif du verbe *être*, 4ᵉ conjugaison.
irrépréhensibles	Adjectif qualificatif, masculin pluriel.
Je	....
aurais été	Verbe, 1ʳᵉ personne du passé du conditionnel du verbe *être*, 4ᵉ conjug.
immobile	Adjectif qualificatif, masculin singulier, qualifie *je*.
de	Préposition, régit *frayeur*.
frayeur.	Substantif commun, féminin singulier, régime de *de*.

EXERCICE SUR LE VERBE AVOIR.

Tu	....
avais	Seconde personne, singulier imparfait indicatif du verbe actif *avoir*, 3ᵉ conjugaison.
un	Adjectif numéral, masculin singulier, détermine *caractère*.
caractère	Substantif commun, masculin singulier, régime direct de *avais*.
charmant.	Adjectif qualificatif, masculin singulier, qualifie *caractère*.
Elles	....

eurent	Verbe actif au passé defini, 3e personne du pluriel, 3e conjugaison.
des	Article contr. *de*, preposition prise dans un sens partitif; *les*, article féminin pluriel, annonce que *peintures* est determiné.
peintures	Substantif commun, féminin pluriel, régime direct de *eurent*.
précieuses.	Adjectif qualificatif, féminin pluriel, qualifie *peintures*.
Nous avions	.... Verbe actif à l'imparfait de l'indicatif, 1re personne du pluriel, 3e conjugaison.
des	Article contr. *de*, préposition prise dans un sens partitif; *les*, article, féminin pluriel, annonce que *couronnes* est déterminé.
couronnes	Substantif commun, feminin pluriel, régime direct de *avaient*.
de	Préposition.
fleurs.	Substantif commun, féminin pluriel, regime de la préposition *de*.
Vous avez eu	.... Verbe actif au passé indefini, 2e personne pluriel, 3e conjugaison.
des	Article contr. *de*, préposition prise dans un sens partitif; *les*, article, masculin pluriel, annonce que *parens* est déterminé.
parens	Substantif commun, masculin pluriel, régime direct de *avez eu*.
respectables	Adjectif qualificatif, masculin pluriel, qualifie *parens*.

Vingt	Adjectif numéral cardinal, masculin pluriel, détermine *soldats*.
soldats	Substantif commun, masculin plur.
auront	Verbe actif au futur simple, 3ᵉ personne pluriel, 3ᵉ conjugaison.
des	Article contr. de préposition, prise dans un sens partitif, *les*, article, féminin pluriel, annonce que *récompenses* est déterminé.
récompenses	Substantif commun, féminin pluriel, régime direct de *auront*.
Leurs	Adjectif possessif, masculin pluriel, détermine *ancêtres*.
ancêtres	Substantif commun, masculin pluriel.
auront été	Verbe substantif au futur antérieur, 3ᵉ personne pluriel, 4ᵉ conjug.
illustres	Adjectif qualificatif, masculin pluriel, qualifie *ancêtres*.
Ayons	Première personne, pluriel, impératif du verbe actif *avoir*, 3ᵉ conjug.
le	Article, masculin singulier, annonce que *désir* est déterminé.
désir	Substantif commun, masculin singulier, régime direct de *ayons*.
de	Préposition.
être	Infinitif présent, 4ᵉ conjugaison.
recommandables	Adjectif, masculin pluriel, qualifie *nous* (sous-entendu.)
que	Conjonction.
plusieurs	Adjectif indéfini, se rapporte à *écoliers*.
écoliers	Substantif commun, masculin pluriel, sujet d'*avoir*.

aient	Verbe actif au subjonctif présent, 3ᵉ personne pluriel, 3ᵉ conjugaison.
des	Article contr. *de*, preposition prise dans un sens partitif; *les*, article masculin pluriel, annonce que *prix* est déterminé.
prix.	Substantif commun, masculin pluriel, régime de *aient*.
Que	Conjonction.
nul	Adjectif indéfini, se rapporte à *citoyen*.
citoyen	Substantif commun, masculin singulier, sujet d'*avoir*.
ne	Adverbe de negation.
ait	Verbe actif au subjonctif present, 3ᵉ personne pluriel, 3ᵉ conjugaison.
de	Préposition.
crainte.	Substantif commun, feminin singulier, régime indirect d'*ait*.
Que	Conjonction.
les	Article, pluriel masculin, annonce que *enfans* est déterminé.
mêmes	Adjectif indéfini, se rapporte à *enfans*.
enfans	Substantif commun, masculin pluriel, sujet d'*aient eu*.
aient eu	Verbe actif au passe du subjonctif, 3ᵉ personne pluriel, 3ᵉ conjug.
des	Article contr. *de*, préposition prise dans un sens partitif; *les*, article, masculin pluriel, annonce que *livres* est déterminé.
livres.	Substantif commun, masculin pluriel, régime direct d'*aient eu*.
Que	Conjonction.

vous eussiez eu	Verbe actif, plusque parfait, sub., 2 personne pluriel, 3ᵉ conjugaison
une	Adjectif numeral, féminin singulier détermine *bibliothèque*.
jolie	Adjectif qualificatif, féminin singulier, qualifie *bibliothèque*.
bibliothèque.	Substantif commun, féminin singulier, régime direct de *eussiez eu*.
En	Préposition.
ayant	Participe présent, 3ᵉ conjugaison du verbe actif *avoir*.
de	Préposition.
la	Article, féminin singulier, annonce que *éducation* est determiné.
éducation	Substantif, féminin singulier, régime de la préposition *de*.
vous aurez	Verbe actif au futur simple, 2ᵉ personne pluriel, 3ᵉ conjugaison.
un honorable	Adjectif qualificatif, masculin singulier, qualifie *emploi*.
emploi.	Substantif commun, masculin singulier, régime direct d'*aurez*.

EXERCICE SUR LES VERBES DE LA PREMIÈRE CONJUGAISON.

Dès que	Locution conjonctive.
ils eurent terminé	Verbe actif au passé antérieur, 3ᵉ personne pluriel, 1ʳᵉ conjugaison,

leurs	Adjectif possessif, masculin pluriel, détermine *travaux*.
travaux	Substantif commun, masculin pluriel, régime direct de *eurent terminé*.
ces	Adjectif démonstratif, pluriel masculin, détermine *gens*.
braves	Adjectif qualificatif, masculin pluriel, qualifie *gens*.
gens	Substantif commun, masculin pluriel, sujet du verbe *oublier*.
oublièrent	Verbe actif, passé défini, 3ᵉ personne pluriel. 1ʳᵉ conjugaison.
leurs	....
fatigues.	Substantif commun, féminin pluriel, régime direct de *oublièrent*.
Les	....
troupes	Substantif collectif, féminin pluriel, sujet de *avaient déposé*.
avaient déposé	Verbe actif, plusque-parfait de l'indicatif, 3ᵉ personne plur., 1ʳᵉ conj.
les	....
armes	Substantif commun, féminin pluriel, régime direct de *avaient déposé*.
quand	Conjonction.
le	....
général	Substantif commun, masculin singulier, sujet de *demanda*.
les	Pronom relatif, 3ᵐᵉ personne du masculin pluriel, régime direct de *demanda*.
demanda.	Verbe actif, passé défini, 3ᵉ personne singulier, 1ʳᵉ conjugaison.
Nous renouvellerons	....
	Verbe actif au futur simple, 1ʳᵉ personne pluriel, 1ʳᵉ conjugaison.

les demandes	.... Substantif commun, féminin pluriel, regime direct de *renouvellerons*.
que	Pronom relatif à *demandes*, regime direct de *adressees*.
nous avons adressees	.... Verbe actif. passé indefini, 1re personne pluriel, 1re conjug.
deja.	Adverbe.
Quand	....
vous aurez apostille	... . Verbe actif au futur antérieur, 2e personne pluriel, 1re conjugaison.
sa	Adjectif possessif, féminin singulier, determine *demande*.
demande	Substantif commun, féminin singulier, régime direct de *aurez apostille*.
il	.. ..,
vous	....
remerciera.	Verbe actif au futur simple, 3e pers. pluriel, 1re conjugaison.
Nous agreerions	.... Verbe actif à l'imparfait de l'indicatif, 1re personne pluriel, 1re conjugaison.
vos	Adjectif possessif, feminin pluriel, régime de *agréerions*.
offres	Substantif commun, féminin pluriel, regime de *agreerions*.
si	Conjonction.
elles	....
étaient	Verbe substantif à l'imparfait de l'indicatif, 3e personne pluriel, 4e conjugaison.

plus	Adverbe de quantité.
avantageuses.	Adjectif qualificatif, féminin pluriel, qualifie *offres*.
Ces	Adjectif démonstratif, pluriel masculin, détermine *élèves*.
jeunes	Adjectif qualificatif, pluriel, qualifie *élèves*.
élèves	Substantif commun, pluriel masculin, sujet de *auraient remporté*.
auraient remporté	Verbe actif, conditionnel passé, 3e personne pluriel, 1re conjugaison.
les	. . . .
premiers	Adjectif numéral ordinal, détermine *prix*.
prix	Substantif commun, pluriel masculin, régime direct de *auraient remporté*.
si	Conjonction.
ils	. . . .
avaient corrigé	Verbe actif au plusque-parfait du présent d'indicatif, 3e personne pluriel, 1re conjugaison.
leur	. . . .
composition.	Substantif commun, féminin singulier, régime direct de *avaient corrigé*.
Arrachez	Verbe actif à l'impératif, 2e pers. pl., 1re conjugaison.
les	. . . .
épines	Substantif commun, féminin pluriel, régime de *arracher*.
il	. . . .
vous	. . . .
restera	Verbe neutre au futur simple, 3e pers. singulier, 1re conjugaison.

des	....
roses.	Substantif commun, feminin pluriel.
On	Pronom indéfini, 3ᵉ personne, sing. masculin, sujet de *exiger*.
exige	Verbe actif au présent de l'indicatif, 3ᵉ personne du singulier, 1ʳᵉ conj.
que	Conjonction.
vous	....
étudiiez	Verbe actif au présent du subjonctif, 2ᵉ personne pluriel, 1ʳᵉ conjug.
les	....
mathematiques.	Substantif commun, feminin plur. régime direct du verbe *étudier*.
Votre	Adjectif possessif, singulier masculin, determine *père*.
père	Substantif commun, masculin singulier, sujet de *exigerait*.
exigerait	Verbe actif au conditionnel present, 3ᵉ personne du sing, 1ʳᵉ conjug.
que	....
vous	....
parlassiez	Verbe à l'imparfait du subjonctif, 2ᵉ personne pluriel, 1ʳᵉ conjug.
purement	Adverbe.
la	....
langue	Substantif commun, feminin singulier, régime direct de *parlassiez*.
française.	Adjectif qualificatif, feminin singulier, qualifie *langue*.
Est-	Verbe substantif au présent de l'indicatif, 3ᵉ personne singulier, 4ᵐᵉ conjugaison.
il	....
possible	Adjectif masculin singulier.
que	....

(17)

ils	....
aient offensé	Verbe actif au passé de subjonctif, 3ᵉ personne pluriel, 1ʳᵉ conjugaison.
leurs	Adjectif possessif, pluriel masculin, détermine supérieurs.
supérieurs.	Substantif commun, masculin pluriel, régime direct de *aient offensé*.
Je	....
aurais désiré	Verbe actif au passé du conditionnel, 1ʳᵉ personne sing., 1ʳᵉ conjug.
que	....
vous	....
eussiez dépensé	Verbe actif au plusque-parfait du subjonctif, 2ᵉ pers. plur. 1ʳᵉ conjug.
votre	....
argent	Substantif commun, masculin sing., régime direct de *eussiez dépensé*.
avec	Préposition.
plus	Adverbe.
de	....
sagesse.	Substantif commun féminin, régime de la préposition *de*.
Après	Préposition.
avoir terminé	Verbe actif au passé de l'infinitif, 1ʳᵉ conjugaison.
votre	....
tâche	Substantif commun, féminin singulier, régime direct de *avoir terminé*.
vous	....
jouerez.	Verbe neutre au futur de l'indicatif, 2ᵉ personne pluriel, 1ʳᵉ conjug.

EXERCICES SUR LES DEUXIÈME, TROISIÈME ET QUATRIÈME CONJUGAISONS.

Je remplis	Verbe actif au présent de l'indicatif, 1re personne sing., 2e conjug.
mon	Adjectif possessif, masculin singulier, détermine *devoir*.
devoir.	Substantif commun, masculin singulier, régime direct de *remplis*.
Tu fournissais	Verbe actif à l'imparfait de l'indicatif, 2e personne sing., 2e conjug.
des preuves	Substantif commun, féminin pluriel, régime direct de *fournissais*.
de ton	Adjectif possessif, singulier, détermine *ingratitude*.
ingratitude.	Substantif commun, féminin singulier, régime de la préposition *de*.
Les officiers	Substantif commun, masculin plur. sujet de *reçurent*.
reçurent	Verbe actif au passé défini, 3e pers. pluriel, 3e conjugaison.
leur congé.	Substantif commun, masculin singulier, régime direct de *recevoir*.
Ils ont aperçu	Verbe actif, au passé indéfini, 3e personne pluriel, 3e conjugaison.
en	

lièvre	Substantif commun, masculin singulier, régime direct de *ont aperçu*.
dans	....
le	....
jardin.	Substantif commun, masculin singulier, régime de la préposition *dans*.
Quand	Conjonction.
ils	....
eurent perçu	Verbe actif au passé antérieur, 3e personne pluriel, 3e conjugaison.
les	....
contributions	Substantif commun, feminin pluriel, régime direct de *eurent perçu*.
ils	....
partirent.	Verbe neutre au passé défini, troisième personne pluriel, 2e conj.
Il	....
avait rendu	Verbe actif au plusque-parfait de l'indicatif, troisième personne sing., quatrième conjugaison.
ses	Adjectif possessif, pluriel masculin, détermine *comptes*.
comptes	Substantif commun, pluriel masculin, regime direct de *avait rendu*.
quand	Conjonction.
son	Adjectif possessif, masculin singulier, determine *successeur*.
successeur	Substantif commun, masculin singul., sujet de *arriva*.
arriva.	Verbe neutre au passé défini, trois. personne singulier, prem. conjug.
Admettrez	Verbe actif, au futur simple, deux. personne pluriel, quatrième conj.
vous	....
ces	Adjectif démonstratif, pluriel masc., détermine *messieurs*.

messieurs	Substantif commun, masculin plur., regime direct de *admettrez*
dans	....
votre	....
société.	Substantif commun, féminin singul., régime de la preposition *dans*.
Je	....
couperai	Verbe actif au futur de l'indicatif, 1re personne singulier, 1re conj.
le	....
pain	Substantif commun, masculin singulier, regime direct de *couperai*.
quand	....
vous	....
aurez émoulé	Verbe actif au futur antérieur, 2e personne pluriel, 1re conjugaison.
ce	Adjectif démonstratif, singulier, détermine *couteau*.
couteau.	Substantif commun, masculin sing., regime direct de *aurez émoulu*.
Il	....
vous	....
ferait	Verbe actif au conditionnel présent, 3e personne singulier, 4e conjug.
ses	Adjectif possessif, pluriel masculin, determine *excuses*.
excuses	Substantif commun, féminin plur., régime direct de *ferait*.
si	Conjonction.
il	....
vous	....
voyait	Verbe actif, 3e personne, imparfait indicatif, 3e conjugaison.
La	....
disparition	Substantif commun, féminin sing., sujet de *aurait inquiété*.

de	....
ce	....
caissier	Substantif commun, masculin sing., régime de la préposition *de*.
aurait inquiété	Verbe actif au passé du conditionnel, 3ᵉ personne singulier, 1ʳᵉ conjug.
beaucoup	Adverbe, modifie *inquiété*.
le	....
négociant.	Substantif commun, masculin sing. régime direct de *aurait inquiété*.
si	Pronon relatif......... ....
il	....
la	....
avait apprise.	Verbe actif au plusque-parfait de l'indicatif, 3ᵉ pers. sing., 4ᵉ conj.
Dissuadez	Verbe actif à l'impératif, 2ᵉ pers. pluriel, 1ʳᵉ conjugaison.
le	Pronom personnel, 3ᵉ personne sing. régime direct de *dissuadez*.
du	Article contrac. *de*, préposition; *le*, article masculin singulier, annonce que projet est déterminé.
projet	Substantif commun, masculin sing., régime indirect de *dissuadez*.
que	....
il	....
a conçu.	Verbe actif au passé ind., 3ᵉ pers. singulier, 3ᵉ conjugaison.
Prétendez	Verbe actif au présent de l'indicat., 2ᵉ personne pluriel, 4ᵉ conjugaison.
vous	... .
que	....
il	....
répande	Verbe actif au subjonctif présent, trois. personne sing., quat. conj.

des	....
bruits	Substantif commun, masculin plur. régime direct de *répande*.
injurieux	Adjectif qualificatif, pluriel masculin, qualifie *bruits*.
sur	Préposition.
le	....
compte	Substantif masculin singulier, rég. de la préposition *sur*.
de	Préposition.
mon	Adjectif poss., masc. sing., dét. *ami*.
ami.	Substantif commun, masculin sing., régime de la préposition *de*.
Voudraient	Verbe actif au conditionnel prés., troisième pers. plur., trois. conj.
elles	....
que	....
nous	....
suspendissions	Verbe actif a l'imparfait du subj., prem. pers. pluriel, quat. conj.
des	....
travaux	Substantif commun, masculin plur., régime direct de *suspendissions*.
si	Adverbe, modifie l'adject. *importans*.
importans.	Adjectif qualificatif, pluriel mascul., qualifie *travaux*.
On	....
attendra	Verbe actif au futur de l'indicatif, trois. pers. sing., quatr. conjug.
que	....
vous	....
ayez rétabli	Verbe actif au passé du subjonctif, deux. personne plur., deux. conjug.
le	....
ordre	Substantif commun, masculin sing., régime direct de *ayez rétabli*.

Desireriez	Verbe actif au conditionnel présent, deux. pers. pluriel, prem. conjug.
vous	....
que	....
nous	....
eussions répondu	Verbe actif au plusque-parfait du subjonctif, première personne pluriel, quatrième conjugaison.
de	....
un	....
air	Substantif commun, masculin sing., regime indirect de *eussions répondu*.
rébarbatif	Adjectif qualificatif, masculin sing., qualifie *air*.
Après	....
avoir thésaurisé	Verbe neutre au passé de l'infinitif, première conjugaison.
long-temps	Locution adv. modifie *thésaurisé*.
il	....
mourut.	Verbe neutre au passé de l'indicatif, trois. pers. singul., deux. conjug.
Vous	....
devez	Verbe actif au présent de l'indicat., deux. pers. pluriel, trois. conjug.
juger	Verbe act. à l'infinitif, présent prem. conjugaison.
avant de	Préposition, régit *raisonner*.
raisonner.	Verbe neutre au présent de l'infinit., première conjugaison.

EXERCICE SUR LES VERBES PASSIFS.

Vous êtes invités	.... Verbe passif au présent de l'indic., deuxième personne plur., première conj. Le part. s'acc. avec son sujet.
à	Préposition.
cette	Adjectif démonstratif, féminin sing., détermine *cérémonie*.
cérémonie.	Substantif commun, féminin sing., régime indirect de *êtes invités*.
Ils	....
étaient effrayés	Verbe passif à l'imparfait de l'indic., trois. personne pluriel, prem. conj. Le participe s'accorde avec son suj.
pour	Préposition.
peu	Adverbe.
de	Préposition.
chose.	Substantif commun, féminin singul., régime de la préposition *de*.
Le	....
mouton	Substantif commun, masculin sing., sujet de *fut emporté*.
fut emporté	Verbe passif au passé défini, trois. personne singulier, prem. conjug. Le participe s'accorde avec son suj.
par	Préposition.
un	....
loup	Substantif masculin singulier, régime indirect de *fut emporté*.
vorace.	Adjectif qualificatif, masculin sing. qualifie *loup*.
Il	....

a été accusé	Verbe passif au passé indéfini, trois. personne singulier, prem. conjug. Le participe s'accorde avec son suj.
de	....
désertion	Substantif commun, féminin sing., régime indirect de *accuser*.
injustement.	Adverbe, modifie le verbe *accuser*.
Votre	....
père	Substantif commun, masculin sing., sujet de *avait été averti*.
avait été averti	Verbe passif au plusque-parfait de l'indicatif, trois. personne singul., Le partic. s'accorde avec son suj.
de	....
vos	....
défauts.	Substantif commun, pluriel mascul., régime indirect de *avait été averti*.
Leurs	....
bonnes	Adjectif qualificatif, pluriel féminin, qualifie *qualités*.
qualités	Substantif commun, féminin pluriel, sujet de *seront appreciées*.
seront apprecices	Verbe passif au futur simple, trois. personne pluriel, première conjug. Le participe s'accorde avec son suj.
des	....
honnêtes	Adjectif qualificatif, masculin plur., qualifie *gens*.
gens.	Substantif commun, pluriel mascul., regime direct de *seront appreciées*.
Ils	....
seront punis	Verbe passif au futur simple, trois. personne pluriel, deuxième conj. Le participe s'accorde avec son suj.
quand	....

3

ils	....
auront été interrogés.	Verbe passif au fut. antérieur, trois. personne pluriel, première conjug. Le participe s'accorde avec son suj.
Les négocians	Substantif commun, masculin plur, sujet de *seraient enchantés*.
seraient enchantés	Verbe passif au conditionnel present, troisième personne pl., prem. conj. Le participe s'accorde avec son sujet.
de	....
cette	....
circonstance.	Substantif commun, féminin singul., régime indir. de *seraient enchantés*.
Cette	....
chambre	Substantif commun, féminin singul., sujet de *aurait été nettoyée*.
aurait été nettoyée	Verbe passif au conditionnel passé, trois. personne singul., prem. conj. Le participe s'accorde avec son suj.
avec	Préposition.
plus	Adverbe.
de	Préposition.
soin	Substantif commun, masculin sing., régime de la préposition *de*.
si	....
elle	....
etait éclairée	Verbe passif a l'imparfait de l'indic., troisième pers. singul., prem. conj. Le participe s'accorde avec son suj.
mieux.	Adverbe.
Soyons unis	Verbe passif à l'impératif, première personne pluriel, deuxième conj.
et	Conjonction.
nous	....

serons	Verbe substantif *être* au futur simple, première pers. plur., quat. conjug.
invincibles.	Adjectif qualificatif, masculin plur.
On	....
veut	Verbe actif au présent de l'indicatif, troisième pers. sing., trois. conj.
que	....
il	....
soit guéri	Verbe passif au passé du subjonctif, troisième pers. sing., deux. conj. Le participe s'accorde avec son suj.
de	....
sa	Adjectif possessif, féminin singulier, détermine *folie*.
folie	Substantif commun, féminin singul., régime indirect de *soit guéri*.
Je	....
crois	Verbe actif au présent de l'indicatif, première personne singulier, quatrieme conjugaison.
que	....
il	....
ne pas	....
le	Pronom personnel, troisième pers. singulier.
a été	Verbe substantif au passé indéfini, troisième personne pluriel, quatrième conjugaison.
Pensez	Verbe actif au présent de l'indicatif, deuxième personne pluriel, première conjugaison.
vous	....
que	....
son	Adjectif possessif, masculin singulier, détermine *frère*

frère	Substantif commun, masculin singulier, sujet de *rendre*.
ait été rendu	Verbe passif au passé du subjonctif, troisième personne singulier, quatrième conjugaison. Le participe s'accorde avec son sujet *frère*.
à	Préposition.
ses	Adjectif possessif, masculin pluriel, détermine *parens*.
parens.	Substantif commun, masculin pluriel, régime indirect de *ait été rendu*.
Il	....
aurait été	Verbe substantif au conditionnel passé, troisième personne singulier, quatrième conjugaison.
impossible	Adjectif qualificatif, masculin sing.
que	....
nous	....
eussions été reçus	Verbe passif au plusque-parfait du subjonctif, premiere personne pluriel, troisième conjugaison. Le participe s'accorde avec son sujet.
bien	Adverbe, modifie le verbe *recevoir*.
dans	Préposition.
leur	....
société.	Substantif commun, féminin singulier, régime de la préposition *dans*.
Pour	....
être jugé	Présent de l'infinitif du verbe passif *être jugé*.
il	....
faut	Verbe impersonnel, présent indicatif, troisième personne singulier, troisième conjugaison.

avoir été entendu.	Verbe passif au passé de l'infinitif, quatrième conjugaison. Le participe s'accorde avec son sujet.

EXERCICE SUR LES VERBES PRONOMINAUX, OU EMPLOYÉS PRONOMINALEMENT.

Je	....
me	Pronom personnel, masculin singulier, régime du verbe *se repentir*.
repens	Verbe pronominal au présent de l'indicatif du verbe se repentir, troisième conjugaison.
de	Préposition.
mon	Adjectif possessif, singulier féminin, détermine *indulgence*.
indulgence.	Substantif commun, féminin singul., déterminé par *mon*.
vous	Pronom personnel, deuxième pers., sujet du verbe *êtes décidé*.
vous	Pronom personnel, deuxième personne pluriel, régime du verbe *se décider*.
êtes décidé	Deuxième personne du passé indéfini du verbe *se décider*, première conj.
à	Préposition.
partir.	Verbe. Présent infinitif du verbe *partir*, deuxième conjugaison.
Ils	Pronom personnel, troisième personne pluriel du verbe *se plaindre*.
se	Pronom personnel, troisième pers. pluriel, rég. du verbe *se plaindre*.
plaignaient	Verbe. Troisième personne imparfait indicatif du verbe *se plaindre*, quatrième conjugaison.

de	Préposition.
leurs	Adjectif possessif, masculin pluriel, determine *enfans*.
enfans.	Substantif commun, masculin pluriel, determine par *leurs*.
Vous	....
vous	....
étiez apitoyés	Verbe. Deuxième personne pluriel du plusque-parfait du verbe pronominal *s'apitoyer*, première conjug.
sur	Préposition.
le	Article masculin singulier, determine *sort*.
sort	Substantif commun, masculin singulier, déterminé par *le*.
de	....
cet	Adjectif démonstratif, masculin singulier, determine *ingrat*.
ingrat.	Substantif commun, masculin singulier, déterminé par *cet*.
Elles	Pronom personnel, troisième personne pluriel feminin, suj. du verbe *être*.
se	Pronom personnel, troisième personne, pluriel féminin, regime du verbe *se tromper*.
etaient trompées	Verbe. Au plusque-parfait de l'indicatif du verbe pronominal *se tromper*, première conjugaison.
de	....
route.	Substantif commun, féminin singulier, régit par *de*.
Ils	Pronom personnel, troisième personne, sujet du verbe *nourrir*.
ne	Négation.

se	Pronom personnel, troisième personne, régime du verbe *se nourrir*.
nourriront	Verbe. Troisième personne, futur indicatif du verbe pronominal *se nourrir*, deuxième conjugaison.
que	Conjonction.
de	....
legumes.	Substantif commun, masculin pluriel, régit par *de*.
Nos	Adjectif possessif, masculin pluriel, determine *soldats*.
soldats	Substantif commun, masculin pluriel, détermine par *nos*.
ne	....
se	....
seront rendus	Verbe. Troisième personne du futur antérieur du verbe pronominal *se rendre*, quatrième conjugaison.
que	....
à	....
la	Article féminin, détermine *extrémité*.
dernière	Adjectif féminin singulier.
extrémité.	Substantif commun, féminin, déterminé par *la*.
Ne	Négation.
vous	Pronom.
divertiriez	Deuxième personne conditionnel présent du verbe pronom. *se divertir*.
vous	Pronom. ....
pas	Négation.
mieux	Adverbe.
au	Article contracté mis pour *a le*, masculin singulier.
spectacle	Substantif commun, masculin singulier.
que	....

au	. . . .
bal.	Substantif commun, masculin. singulier.
Tu	Pronom personnel, deuxieme personne singulier, sujet du verbe *être*.
te	Pronom personnel, deuxieme personne, singulier masculin, régime du verbe *apercevoir*.
serais aperçu	Verbe. Au conditionnel passé du verbe *s'être aperçu*.
ne pas	Particule négative.
de	. . . .
cette	Adjectif démonstratif, feminin singulier, determine *ruse*.
ruse.	Substantif commun, feminin singulier, determiné par *cette*.
Couche	Deuxième personne imper du verbe pronominal *se coucher*, première conjugaison.
toi	Pronom personnel, deuxième personne, régime du verbe pronomin. *se coucher*, première conjugaison.
de	. . . .
bonne	Adjectif féminin singulier, dét. *heure*.
heure.	Substantif commun, feminin singul.
Vous	Pronom personnel.
voulez	Deuxième personne pluriel, présent indicatif du verbe *vouloir*, troisième conjugaison.
que	. . . .
je	. . . .
me	. . . .
flatte	Première personne présent indicatif du verbe pronominal *se flatter*, première conjugaison.

de	. . . .
un	Adjectif numéral, masculin singulier, détermine *espoir*,
vain	Adjectif qualificatif, masculin sing., qualifie *espoir*.
espoir.	Substantif commun, masculin singulier déterminé par *un*.
Il	Pronom personnel, troisième personne singulier, sujet du verbe *désirer*.
aurait désiré	Troisième personne conditionnel du verbe *désirer*, première conjugaison.
que	. . . .
vous vous ussiez respectés	Verbe. Deuxième personne du plus-que-parfait du subjonctif du verbe *se respecter*, première conjugaison.
davantage.	Adverbe, modifie *respecter*.
La	Article féminin singulier, détermine *société*.
société	Substantif commun, féminin singulier, déterminé par *la*.
voudrait	Verbe. Troisième personne conditionnel du verbe *vouloir*, troisième conjugaison.
que	. . . .
vous	. . . .
ne	. . . .
vous	. . . .
occupassiez	Verbe. A l'imparfait du subjonctif du verbe *s'occuper*, première conjug.
pas	. . . .
de	. . . .

choses	Substantif commun, pluriel féminin, régime de *de*.
frivoles.	Adjectif qualificatif, féminin pluriel, qualifie *choses*.
On	Pronom indéfini, troisième personne masculin singulier, suj. de *souhaiter*.
aurait souhaité	Verbe. Au conditionnel passé du v. *souhaiter*, première conjugais.
que	. . . .
vous	. . . .
vous	. . . .
fussiez reposé	Deuxième personne du plusque-parfait du subjonctif du verbe pronominal *se reposer*.
de	. . . .
vos	Adjectif possessif, féminin pluriel, détermine *fatigues*.
fatigues.	Substantif commun, pluriel féminin, déterminé par *vos*.

EXERCICE Ier.

Le son nasal.

La modestie est au mérite ce que les ombres sont aux figures dans un tableau.

Ce qui disculpe le fat ambitieux de son ambition, est le soin que l'on prend, s'il a fait une grande fortune, de lui trouver un mérite qu'il n'a jamais eu, et aussi grand qu'il croit l'avoir.

L'ambition s'est toujours jouée de la vie des hommes. Le comble de la gloire et le plus beau de tous les arts a été de se tuer les uns les autres.

On voit en tous lieux le ciel et la terre qui remplissent les hommes d'admiration.

Ils ne se mettent guère en peine d'y ajouter les embellissemens de l'art, parce qu'ils y trouvent peu de beautés en comparaison de ces grands objets qui les occupent et qui leur suffisent.

S'il est vrai que l'on soit pauvre par toutes les choses que l'on désire, l'ambitieux et l'avare languissent dans une extrême pauvreté.

EXERCICE II.

Le son an.

Le Ciel permit qu'un saule se trouvât,
Dont le branchage, après Dieu, le sauva.

Dieu fait triompher l'innocence.
Chantons, célébrons sa puissance.

Il a vu contre nous les méchants s'assembler,
Et notre sang prêt à couler,

Comme l'eau sur la terre ils allaient le répandre.
Du haut du ciel sa voix s'est fait entendre

Quoi ! fille d'Abraham, une crainte mortelle sembl
déjà vous faire chanceler ?

Le bonheur des méchans comme un torrent s'écoule

Madame, pardonnez si j'ose le défendre;
Le zele de Joad n'a point du vous surprendre

Au bonheur des méchants qu'un autre porte envie

On ne prime point avec les grands, ils se defenden
par leur grandeur ; ni avec les petits, ils vous re
poussent par le qui-vive.

On s'accoutume difficilement à une vie qui se ssé
dans une antichambre, dans des cours, ou sur l'esca
lier.

On servit un repas champêtre sur les bords de l'île
et l'on entendit dans les bois voisins une voix douce
et flexible dont les accens enchanteurs ravirent d'ex
tase tous les convives.

C'est pour le coup qu'il faut se croire heureux, en
bêchant son jardin

En le livrant à la pitié des hommes, on a com
mencé par lui crever les yeux.

Il a fallu céder au peuple ; mais, en me rendant la
liberté, on m'a pri de la lumière.

EXERCICE III.

Le son in.

Attendez la disgrace avant que de vous plaindre;
Vous commencez vos maux en commençant à craindre.

Sur ce vaste sujet si j'allais tout tracer,
Tu verrais sous ma main des tômes s'amasser.

Dans le temple aussitôt le prélat, plein de gloire,
Va goûter les doux fruits de sa sainte victoire,
Et de leur vain projet les chanoines punis,
S'en retournent chez eux éperdus et bénis.
Des chantres désormais la brigade timide
S'écrie, et du palais regagne les chemins
Telle à l'aspect d'un loup, terreur des champs voisins,
Fuit d'agneau effrayé une troupe bêlante
Mêle plutôt ici tes soupirs à mes plaintes,
Et tremble en écoutant le sujet de mes craintes.

La colère à l'instant succédant à la crainte,
Ils rallument le feu de leur bougie éteinte.

Comment nommerai-je cette sorte de gens qui ne sont fins que pour les sots ?

DES VOYELLES.

EXERCICE IV.

Le son a.

Que le prélat surpris d'un changement si prompt,
Apprenne la vengeance aussitôt que l'affront

Le sénat avait approuvé les lois par un décret ; le peuple satisfait les confirma.

On rétablit le tribunat et le droit d'appel au peuple ; on abolit le décemvirat.

Une campagne de vingt ou trente jours épuisait les ressources du soldat.

Un tribun accusa Camille de s'être approprié une partie du butin.

Ses parens le destinaient à la profession d'avocat.

Souffrons patiemment les maux que nous ne pouvons empêcher.

Ce fait est arrivé récemment; la suite pourra devenir funeste.

Il parvint de bonne heure à l'épiscopat, et employa une partie de son patrimoine à soulager les pauvres.

Vous avez établi des principes, agissez donc conséquemment.

La Providence éclate aussi puissamment dans les petites choses que dans les grandes.

Un sage philosophe a dit éloquemment :
Dans tout ce que tu fais, hâte-toi lentement.

L'âme trouve en elle-même ce qui peut la faire vivre excellemment.

EXERCICE V.

Le son e.

Les jardiniers ont taillé les cerisiers qui étaient dans le jardin.

C'est principalement dans l'adversité que l'on reconnaît la véritable amitié.

Je ne sais, pour moi, de quelle maladie nous guérissent les médecins; mais je sais qu'ils nous en donnent de bien funestes: la lâcheté, la pusillanimité, la crédulité, la terreur de la mort.

Le tonnelier a descendu le vin à la cave.

L'armée française a fait trois mille prisonniers.

Il y a deux sortes de curiosité: l'une d'intérêt, qui nous porte à désirer d'apprendre ce qui nous peut être utile; et l'autre d'orgueil, qui vient du désir de savoir ce que les autres ignorent.

La félicité est dans le goût, et non pas dans les choses.

La pitié est un sentiment de nos propres maux.

Il y a des actions de piété qui paraissent méprisables aux yeux des hommes, et qui sont d'un grand prix devant Dieu

Le marronnier d'Inde produit un fruit amer.

Donne une assiétée de fraises à cette petite qui a si bien chanté.

EXERCICE VI.

Le son i.

Une pluie abondante inonda les champs; les abricotiers furent dépouillés de leurs fleurs.

La jalousie est le plus grand de tous les maux, et celui qui fait le moins de pitié aux personnes qui le causent.

La raillerie est plus difficile à supporter que les injures, parce qu'il est dans l'ordre de se fâcher des injures, et que c'est une espèce de ridiculité de se fâcher de la raillerie.

L'intention de ne jamais employer la supercherie nous expose à être souvent trompés.

Salomon renvoie le paresseux à la fourmi.

L'hypocrisie est un hommage que le vice rend à la vertu.

Le lièvre et la perdrix, concitoyens d'un champ, vivaient dans un état ce semble, assez tranquille.

Une souris tomba du bec d'un chat-huant.

Grâce au ciel, je passe les nuits sans chagrin, quoiqu'en solitude.

Nota. Pour les finales des primitifs, consultez les composés.

Tous les jours il avait l'œil au guet; et la nuit, si quelque chat faisait du bruit, le chat prenait l'argent.

Un petit grain de folie plaît dans la conversation.

Si nous ne nous flattions nous-mêmes, la flatterie des autres ne pourrait nous nuire.

EXERCICE VII.

Le son o.

Quand on ne trouve pas son repos en soi-même, il est inutile de le chercher ailleurs.

Sans doute qu'a la foire ils vont vendre sa peau
Parbleu! dit le meunier, est bien fou du cerveau
Qui prétend contenter tout le monde et son père

Un homme qui s'aimait, sans avoir de rivaux,
Passait dans son esprit pour le plus beau du monde
Il accusait toujours les miroirs d'être faux

Il n'y a point de sots si incommodes que ceux qui ont de l'esprit.

Les dévots de profession qui, sans une grande nécessité, ont commerce dans le monde, doivent être fort suspects.

La philosophie triomphe aisement des maux passés et des maux à venir; mais les maux présens triomphent d'elle.

EXERCICE VIII.

Le son u final.

Quand nous negligeons notre salut, ce n'est point la charité qui nous fait travailler à celui des autres.

C'est une louable adresse de faire recevoir doucement un refus par des paroles civiles, qui réparent le déficit du bien qu'on ne peut accorder.

Les corps ne sont figures, mobiles, etc., que parce qu'ils sont étendus : l'étendue est donc la propriété qui les distingue.

Et quelle ame, dis-moi, ne serait eperdue
Du coup dont ma raison vient d'être confondue!

C'était peu, dans l'antiquité, d'élever des statues aux héros ; on les mettait au nombre des dieux.

Les vertus ne sont le plus souvent que des vices déguisés.

Un beau-père aime son gendre, aime sa bru ; une belle mère aime son gendre, n'aime pas sa bru : tout est réciproque.

Après les avoir vaincus, il leur imposa un tribut.

Il n'avait plus pour moi cette ardeur assidue
Lorsqu'il passait les jours attachés sur ma vue

ORTHOGRAPHE DES CONSONNES.

EXERCICE IX.

C et D.

Soyez plutôt maçon, si c'est votre métier.

Les grands vivent presque toujours sans réflexion : cependant ils sont plus obligés que les autres de rentrer souvent en eux-mêmes.

Cet homme joignait une morale douce à un profond savoir.

Un acteur marchant sur le bout des pieds pour représenter le grand Agamemnon, on lui cria qu'il le faisait un homme grand, et non pas un grand homme.

Un homme galant peut n'être pas un galant homme.

Les peuples voisins paraissent être parfaitement d'accord.

<blockquote>
Le bonheur le plus grand, le plus digne d'envie,
Est celui d'être utile et cher à sa patrie.
</blockquote>

<blockquote>
On peut être à la fois et pompeux et plaisant,
Et je hais un sublime ennuyeux et pesant.
</blockquote>

EXERCICE X.

F.

Ce ne doit pas être un motif d'intérêt qui nous porte à faire le bien.

Cet objet néanmoins n'eut aucun pouvoir sur la dureté des juifs.

<blockquote>
Il suivait tout pensif le chemin de Mycène
</blockquote>

Son enfant paraît être extrêmement craintif

<blockquote>
Voici l'instant décisif arrivé
</blockquote>

Comment n'aurait-il pas réussi dans ses entreprises, ayant un caractère aussi actif !

Le souverain pontif s'avança avec gravité.

EXERCICE XI.

G et J.

<blockquote>
Venez, comblés de mes louanges,
Du besoin d'aimer Dieu desabuser les anges
</blockquote>

Il est aisé d'être généreux quand on est le plus fort,

Il m'a dit que ce théologien était le dernier des hommes; que si sa société avait a être fâchée, ce n'était pas de mon ouvrage.

Il n'y a rien de gêne, et tout y paraît libre et original.

Je me suis imaginé que je vous entretenais dans votre jardin.

Voila donc M. Despréaux justifié selon vous-même.

C'est donc a l'usage des mots que vous devez le pouvoir de considérer vos idees, chacune en elle-même.

J'ai peur que les lecteurs ne rougissent pour moi de me voir refuter de si étranges raisonnements.

Veillez a son passage, et dites-lui qu'un ami l'attend dans le lieu où il doit se rendre.

Nous répondîmes que chacun de nous était occupé aux durs travaux des champs ou des soins du menage.

Ah! dit Bélisaire a ces bonnes gens, me trouvez-vous encore à plaindre?

Les sept couleurs primitives sont : le rouge, le jaune, l'orange, le vert, le bleu, l'indigo, le violet.

EXERCICE XII.

Q et S.

Il n'y a que les petits esprits qui ne peuvent souffrir qu'on leur reproche leur ignorance.

Jouissez du present, mais n'en abusez pas.

La faveur met l'homme au-dessus de ses egaux, et sa chute au-dessous.

Le mal que nous faisons ne nous attire pas tant de persecutions et de haine que nos bonnes qualités.

L'on dit à la cour du bien de quelqu'un pour deux

raisons : la première, afin qu'il apprenne que nous disons du bien de lui; la seconde, afin qu'il en dise de nous.

Il est aussi dangereux a la cour de faire les avances, qu'il est embarrassant de ne les point faire.

Tout le monde se plaint de sa mémoire, et personne ne se plaint de son jugement.

La véritable éloquence est celle du bon sens, simple et naturelle.

Il est impossible de peindre les accueils flatteurs qu'on lui fit lorsqu'il entra dans ses états.

EXERCICE XIII.

Finales en anse.

Nous croyons souvent avoir de la constance dans les malheurs, lorsque nous n'avons que de l'abattement

Cette clémence dont on fait une vertu, se pratique tantôt par vanité, quelquefois par paresse, souvent par crainte, et presque toujours par toutes les trois ensemble.

Tibère faisait vanité de la patience avec laquelle il supportait certaines libertés qu'on prenait à son égard.

Il y a une inconstance qui vient de la légèreté, de l'esprit ou de la faiblesse.

L'espérance entretient la reconnaissance.

On ne peut se résoudre a croire ce qui fait violence a la nature.

EXERCICE XIV.

Finales en eure *ou* eur.

Le bonheur ou le malheur vont d'ordinaire a ceux qui ont le plus de l'un ou de l'autre.

L'honneur acquis est caution de celui qu'on doit acquérir.

Le caprice de notre humeur est encore plus bizarre que celui de la fortune.

Presque tous les malheurs de la vie viennent des fausses idées que l'on se forme sur tout ce qui se passe.

Toutes les passions ne sont autre chose que les divers degrés de la chaleur et de la froidure du sang...

La trop grande faveur auprès des rois n'est pas sure.

L'incrédulité de l'esprit vient presque toujours de la corruption du cœur.

EXERCICE XV.

Finales en ir *ou en* ire.

L'homme croit souvent se conduire, lorsqu'il est conduit.

Il y a bien des personnes qui aiment les livres comme des meubles, plus pour parer et embellir leurs maisons, que pour orner et enrichir leur esprit.

Cette supputation, loin d'obscurcir l'histoire des rois de Perse, contribue à l'éclaircir.

La necessité de mourir faisait toute la constance des philosophes.

On aime mieux dire du mal de soi-même que de n'en pas parler du tout.

On ne ferait pas tant de cas de la reputation, si on faisait reflexion sur l'injustice des hommes a l'etablir ou a la détruire.

EXERCICE XVI.

Finales en oir *ou* oire.

La gloire des grands hommes se doit toujours mesurer aux moyens dont ils se sont servis pour l'acquérir.

On nous depeint Mucien comme s'abandonnant aux plaisirs quand il en avait le loisir, et, quand il était necessaire, faisant très-bien son devoir.

Mais, parle, raisonnons: quand du matin au soir,
Chez moi, poussant la bêche, ou portant l'arrosoir.

Ainsi que ce cousin des quatre fils Aimon,
Dont tu lis quelquefois la merveilleuse histoire,
Je rumine, en marchant, quelqu'endroit du grimoire

On ne tient plus a son devoir des qu'on ne tient plus à la vérité qui est la base de tous les devoirs.

L'ambitieux ne jouit pas même de sa gloire, il la trouve trop obscure.

Dans le temple aussitôt le prelat plein de gloire,
Va gouter le doux fruit de sa sainte victoire.

Chacun peint avec art dans ce nouveau miroir,
S'y vit avec plaisir ou crut ne s'y point voir.

Vous connaissez les soins qu'il me rend chaque soir,
Quel est ce grand secours qu'il nous fait entrevoir?

EXERCICE XVII.

Finales en our *ou* oure.

L'Amour de Dieu n'exclut pas la crainte de ses jugemens.

La cour est comme un édifice bâti de marbre ; je veux dire qu'elle est composée d'hommes fort durs, mais fort polis.

Les erreurs ont quelquefois un aussi long cours dans le monde que les opinions les plus véritables.

Le magistrat, des lois emprunta le secours,
Mais attendant qu'ici le bon sens de retour,
Ramene triomphans ses ouvrages au jour,
La Comédie apprit à rire sans aigreur.

EXERCICE XVIII.

Finales en once.

On a fait au spectacle l'annonce d'une pièce nouvelle.

On vit arriver le nonce du pape, et chacun se questionnait pour s'informer du sujet de son voyage.

La livre se divise en seize onces.

Il croît dans ce jardin moins de fleurs que de ronces.

Ecoutez les paroles que prononce l'oracle.

Le monarque renonce aux droits que lui assurait les circonstances.

Prononce mon arrêt, tu seras obéi.

Il rendra réponse à celui qui lui fut envoyé.

EXERCICE XIX.

Finales en assion, ession, ission, ossion, ussion.

Il y a peu de choses impossibles d'elles-mêmes, et l'application pour les faire réussir nous manque plus que les moyens.

L'intrépidité doit soutenir le cœur dans les conjurations.

La justice, dans les juges qui sont modérés, n'est que l'amour de leur elevation.

L'affectation est aussi insupportable aux autres, qu'elle est pénible a celui qui s'en sert.

Moins on cherche la réputation, plus on en acquiert.

La modération ne peut avoir le mérite de combattre l'ambition et de la soumettre; elles ne se trouvent jamais ensemble.

Un petit grain de folie plaît dans la conversation.

Toute dévotion est fausse, qui n'est point fondée sur l'humilité chrétienne et la charité envers le prochain.

Il y a une révolution generale qui chent le goût des esprits aussi bien que les fortunes du monde.

Il est tres-rare que la raison guérisse les passions; une passion se guérit par une autre.

La superstition semble n'être autre chose qu'une crainte mal réglée de la divinité.

Qui dit le peuple, dit plus d'une chose : c'est une vaste expression ; et l'on s'etonnerait de voir ce qu'elle embrasse, et jusqu'où elle s'etend.

La condition de comédiens était infame chez les Romains, et honorable chez les Grecs.

EXERCICE XX.

(Page 20.)

L.

Notre orgueil s'augmente souvent de ce que nous retranchons de nos autres défauts.

Là il tient le fauteuil chez Aricie, où il risque chaque soir cinq pistoles d'or.

Le soleil sans nuage en ce charmant lointain,
Ne m'a jamais semblé si beau que ce matin.

Il y a dans les cours des apparitions de gens aventuriers et hardis, d'un caractère libre et familier, qui se produisent eux-mêmes.

Cieux, écoutez ma voix ! Terre, prête l'oreille !

Oh ! que si quelque bruit par un heureux réveil,
T'annonçait du lutrin le funeste appareil
Quel chagrin, lui dit-il, trouble votre sommeil,
Quoi, voulez-vous au chœur prévenir le soleil ?
La plaintive élégie, en longs habits de deuil,
Sait les cheveux épars, gémir sous un cerceuil

EXERCICE XXI.

(Page 8.)

Adjectifs terminés en eu.

Nous nous tourmentons moins pour devenir heureux, que pour faire croire que nous le sommes.

Le plus heureux temps de l'homme ambitieux, est celui où il réussit à son gré.

Il est naturel aux hommes d'être curieux.

Il est aussi honnête d'être glorieux avec soi-même, qu'il est ridicule de l'être avec les autres.

Peu de gens savent être vieux.

Le peuple souvent a le plaisir de la tragédie, il voit périr sur le théâtre du monde les personnages les plus odieux, qui ont fait le plus de mal, dans diverses scènes, et qu'il a le plus haïs.

RÉDUPLICATION DES CONSONNES.

(Page 18.)

EXERCICE XXII.

C'est une louable adresse de faire recevoir doucement un refus par des paroles civiles, qui préparent le defaut du bien qu'on ne peut accorder.

Notre repentir n'est pas tant un regret du mal que nous avons fait, qu'une crainte de celui qui peut nous en arriver.

Quand on ne trouve pas son repos en soi-même, il est inutile de le chercher ailleurs.

On est d'ordinaire plus médisant par vanité que par malice.

Tout le monde se plaint de sa mémoire, et personne ne se plaint de son jugement.

EXERCICE XXIII.

(Page 19.)

B.

Le désir de paraître habiles empêche souvent de le devenir.

Les habitudes de la vieillesse ne sont pas de moindres obstacles pour le salut que les passions de la jeunesse.

Les morts après huit ans sortent-ils du tombeau?

Les chasseurs ont tué beaucoup de gibier.

Les jeunes gens ne sauraient trop éviter la compagnie des débauchés.

Les juifs célèbrent religieusement le jour du sabbat, et ont un grand respect pour leurs docteurs, qu'ils appellent Rabin.

EXERCICE XXIV.

(Page 19.)

C.

Le roi a favorablement accueilli sa demande.

Tout le monde s'accorde à dire que ce jeune acteur laisse entrevoir les plus heureuses dispositions.

L'abbaye qu'il desirait lui a été accordée.

Il faut, dit-on, saisir l'occasion aux cheveux.

S'occuper, c'est savoir jouir; l'oisiveté pèse et tourmente.

On s'accoutume à la laideur.

Les occasions nous font connaître aux autres et encore plus à nous-mêmes.

Toujours de nos malheurs nous accusons le sort.

EXERCICE XXV.

(Page 19.)

D.

Adonnez-vous sérieusement à l'étude.

On nous annonce comme certain la reddition de

cette place. Les Français ne tarderont pas à se rendre maîtres de la citadelle.

On nous a présenté la liste des candidats, à laquelle on a fait une addition considerable.

S'il y a des hommes dont le ridicule n'a jamais paru, c'est qu'on ne l'a jamais bien cherché.

Quand je choisis un avocat, je cherche le plus habile; quand j'ai besoin d'un medecin, je fais venir le plus expérimenté; et quand je souhaite de faire un ami, je jette les yeux sur celui qui me paraît le plus desinteressé.

La grâce qu'il a demandée lui a été accordée.

EXERCICE XXVI.
(Pages 19 et 20.)
F et G.

On a souvent plus d'envie de passer pour officieux, que de réussir dans les offices; et souvent on aime mieux pouvoir dire à ses amis qu'on a bien fait pour eux, que de bien faire en effet.

L'affectation est aussi insupportable aux autres qu'elle est pénible a celui qui s'en sert.

Les veritables mortifications sont celles qui ne sont pas connues. La vanité rend les autres faciles à souffrir. Chaque homme n'est pas plus différent des autres hommes, qu'il l'est souvent de lui-même.

Les hommes et les affaires ont leur point de perspective.

Pour railler sans offenser personne, il faut beaucoup d'esprit et de politesse.

Le suffisant est celui en qui la pratique de certains details, que l'on honore du nom d'affaires, se trouve jointe a une très-grande mediocrité d'esprit.

J'ai employé tous les moyens que mon imagination m'a suggérés.

En voulant se justifier, il a aggravé son crime.

Vous devez employer toute votre intelligence pour agrandir votre domaine.

Nous devons préférer l'utile à l'agréable.

Nous sommes toujours enclins a blâmer l'agresseur.

EXERCICE XXVII.

L.

Voyez l'article de la *Reduplication des consonnes.*

(Page 20.)

Evitez de lui rappeler des faits qui renouvelleraient ses chagrins.

Les Français affrontent les plus grands dangers quand la gloire les appelle.

En vain il appellera les troupes à son secours.

Heureuse mille fois, si ma douleur mortelle,
Dans la nuit du tombeau m'eût plongé avec elle!

Et la laine et la soie, en cent façons nouvelles,
Apprirent à quitter leurs couleurs naturelles.

L'usage des pendules s'est beaucoup multiplié depuis quelques années.

Il a été fait des recherches scrupuleuses dans ses papiers, il est résulté que les preuves des dilapidations qu'on lui reprochait, se sont trouvées nulles.

Un cri douloureux a frappé nos oreilles.

La douleur du corps est le seul mal de la vie que la raison ne peut guérir ni affaiblir.

Ah! que sous de beaux noms cette gloire est cruelle!
Combien mes tristes yeux la trouveraient plus belle!

. . Votre rivale en pleurs,
Vient à vos pieds sans doute apporter ses douleurs

L'humilité n'est souvent qu'une feinte soumission dont on se sert pour soumettre les autres : c'est un artifice de l'orgueil qui s'abaisse pour s'élever, et, bien qu'il se transforme en mille manières, il n'est jamais mieux déguisé et plus capable de tromper que lorsqu'il se cache sous le nom de l'humilité.

Le bonheur des méchans comme un torrent s'écoule.

S'il y a des hommes dont le ridicule n'a jamais paru, c'est qu'on ne l'a pas bien cherché.

EXERCICE XXVIII.

M.

Voyez l'article de la *Réduplication des consonnes*.

(Page 21.)

Souffrons patiemment les maux que nous ne pouvons empêcher.

Un sage philosophe a dit éloquemment :
Dans tout ce que tu fais, hâte-toi lentement.

Quelques crimes toujours précèdent les grands crimes.
Quiconque a pu franchir les bornes légitimes,
Peut violer enfin les droits les plus sacrés.
Ainsi que la vertu le crime a ses degrés ;
Et jamais on n'a vu la timide innocence,
Passer subitement à l'extrême licence.

Ami, peux-tu penser que d'un zèle frivole
Je me laisse aveugler pour une vaine idole ?

Il ne faut pas regarder quel bien nous fait un ami, mais seulement le désir qu'il a de nous en faire.

EXERCICE XXIX.

N.

Voyez la *Reduplication des consonnes* (page 22.)

La cause de presque tous les faux raisonnemens est que l'on n'envisage qu'une partie de la question ; pour raisonner juste, il faut la concevoir dans toute son étendue.

Voyons-la, puisqu'ainsi mon devoir me l'ordonne,

Qu'entends-je? Quels conseils ose-t-on me donner ?
Ainsi donc jusqu'au bout tu veux m'empoisonner !

La fortune ne paraît jamais si aveugle qu'à ceux a qui elle ne fait pas de bien.

Le ciel même peut-il réparer les ruines
De cet arbre séché jusque dans ses racines ?

EXERCICE XXX.

(Page 22.)

P.

Toi, superbe Orbassan, c'est toi que je défie ;
Viens mourir de mes mains, ou m'arracher la vie.

Monsieur Lebon, vous êtes un fripon.

Quoi ! monsieur, j'étais votre dupe ? Non, madame ; mais je n'étais pas la vôtre.

Je vous supplie de faire là-dessus de sérieuses réflexions.

Supposé que Dieu ait fait la même grâce à l'auteur de Clélie.

J'ai vivement regretté que l'on ait supprimé ces vers.

EXERCICE XXXI.

(Page 23.)

R et S.

Que dis-je? il n'est point mort, puisqu'il respire en vous.
Le voici Vers mon cœur tout mon sang se retire,
J'oublie, en le voyant, ce que je viens lui dire.
Cependant un bruit sourd veut que le roi respire

L'onde approche, se brise, et vomit à nos yeux,
Parmi des flots d'écume un monstre furieux.

Et peut-il, dira-t-elle, en effet l'exiger?
Elle a son directeur; c'est à lui d'en juger

Il lui fait dans le flanc une large blessure.

Le monde, de qui l'âge avance les ruines,
Ne peut plus enfanter de ces âmes divines.

Votre âme à ce penser de colère murmure,
Allez donc de ce pas en prévenir l'injure

Laissez à des chantres vulgaires,
Le soin d'aller sitôt mériter leur salaire

Assez de gens méprisent le bien, mais peu savent le donner.

La force et la faiblesse de l'esprit sont mal nommées.

La galanterie de l'esprit est de dire des choses flatteuses d'une manière agréable.

Les défauts de l'esprit augmentent en vieillissant, comme ceux du visage.

La jalousie est le plus grand de tous les maux, et celui qui fait le moins de pitié aux personnes qui le causent,

EXERCICE XXXII.

(Page 23.)

T.

Quelque disposition qu'ait le monde à mal juger, il fait encore plus souvent grâce au faux mérite, qu'il ne fait injustice au véritable.

Pouvez-vous souhaiter qu'Andromaque vous aime?

Eh bien! c'est donc en roi qu'il faut que je vous traite.
Je ne laisserai point ma victoire imparfaite.
Vous-même rougiriez de ma lâche conduite;
Vous verriez, à regret, marcher à votre suite
Un indigne empereur, sans empire et sans cour.

Des coursiers attentifs le crin s'est hérissé.

Nos maux nous apprennent à avoir pitié de ceux des autres.

Mais, ô d'un déjeûner, vaine et frivole attente!

Je saurai t'épargner une chute si vaine.

Pourquoi ne jetterait-il pas dans le fleuve ces papiers, preuve manifeste de son crime?

Phaéton attela au char du Soleil ses coursiers fougueux.

EXERCICE XXXIII.

(Page 34.)

Leur.

Mais en leur montrant les choses essentielles et nécessaires, on ne néglige pas de leur apprendre celles qui peuvent servir à leur polir l'esprit et à leur former le jugement. On a imaginé pour cela plusieurs moyens qui, sans les detourner de leur travail et de leurs exercices ordinaires, les instruisent en les divertissant. On leur met, pour ainsi dire, à profit leurs heures de récréation ; on leur fait faire entre elles, sur leurs principaux devoirs, des conversations ingenieuses qu'on leur a composees, ou qu'elles-mêmes composent sur-le champ ; on leur fait réciter par cœur, et declamer les plus beaux endroits des poetes, etc., et cela leur sert surtout à les defaire de quantite de mauvaises prononciations qu'elles pourraient avoir apportees de leurs provinces.

EXERCICE XXXIV.

(Page 53.)

Ses ou *ces*, *ce* ou *se*,

Je hais ces panégyristes perpétuels qui ont toujours l'encensoir à la main.

Le fleuve roulait ses eaux avec violence.

De quel air penses-tu que ta sainte verra
D'un spectacle enchanteur la pompe harmonieuse ?
Ces danses, ces héros à voix luxurieuse,
Entendre ces discours sur l'amour seul roulant,
Ces doucereux Renauds, ces insensés Rolands ?

Ces jeunes gens ont toujours montré beaucoup de goût pour l'étude.

Que sont devenus ces fameux conquérans que l'homme aveugle mettait au nombre de ses dieux ?

Lisez Démosthène et Cicéron, ce sont les deux plus grands orateurs de l'antiquité.

La crainte et la honte accompagnent toujours le mal; ce sont les vraies marques qui le font connaître.

Chacun se dit ami, mais fou qui s'y repose.

Ce livre ne m'a pas coûté trop cher.
Les malades se flattent toujours.

Ce miracle inouï me fit tourner les yeux
Vers la divinité qu'on adore en ces lieux.

EXERCICE XXXV.

(Page 37.)

Adjectifs de nombre.

CE grand empire a le grand Mogol pour souverain. Ses revenus montent tous les ans à deux cent cinquante millions d'écus, outre le trésor que ses prédécesseurs lui ont laissé, et que l'on fait monter à sept cent cinquante millions, tant en espèces qu'en pierreries. De l'autre côté, ses dépenses sont très-grandes. Il entretient constamment trois cent mille hommes de cavalerie, outre une armée innombrable d'infanterie. Il paraît, par une liste de son campement contre les Persans, en seize cent cinquante-huit, que le Mogol avait alors deux cent seize mille hommes de cavalerie.

Le roi Louis XII, surnommé le Père-du-Peuple, mourut en quinze cent quinze.

Les îles Açores furent découvertes par les Portugais en quatorze cent trente-quatre.

Louis IX s'embarqua à Aigues-Mortes en douze cent quarante-huit, prit Damiette en douze cent quarante-neuf, fut fait prisonnier en douze cent cinquante, et mourut en douze cent soixante-dix.

Les Alpes forment un plateau considérable, situé entre la Suisse, la France et l'Italie ; le principal pic est le Mont-Blanc, haut de quatre mille sept cent soixante-dix mètres ou environ quinze mille pieds. C'est la plus haute montagne de l'Europe.

Les Pyrénées sont situées entre la France et l'Espagne ; le pic le plus elevé est le Mont-Perdu, il est haut de trois mille quatre cent mètres.

Les monts Himâlaya, en Asie, sont les plus hautes montagnes du globe, elles ont sept mille huit cents metres ou vingt-quatre mille pieds environ de hauteur.

Le Chimboraço, la plus haute montagne de l'Amérique, a plus de six mille cinq cents mètres, ou vingt mille pieds environ.

On évalue la population du globe à sept cent millions d'individus, dont cent soixante-dix millions pour l'Europe ; quatre cent millions pour l'Asie ; soixante-dix millions pour l'Afrique ; quarante millions pour l'Amérique ; vingt millions pour les îles du Grand-Océan.

Le diametre du soleil équivaut à trois cent dixneuf mille lieues. Cet astre est environ un million trois cent trente mille fois plus gros que la terre. Il est éloigné de nous de plus de douze mille fois la longueur du diamètre de la terre, ou de trente-quatre millions de lieues, sa lumière nous arrive en huit minutes treize secondes.

EXERCICE XXXVI.

(Page 34.)

Quelque.

Quelque rigoureusement démontrées que vous paraissent vos assertions, nous ne pouvons les approuver.

Quelque savantes que soient vos sœurs, elles ont été surpassées par des demoiselles plus jeunes qu'elles.

Vos ressources, quelles qu'elles puissent être, ne sont point inépuisables.

Quelque juste que soit votre cause, votre adversaire trouvera le moyen de l'emporter auprès des juges.

Ce n'est point au nom des hommes et par un manque de respect envers leurs croyances, quelque chères et sacrées qu'elles leur puissent être, qu'on peut venir de la sorte réclamer du sang.

Quelque puissante que soit pour moi l'autorité d'un esprit aussi élevé, j'ai quelque peine à adopter cette opinion.

Quelque bonnes que soient vos raisons je crains qu'on ne les écoute pas.

Ce membre du premier corps littéraire de France, pourrait-il, quelles que fussent d'ailleurs sa docilité et son amour pour la paix et le silence, pousser la résignation au point d'acquiescer à une sentence qui le condamne à la prison.

Quels que soient les sujets que l'on traite, et quelle que soit la forme du style que l'on emploie, on ne doit jamais oublier que le principe et le fondement de l'art d'écrire est le bon sens.

Quelque brillans que soient les dons de la fortune, la vertu les efface, elle seule a du prix.

EXERCICE XXXVII.

(Page 35.)

Tout.

Votre sœur fut tout étonnée de me voir. Vos amis furent tout interdits de la réponse qu'on leur fit.

Ce chien a les oreilles tout arrachees.

Cet enfant est tombé ; il a les mains tout ecorchees.

J'ai trouvé vos cousins tout tristes et tout abattus.

Les plus grands philosophes, tout éclairés qu'ils sont, ignorent les veritables causes de bien des effets naturels.

La vertu, tout austere qu'elle est, fait goûter de veritables plaisirs.

Cette maison me convient, toute petite qu'elle est.

Loin d'ici ces maximes de la flatterie, que les rois naissent habiles, et que leurs âmes privilegiees soient des mains de Dieu toutes sages et toutes savantes.

Quelque jolies que soient ses campagnes, je ne peux m'y plaire.

EXERCICE XXXVIII.

(Page 36.)

Demi, demie, nu, nue, excepte, supposé, vu, attendu, passe.

Saint-Louis porta la couronne d'épines, nu-pieds et nu-tête.

Le roi accorda à cet homme celèbre une audience d'une demi-heure.

La bataille a duré une heure et demie; douze cents combattants restèrent sur la place.

On vit ses soldats combattre pieds nus.

Feu madame votre mère m'a recommandé votre éducation.

Est-ce ainsi que ce prince se comportait du temps de la feue reine.

Excepté l'heure que je vous ai donnée, vous ne me trouverez jamais chez moi.

Tous ces fugitifs, excepté quelques sénateurs qui s'échappèrent à la faveur des ténèbres, signèrent la capitulation, et demandèrent grâce à genoux.

Attendu les ordres que j'ai reçus de votre père, je vous défends d'aller à la campagne.

Les heures passées dans ces frivoles amusements, sont autant de perdu.

Passe l'heure du dîner, il est toujours au café.

EXERCICE XXXIX.

(Page 37.)

Même.

Les mêmes marchandises qui n'avaient pu se vendre l'année précédente, ont été hors de prix cette année.

Les magistrats doivent rendre la justice à tout le monde, même à leurs ennemis.

Il y a une étude de la nature qui ne demande presque que des yeux, et qui, par cette raison, est à la portée de toutes sortes de personnes, et même des enfans.

Quelle agréable variété nous présente cette prairie! Partout ce sont des fleurs, mais ce ne sont pas les mêmes.

Non-seulement les astres, les animaux, mais les plantes même attestent l'existence d'un Dieu créateur.

EXERCICE XL.

(Page 14.)

Remarque sur la finale de la 3me personne des verbes de la 4me conjugaison.

Sophie coud très-bien.
Cet artiste joint la modestie au talent.
Il prend le parti de voyager.
Votre mère se plaint de votre conduite ; c'est en vain qu'elle feint de ne pas s'en apercevoir, elle rend de vous un témoignage bien peu satisfaisant.
Il craint de s'opposer à sa juste demande.
Cet artiste peint le portrait avec le plus heureux succès.
Dorval se contraint toujours en votre présence.
L'imprudence se plaint toujours et rejette ses fautes sur la fortune.
Il coud la peau du renard à celle du lion.

RÉCAPITULATION.

Avant le temps du deluge, la nourriture que les hommes prenaient, sans violence, dans les fruits qui tombaient d'eux-mêmes, et dans les herbes qui aussi bien sechaient si vite, était sans doute quelque reste de la première innocence, et de la douceur a laquelle nous étions formés. Maintenant, pour nous nourrir, il faut repandre du sang, malgre l'horreur qu'il nous cause naturellement; et tous les raffinements dont nous nous servons pour couvrir nos tables, suffisent à peine à nous deguiser les cadavres qu'il nous faut manger pour nous assouvir.

Ce fut après le deluge que parurent ces ravageurs de provinces, que l'on a nommés conquerants, qui, poussés par la seule gloire du commandement, ont exterminé tant d'innocents. Nemrod, maudit rejeton de Cham, maudit par son père, commença à faire la guerre, seulement pour s'etablir un empire. Depuis ce temps, l'ambition s'est joué sans aucunes bornes de la vie des hommes : ils en sont venus a ce point de s'entretuer sans se hair. Le comble de la gloire, et le plus beau de tous les arts, a été de se tuer les uns les autres.

Quels que soient ces motifs, on doit regretter que l'auteur les ait jugés assez graves pour amener une rupture

Les brouillards sont un amas de vapeurs que le froid qui les condense empêche de s'élever beaucoup au-dessus de la terre, en sorte qu'ils la mouillent. Ils naissent surtout des rivières et des marais, et se dissipent à la première impression du soleil.

La rosée est un mélange de vapeurs que la chaleur du jour n'a point élevé bien haut et qui, condensées par la fraîcheur, se réunissent et tombent au lever du soleil. En hiver, elles produisent ce qu'on appelle la gelée blanche, parce qu'elles se glacent par la froideur de l'air.

Quelque belles que soient vos victoires, je n'en saurais être content, puisqu'elles vous rendent d'autant plus nécessaire au pays où vous êtes, et qu'en avançant vos conquêtes, elles reculent votre retour.

Pendant que tous les sujets de Denys-le-Tyran faisaient des imprécations contre lui, il apprit avec surprise qu'une femme de Syracuse, extrêmement âgée, demandait, tous les matins, aux dieux, de ne pas survivre à ce prince. Il la fit venir, et voulut savoir la raison d'un si tendre intérêt. « Je vais vous le dire, répondit-elle : Dans mon enfance (il y a bien long-temps de cela), j'entendais tout le monde se plaindre de celui qui nous gouvernait, et je désirais sa mort avec tout le monde. Il fut massacré. Il en vint un autre, qui, s'étant rendu maître de la citadelle, fit regretter le premier. Nous conjurions les dieux de nous en délivrer : ils nous exaucèrent. Vous parûtes, et vous nous avez fait plus de mal que les deux autres. Comme je pense que le quatrième serait encore plus cruel que vous, j'adresse tous les jours des vœux au ciel pour votre conservation. »

Ceux qui savent estimer les choses à leur juste prix, ne trouvent point de lieux laids ; car on voit en tous lieux le ciel et la terre, qui sont des spectacles capables de les remplir d'admiration. Ils ne se mettent guère en peine d'y ajouter des embellissements de l'art, parce qu'ils y trouvent peu de beautés en comparaison de ces grands objets qui les occupent et qui leurs suffisent.

Quelque difficile que soit cet ouvrage, je l'entreprendrai pour vous plaire.

Dioclétien gouverna avec vigueur, mais avec une insupportable vanité. Pour résister à tant d'ennemis qui s'élevaient de tous côtés, au-dedans et au-dehors, il nomma Maximien empereur avec lui, et sut néanmoins se conserver l'autorité principale.

César gagne la bataille Actiaque. Les forces de l'Egypte et de l'Orient, qu'Antoine menait avec lui, sont dissipées : tous ses amis l'abandonnent, et même sa Cléopâtre, pour laquelle il s'était perdu. Hérode Iduméen, qui lui devait tout, est contraint de se donner au vainqueur, et se maintient par ce moyen la possession du royaume de Judée, que la faiblesse du vieux Hircan avait fait perdre entièrement aux Asmonéens. Tout cède à la fortune de César : Alexandrie lui ouvre ses portes; l'Égypte devient une province romaine. Cléopâtre, désespérée de ne la pouvoir conserver, se tue après Antoine. Rome tend les bras à César qui demeure, sous le nom d'Auguste et sous le titre d'empereur, seul maître de tout l'empire. Il dompte, vers les Pyrénées, les Cantabres et les Asturiens révoltés : l'Éthiopie lui demande la paix; les Parthes épouvantés lui renvoient les étendards pris sur Crassus avec tous les prisonniers romains. Les Indes recherchent son alliance ; ses armes se font sentir aux Rhètes ou Grisons, que leurs montagnes ne peuvent défendre; la Pannonie le reconnaît; la Germanie le redoute, et le Weser reçoit ses lois. Victorieux par terre et par mer, il ferme le temple de Janus.

C'est par ces renouvellements de violence que les

historiens ecclésiastiques comptent dix persécutions sous dix empereurs. Dans de si longues souffrances, les chrétiens ne firent jamais la moindre sédition.

Lorsqu'on a bien mûrement considéré une affaire, quelle qu'en soit l'issue, on n'a au moins rien à se reprocher.

Dans une des îles de la mer Egée, au milieu de quelques peupliers antiques, on avait autrefois consacré un autel à l'amitié; il fumait jour et nuit d'un encens pur et agréable à la déesse. Mais bientôt, entourée d'adorateurs mercenaires, elle ne vit dans leurs cœurs que des liaisons intéressées et mal assorties. Un jour, elle dit à un favori de Crésus : Porte ailleurs tes offrandes : ce n'est pas à moi qu'elles s'adressent, c'est à la fortune. Elle répondit à un Athénien qui faisait des vœux pour Solon, dont il se disait l'ami : En te liant avec un homme sage, tu veux partager sa gloire, et faire oublier tes vices. Elle dit à deux femmes de Samos, qui s'embrassaient étroitement au pied de l'autel : Le goût des plaisirs vous unit en apparence, mais vos cœurs sont déchirés par la jalousie, et le seront bientôt par la haine. Enfin, deux Syracusains, Damon et Phintias, tous deux élevés dans les principes de Pythagore, vinrent se prosterner devant la déesse : Je reçois votre hommage, leur dit-elle; je fais plus, j'abandonne un asile trop long-temps souillé par des sacrifices qui m'outragent, et je n'en veux plus d'autres que vos cœurs : allez montrer au tyran de Syracuse, à l'univers, à la postérité, ce que peut l'amitié dans des amis que j'ai revêtus de ma puissance. A leur retour, Denys, sur un simple soupçon, condamna Phintias à la mort ; celui-ci demanda qu'il lui fût permis d'aller régler des affaires importantes qui l'appelaient dans une ville voisine ; il promit de se présenter au jour marqué, et partit après que Damon eut garanti cette promesse au péril de sa propre vie. Cependant les affaires de Phintias traînent en longueur ; le jour destiné à son trépas arrive : le peuple s'assemble ; on blâme, on plaint Damon qui marche tranquillement à la mort, trop certain que son ami allait revenir, trop heureux s'il ne revenait pas. Déjà le moment fatal approchait, lorsque mille cris tumultueux annoncent l'arrivée de Phintias : il court, il vole au milieu du supplice, il voit le glaive suspendu sur la tête de son ami ; et, au milieu des embrassements et des pleurs, ils se disputent le bonheur de mourir l'un pour l'autre. Les spectateurs fondent en larmes ; le tyran lui-même se précipite du trône, et leur demande instamment de partager une si belle amitié. (*Voyages du jeune Anacharsis.*)

Nous nous sommes donc décidés à publier cette esquisse chronologique, quelqu'imparfaite qu'elle soit, nous croyons qu'elle suffira pour faire prendre une idée assez complète de la révolution.

Quelle que soit votre occupation, peu importe, l'essentiel c'est que vous obviiez à l'oisivité et au danger des rêveries.

Etymologie du mot Ephémère.

C'est le nom d'un insecte qui naît, se reproduit, et meurt dans l'espace d'une seule nuit. Les naturalistes l'observent dans les nuits du mois d'août, principalement sur les rivages de la Marne, de la Seine et du Rhin. La vie de cet insecte ne passe pas quatre ou cinq heures ; il meurt sur les onze heures du soir, après avoir pris la figure d'un papillon, environ à six heures après midi. Il est vrai cependant qu'avant de prendre cette figure, il a vécu trois ans sous celle d'un ver qui se tient toujours au bord de l'eau, dans les trous qu'il s'y est creusé dans la vase.

Le changement de ce ver qui est dans l'eau, en éphémère qui vole, est si subit, qu'on n'a pas le temps de le remarquer. Si on prend le ver dans l'eau, on ne saurait desserrer la main si promptement que le changement ne soit fait, à moins que de presser un peu le ver à l'endroit de la poitrine; par ce moyen on peut le tirer de l'eau avant qu'il soit changé.

L'éphémère, après être sorti de l'eau, cherche un lieu où il puisse se mettre, et se dépouiller d'une fine membrane ou voile, qui le couvre tout entier : ce second changement se passe dans l'air. L'éphémère s'arrête avec la pointe de ses petits ongles, le plus ferme qu'il peut : il lui prend un mouvement semblable à celui du hisson ; aussitôt la peau qu'il a sur le milieu du dos se déchire, les ailes se défont de leur étui, comme nous tirons quelquefois nos gants en les renversant. Après ce dépouillement, l'éphémère se met à voler en tout sens ; il se tient quelquefois sur l'eau, sur sa queue, en frappant ses ailes les unes contre les autres.

L'éphémère ne prend aucune nourriture dans les cinq ou six heures qui bornent le cours de sa vie; il semble qu'il n'ait été fait que pour se multiplier, car il ne quitte sa figure de ver que lorsqu'il est en état de faire ses œufs, et il meurt aussitôt qu'il les a faits.

En trois jours de temps, on voit paraître et mourir toute l'espèce des éphémères : ils durent quelquefois jusqu'au cinquième jour, par la raison de quelque maladie qui est arrivée à quelques-uns de l'espèce, et qui les a empêchés de se changer en même temps que les autres. (*Tiré des Ephemerides.*)

L'humanité envers les peuples est donc le premier

devoirs des grands, et l'humanité renferme l'affabilité, la protection et les largesses.

Dans toutes les entreprises, de quelque nature qu'elles soient, ton premier soin est d'examiner en conscience si ce que tu te proposes de faire est juste sous tous les rapports ; si la conscience ne répond pas a cette question sans hésiter, et de la manière la plus affirmative, alors prends bien garde de faire les moindres démarches, quelles que puissent être les suites de ton inaction : car il vaut cent fois mieux ne rien faire que d'entreprendre quelque chose contre la conscience, ou même dans le doute de la conscience.

Personne n'ose convenir franchement des richesses de son siecle. Nous sommes comme les avares, qui disent toujours que le temps est dur.

Toutes les nations adoucissent a la longue la prononciation des mots qui sont le plus en usage : c'est ce que les Grecs appelaient Euphonie. On prononçait la diphtongue *oi* rudement, au commencement du seizième siecle : la cour de François 1er adoucit la langue comme les esprits ; de la vient qu'on ne dit plus *François* par un *o*, mais *Français* ; qu'on dit : *Il aimait, il croyait*, et non pas, *il aimoit, il croyoit*.

On commença, au douzième siecle, a introduire dans la langue quelques termes de la philosophie d'Aristote, et, vers le seizième, on exprima par des termes grecs toutes les parties du corps humain, leurs maladies, leurs remèdes. Quoique la langue s'enrichît alors du grec, et que depuis Charles VIII elle tirât beaucoup de secours de l'italien déja perfectionné, cependant elle n'avait pas pris une consistance régulière : François 1er abolit l'ancien usage de plaider, de juger, de contracter en latin, usage qui attestait la barbarie d'une langue dont on n'osait se servir dans les actes publics, usage pernicieux aux citoyens, dont le sort était réglé dans une langue qu'ils n'entendaient pas. On fut alors obligé de cultiver le français; mais la langue n'était ni noble, ni régulière. La syntaxe était abandonnée au caprice. Le génie de la conversation étant tourné à la plaisanterie, la langue devint très-féconde en expressions burlesques et naïves, et très-stérile en termes nobles et harmonieux; de là vient que, dans le *Dictionnaire de Rimes*, on trouve vingt termes convenables à la poésie comique, pour un d'un usage plus relevé.

Le génie de la langue française est la clarté et l'ordre; car chaque langue a son génie, et ce génie consiste dans la facilité que donne le langage de s'exprimer plus ou moins heureusement, d'employer ou de rejeter les tours familiers aux autres langues. Le Français n'ayant point de déclinaisons, et étant toujours asservi aux articles, ne peut adopter les inversions grecques ou latines, il oblige les mots à s'arranger dans l'ordre naturel des idées.

Plusieurs personnes ont cru que la langue française s'était appauvrie depuis le temps d'Amiot et de Montaigne. En effet, on trouve dans ces auteurs plusieurs expressions qui ne sont pas recevables, mais ce sont, pour la plupart, des termes familiers auxquels on a substitué des équivalens. Elle s'est enrichie de quantité de termes nobles et énergiques; et, sans parler ici de l'éloquence des choses, elle a acquis l'éloquence des paroles. C'est dans le siècle de Louis XIV, comme on l'a dit, que cette éloquence a eu son plus grand éclat, et que la langue a été fixée. Quelques changemens que le temps et le caprice lui préparent, les bons auteurs des dix-septième et dix-huitième siècles serviront toujours de modèle.

EXERCICES SUR LES PARTICIPES.

(Pages 63 et 64.)

Participes accompagnés du verbe être.

Ainsi nous voilà plus brouillés que jamais, au grand contentement des rieurs, qui étaient déjà fort affligés de notre réconciliation. Je ne doute pas que cela ne vous fasse beaucoup de peine ; mais pour vous montrer que ce n'est pas de moi que la rupture est venue, c'est que, en quelque lieu que vous soyez, je vous déclare, monsieur, que vous n'avez qu'à me mander ce que vous souhaitez que je fasse pour parvenir à un accord, et je l'exécuterai ponctuellement.

En effet, pour ce qui est de ces écrits contre les anciens, beaucoup de mes amis sont persuadés que je n'ai déjà que trop employé de papier, dans mes réflexions sur Longin, à réfuter des ouvrages si pleins d'ignorance, et si indignes d'être réfutés.

La tendre Pompilia, ivre d'amour maternel, venait plus souvent au temple pour remercier la déesse, qu'elle n'y était venue pour en obtenir l'objet de ses vœux.

Les méchans sont assez punis quand ils sont reconnus pour tels.

Les grands sont entourés, salués, respectés ; les petits entourent, saluent, se prosternent, et tous sont contens.

Plus les phénomènes sont merveilleux, plus ils demandent de précaution pour être reçus.

Nous ne sommes pas mieux flattés, mieux obéis, plus suivis, plus entourés, plus ménagés, plus caressés de personne pendant notre vie, que de ceux qui croient gagner à notre mort, et qui la désirent.

Les lettres ont été inventées pour parler aux yeux.

Participes accompagnés du verbe avoir, (page 64.)

Hersilie a marqué son passage par la ruine et la désolation. Ses faibles ennemis ont fui devant elle ; Hersilie les a poursuivis le fer et la flamme à la main. Les épis, couchés sur la terre, ont été broyés par les pieds des chevaux ; les arbres sont coupés à hauteur d'homme, leurs branches dispersées ; l'époux et l'épouse égorgés sont étendus l'un auprès de l'autre ; leurs bras sanglans et roidis sont restés entrelacés.

Je vous proteste donc que le temps est venu d'accomplir notre glorieux projet.

Ces réflexions, que j'ai composées à l'occasion des dialogues de M. Perrault, se sont multipliées sous ma main beaucoup plus que je ne croyais, et sont cause que j'ai divisé mon livre en deux volumes.

Nous nous sommes écartés de la route que nous avions commencé à suivre.

« Les mauvaises nouvelles se sont toujours répandues plus promptement que les bonnes.

« Bien des gens se sont polis et enrichis insensiblement par la lecture des savans.

« Mais pour en venir au recit de ma pièce, croiriez-vous, monsieur, que la chose est arrivée comme je l'avais prophétisé, et qu'à la réserve de deux petits scrupules, qu'il vous a dits et qu'il vous a répétés qui lui étaient venus au sujet de ma hardiesse à traiter en vers une matière si délicate, il n'a fait d'ailleurs que s'écrier : Cela est vrai ; et il a été surtout extrêmement frappé de ces vers que vous lui aviez passés, et que je lui ai récités avec toute l'énergie dont j'étais capable.

Les hommes haïssent souvent ceux qui les ont obligés, et cessent de haïr ceux qui leur ont fait outrage.

La nature a toujours porté les hommes vers ce qui leur a plu, et les a eloignés de ce qui leur a nui.

En rappelant Pompilia à la vie, je me féliciterai de l'avoir sauvée.

Soldats du Dieu vivant, qu'il a choisis pour être les restaurateurs de son culte; vous qu'il a préservés jusqu'ici de tous les périls, et sur mer et dans les combats; vous, dont il s'est servi pour arborer ses étendards, et faire révérer son saint nom chez les nation nombreuses que vous avez soumises, ce n'est point pour acquerir une gloire passagère en domptant des peuples barbares que nous avons abandonné nos familles et notre patrie, et que nous nous sommes exposés sans crainte aux hasards d'une guerre longue et difficile; nous n'avons pas prodigué notre sang pour une prise de peu de valeur. Le but de notre entreprise a été de délivrer la Cité sainte, et de briser le joug indigne sous lequel nos frères sont assujétis. Nous aurons acquis une faible gloire, mais sans avoir rien avancé pour l'exécution de notre premier dessein. Que nous sert-il, en effet, d'avoir passé la mer avec de si grandes forces ? Que nous sert d'avoir porté dans l'Asie le flambeau de la guerre, si, contents d'avoir renversé des empires, nous négligeons de fonder celui dont l'etablissement était notre principal objet?

Toute l'armée fut bientôt instruite du choix qu'avaient fait les chefs. Godefroy se fit voir aux soldats; il leur parut digne du rang suprême où il venait d'être élevé. Le nouveau général reçut leur salut et leurs applaudissements d'un air noble et tranquille; et, après les avoir remerciés des marques utiles qu'ils lui donnaient de leur zèle, il ordonna pour le lendemain une revue générale.

Ceux qu'on vit paraître les premiers furent des Français, au nombre de dix mille hommes, armés de pied en cap. Ils étaient venus de l'Ile de France, beau et spacieux pays, situé entre quatre rivières Hugues, frère de leur roi, les avait commandés d'abord : après la mort de ce prince, ils avaient mis à leur tête Clotaire, capitaine d'un rare mérite.

Quelques calomnies dont on ait voulu me noircir, quelques faux bruits qu'on ait semés sur ma personne, j'ai pardonné sans peine ces petites vengeances, au déplaisir d'un auteur irrité, qui se voyait attaqué par l'endroit le plus sensible d'un poète, je veux dire par ses ouvrages.

En effet, notre dispute n'était pas encore bien finie, que vous m'avez fait l'honneur d'envoyer vos ouvrages, et que j'ai eu soin qu'on vous portât les miens.

C'est ce que j'ai principalement affecté dans une nouvelle épître que j'ai faite à propos de toutes les critiques que l'on a imprimées contre ma dernière satire. J'y compte tout ce que j'ai fait depuis que je suis au monde : j'y rapporte mes défauts, mon âge, mes inclinations, mes mœurs ; j'y dis de quel père et de quelle mère je suis né ; j'y marque les degrés de ma fortune ; comment j'ai été à la cour, comment j'en suis sorti ; des incommodités qui me sont survenues, des ouvrages que j'ai faits.

Je ne saurais, monsieur, assez vous témoigner ma reconnaissance de la bonté que vous avez eue de vouloir bien permettre qu'on me montrât la lettre que vous avez écrite à M. Perrault, sur ma dernière satire. Je n'ai jamais rien lu qui m'ait fait un si grand plaisir, et, quelques injures que ce galant homme m'ait dites, je ne saurais plus lui en vouloir de mal, puisqu'elles m'ont attiré une si honorable apologie. Jamais cause ne fut si bien défendue que la mienne. Tout m'a charmé, edifié dans votre lettre; mais, ce qui m'y a touché davantage, c'est cette confiance si bien fondée avec laquelle vous y déclarez que vous me croyez sincerement votre ami.

Vous avez donné des livres à Julie; elle ne les a pas lus.

La voilà cette princesse si aimée, si chérie! la voilà telle que la mort nous l'a faite.

Je m'imagine que le public me fait la justice de croire que je n'aurais pas beaucoup de peine à répondre aux livres qu'on a publiés contre moi.

M. Arnaud, un peu avant de mourir, a fait, contre cette préface, une dissertation qui est imprimée: je ne sais si on vous l'a envoyée.

"*Participes des verbes pronominaux*, (page 66.)

Puisque le public a été instruit de notre démêlé, il est bon de lui apprendre aussi notre réconciliation, et de ne pas lui laisser ignorer qu'il en a été de notre querelle sur le Parnasse, comme de ces duels d'autrefois, que la sagesse du roi a si sagement réprimés; ou, après s'être battus à outrance, et s'être quelquefois cruellement blessés l'un et l'autre, on s'embrassait, et on devenait sincèrement amis.

Les Allemands étaient suivis de cette nation blonde qui habite entre la France, l'Allemagne, et la mer, dans un pays arrosé de la Meuse et du Rhin, gras en pâturages et abondant en bestiaux. Les habitans industrieux s'y sont fait un rempart contre l'Océan, dont souvent ils ont éprouvé la furie, par le ravage de leur bien, et par la perte entière des villes et des provinces que ces flots ont englouties.

Romains! s'écrie-t-il, vous m'avez vu triompher;

mais c'était à Numa de triompher à ma place ; c'est à Numa que je dois ma victoire. Je lui donne pour récompense celle que tant de rois ont vainement demandée, celle qui a dédaigné tant de héros, ma fille.

Les Turcs vaincus, les Persans défaits, Antioche subjuguée, tous ces triomphes qui nous frappent par leur éclat, ne sont pas notre ouvrage : c'est à Dieu seul qu'il en faut attribuer la gloire. Si nous abandonnons la fin qu'il s'était proposée en nous accordant la victoire, j'ai peur que ces triomphes éclatants ne soient bientôt plus qu'un vain nom. Ne perdons point si mal-à-propos le fruit de tant d'ouvrages que nous avons reçus du ciel ; continuons à nous conduire comme nous avons fait jusqu'ici, et que la fin couronne de si glorieux débuts, aujourd'hui que les passages sont ouverts, et que la saison est favorable.

Il y avait déjà plus de cinq ans que les Chrétiens étaient passés dans l'Orient pour l'exécution de leur glorieux dessein. Ils avaient pris Nice d'assaut ; ils s'étaient rendus maîtres par intelligence de la puissante ville d'Antioche ; et, après l'avoir défendue contre les efforts d'une armée innombrable de Persans, ils s'étaient emparés de Tortose.

Nous ne devons point passer de jour sans donner quelque temps à la science que nous nous sommes proposé d'étudier.

Les Amazones se sont rendues célèbres dans la guerre par leur courage.

Nous nous sommes amusés à voir les curiosités de cette ville.

Et l'un et l'autre camp les voyant retirés,
Ont quitté le combat et se sont séparés

VI

Il est vrai que des dieux le courroux embrasé,
Pour nous faire périr semble s'être épuisé.

Il le voit, il l'attend, et son âme irritée,
Pour quelque grand dessein semble s'être arrêtée

A ce discours, ces héros irrités,
L'un sur l'autre à la fois se sont précipités.
Nous nous sommes en foule opposés à leur rage.

Mais que, vos yeux sur moi se sont bien exercés!
Qu'ils m'ont vendu bien cher les pleurs qu'ils ont versés!
Racine

Dis-leur que dans son sang cette main s'est plongée;
Dis que je l'adorais, et que je l'ai vengée. *Voltaire*

Mes ans se sont accrus Mes honneurs sont détruits

Exercices sur toutes les difficultés que peuvent offrir les Participes.

Mais le prudent Romulus avait prévu cet orage. Instruit que, malgré sa défense, Numa remplirait ses sermens; excité par la cruelle Hersilie, voulant venger à la fois sa fille et son autorité méprisée, le roi de Rome avait fait mêler un poison trop sûr dans le peu de nourriture qu'avait prise la fille de Tatius.

Ils avaient été condamnés aux peines du Tartare, pour s'être laissé gouverner par des hommes méchants et artificieux.

Mes recherches ont été vaines, lui répondit Léon après un tendre embrassement. J'ai parcouru tout le midi de l'Italie, je n'ai pu découvrir les traces de Zoroastre ni d'Anaïs; mais j'ai appris le danger qui te menace. J'ai vu les peuples se remuer pour venir t'assiéger dans Rome, et j'ai volé à ton secours. L'espoir de te faire des alliés m'a donné la hardiesse de me présenter chez le peuple.

A peine ai-je dit ces paroles, que toute l'assemblée s'est écriée : Marchons au secours de Numa, et que Léon nous commande.

J'aurais bien voulu pouvoir adoucir, en cette nouvelle édition, quelques railleries un peu fortes qui me sont échappées dans mes réflexions sur Longin ; mais il m'a paru que cela serait inutile, à cause des deux éditions qui l'ont précédée, auxquelles on ne manquerait pas de recourir.

La bonté qu'a eue le plus grand prince du monde, en voulant bien que je m'employasse, avec un de vos plus illustres écrivains, à ramasser en un corps le nombre infini de ses actions immortelles, cette permission, dis-je, messieurs, qu'il m'a donnée, m'a tenu lieu auprès de vous des qualités qui me manquent elle vous a sûrement déterminés en ma faveur.

C'est ainsi que toute la cour et toute la ville en ont jugé, et jamais ouvrage n'a été mieux réfuté que la préface du dévot. Tout le monde voudrait qu'il fût en vie, pour voir ce qu'il dirait en se voyant si bien foudroyé. Cette dissertation est le pénultième ouvrage de M. Arnauld, et j'ai l'honneur que c'est par mes louanges que ce grand personnage a fini, puisque la lettre qu'il a écrite à M. Perrault est son dernier écrit. Vous savez sans doute que c'est cette lettre qui me fait un si grand honneur, et M. Le Verrier en a une copie qu'il pourra vous faire tenir quand vous voudrez, supposé qu'il ne vous l'ait pas déjà envoyée.

Voilà toute l'histoire de la bagatelle que je donne au public. J'aurais bien voulu la lui donner achevée ; mais des raisons très-secrètes, et dont le lecteur trouvera bon que je ne l'instruise pas, m'en ont empêché. Je ne serais pas tant pressé de la donner imparfaite, comme elle l'est, si ce n'eût été les malheureux fragmens qui ont couru. J'en avais ainsi usé par pure modestie ; mais aujourd'hui que mes ouvrages sont entre les mains de tout le monde ; il m'a paru que cette modestie pourrait avoir quelque chose d'affecté.

Enfin vous devez attendre qu'ils ne seront pas moins choqués du peu de cas que vous avez fait de leur jugement, lorsque vous prétendez que M. Despreaux a si peu réussi quand il a voulu traiter des sujets d'un autre genre que ceux de la satire, qu'il pourrait y avoir de la malice a lui conseiller de travailler a d'autres ouvrages.

Il y a d'autres choses dans votre préface que je voudrais que vous n'eussiez point écrites; mais celles-la suffisent pour m'acquitter de la promesse que je vous ai faite d'abord de vous parler avec la sincérité d'un ami chrétien, qui est sensiblement touché de voir cette division entre deux personnes qui font toutes deux profession de s'aimer.

Monsieur, cette comparaison est bonne; mais elle n'est pas de vous, car je l'ai entendu faire à notre curé.

Quelques efforts que l'on eût faits pour défigurer mon héros, il n'a pas plutôt paru devant elle, qu'elle l'a reconnu pour Alexandre.

Et je doute que les larmes d'Andromaque eussent fait sur l'esprit de mes spectateurs l'impression qu'elles y ont faite, si elles avaient coulé pour un autre fils que celui qu'elle avait d'Hector.

Ceux mêmes qui s'y étaient le plus divertis, eurent peur de n'avoir pas ri dans les règles, et trouvèrent mauvais que je n'eusse pas songé plus sérieusement à les faire rire.

Pénelope ne voyant revenir ni lui ni moi, n'aura pu résister à tant de prétendants; son père l'aura contrainte d'accepter un nouvel époux.

Baléazar est aimé des peuples; en possédant les

cœurs, il possède plus de trésors que son père n'en avait amassé par son avarice cruelle.

  Belle leçon pour les gens chiches!
 Pendant ces derniers temps, combien en a-t-on vus
 Qui, du soir au matin, sont pauvres devenus,
  Pour vouloir trop tôt être riches!

Je ne crois pas que j'eusse besoin de cet exemple d'Euripide, pour justifier le peu de liberté que j'ai prise.

Cette maison n'est pas aussi belle que je l'avai imaginé.

Je lui ai fait tous les cadeaux que j'ai pu.

Les serpens paraissent privés de tout moyen de se mouvoir, et uniquement destinés à vivre sur la place où le hasard les a fait naître.

Combien d'ennemis n'a-t-il pas vaincus!

Combien de victimes on a immolées!

Ces écoliers se sont plû à me tourmenter.

Je vous remercie des démarches que vous avez eu la bonté de faire.

 Cent fois je me suis fait une douceur extrême
 D'entretenir Titus dans un autre lui-même

J'estime, après tout, que ce sont des fautes dont ils ne se sont pas souciés.

Les chaleurs qu'il a fait cette année ont occasionné beaucoup de maladies.

La disette qu'il y a eu cette année n'a pas peu contribué à augmenter le nombre des malheureux.

Instruit de ces vérités dès mon enfance, l'espérance que j'en ai conçue m'a valu plus de bonheur que la fortune n'en peut donner.

Vous lui avez dit de plus jolies choses qu'elle n'en a jamais entendu de Némorin, et votre indulgence pour elle la consolera de quelque sévérité qu'elle a éprouvée.

Ce goût du travail, cet amour de la gloire, me furent inspirés par vos écrits : que de charmes cette douce occupation a répandu sur mes jours! Combien de fois j'ai trouvé dans vos écrits le délassement et la paix dont mon esprit avait besoin! Combien de plaisirs vous m'avez valus!

EXERCICES DE PONCTUATION.

(Page 71 et suivantes.)

Vous l'avez loué (Louis-le-Grand), de courage, de bonheur, de justice, de prudence, d'activité, d'amour pour ses peuples, en un mot de toutes les vertus royales ; mais ce sera toujours une louange pour Louis-le-Grand, qu'on puisse dire avec vérité qu'il n'y a personne dans son royaume qui parle avec plus de justesse, plus d'élegance, plus de grâce, plus de dignité, plus d'energie.

Tenières est exact dans le dessin, et l'on ne peut rendre mieux que lui la forme des paysans de Flandres ; on ne peut mieux que lui peindre leur attitude, l'ensemble de leurs personnes et l'esprit de leurs corps et de leurs vêtemens ; comme il a bien donné le caractère qui leur est propre, a leurs vestes, a leurs culottes, à leurs bas, à leurs souliers, à leurs chapeaux, à leurs pipes et à tous les accessoires dont ils sont environnes. Il peint leur morale avec autant d'exactitude que leur physique ; leurs passions, en effet, ne devaient pas avoir la même physionomie que celles des autres hommes. Dans ses tableaux on les entend raisonner, se disputer, politiquer; on voit la santé de leur âme entretenue par les pots de bière dont ils sont entourés.

Les jeunes gens d'Athènes, éblouis de la gloire de Thémistocle, de Cimon, de Periclès, et pleins d'une folle ambition après avoir reçu pendant quelque temps les leçons des sophistes qui leur promettaient de les rendre de très-grands politiques, se croyaient capables de tout et aspiraient aux premières places. L'un deux, nommé Glaucon, s'etait mis si fortement en tête d'entrer dans le maniement des affaires publiques quoiqu'il n'eût pas encore vingt ans, que personne dans sa famille, ni parmi ses amis, n'avait eu le pouvoir de le détourner du dessein si peu convenable à son âge et à sa capacité. Socrate, qui l'affectionnait à cause de Platon, son frère, fut le seul qui réussit à lui faire changer de résolution.

Un jour, l'ayant rencontré, il l'aborda avec un discours si adroit qu'il l'engagea a l'écouter. C'etait déjà avoir beaucoup gagné sur lui. Vous avez donc envie de gouverner la république, lui dit-il : Il est vrai, repondit Glaucon. Vous ne sauriez avoir un plus beau dessein répartit Socrate, car si vous réussissez, vous vous mettrez en état de servir utilement vos amis, d'agrandir votre maison et de défendre les bornes de votre patrie. Vous vous ferez connaître non-seulement dans Athènes, mais par toute la Grèce, et peut-être que votre renommée volera jusque chez les nations barbares, comme celle de Thémistocle ; enfin, quelque part que vous soyez, vous attirerez sur vous le respect et l'admiration de tout le monde. Un début si insinuant et si flatteur plût extrêmement au jeune homme, qui se trouvait pris par son faible;

il resta volontiers sans qu'il fût besoin de l'en presser, et la conversation continua. Puisque vous desirez vous faire estimer et honorer, il est clair que vous songez a vous rendre utile au public. — Assurément. Dites-moi donc, je vous prie, au nom des dieux, quel est le premier service que vous pensez rendre à l'état : Comme Glaucon paraissait embarrassé et rêvait à ce qu'il devait répondre, apparemment reprit Socrate, ce sera de l'enrichir, c'est-a-dire d'augmenter ses revenus. — C'est cela même. — Et sans doute vous savez en quoi consistent les revenus de l'état et a combien ils peuvent monter. Vous n'aurez pas manqué de faire une etude particulière, afin que si un fonds vient a manquer tout a-coup, vous puissiez aussitôt le remplacer par un autre; je vous jure, répondit Glaucon, que c'est à quoi je n'ai jamais songé. — Marquez-moi au moins les depenses que fait la république, car vous savez de quelle importance il est de retrancher celles qui sont superflues — Je vous avoue que je ne suis pas plus instruit sur cet article que sur l'autre. — Il faut donc remettre à un autre temps le dessein que vous avez d'enrichir la république, car il est impossible de le faire, si vous en ignorez les revenus et les dépenses.

Mais dit Glaucon, il y a encore un autre moyen que vous passez sous silence; on peut enrichir un état par la ruine de ses ennemis. Vous avez raison, répondit Socrate, mais pour cela il faut être le plus fort, autrement on court risque de perdre soi-même ce que l'on a. Ainsi, celui qui parle d'entreprendre une guerre, doit connaître les forces des uns et des autres, afin que s'il trouve son parti plus fort, il conseille hardiment la guerre; s'il se trouve le plus faible, il dissuade le peuple de s'y engager. Or, savez-vous quelles sont les forces de la république tant par mer que par terre, et quelles sont celles de nos ennemis ? En avez-vous un état par écrit, vous me feriez plaisir de me le communiquer. Je n'en ai point encore, repondit Glaucon ; je vois bien dit Socrate que nous ne ferons pas sitôt la guerre si l'on vous charge du gouvernement, car il vous reste bien des choses à savoir et bien des soins à prendre.

Il parcourut ainsi plusieurs autres articles non moins importans sur lesquels il le trouva également neuf, et il lui fit toucher au doigt le ridicule de ceux qui ont la témérité de s'ingérer dans le gouvernement, sans y apporter d'autre préparation qu'une grande estime d'eux-mêmes et une ambition démesurée de s'elever aux premières places. Craignez, mon cher Glaucon, lui dit Socrate, craignez qu'un désir trop vif des honneurs ne vous aveugle et ne vous fasse prendre un parti qui vous couvrirait de honte, en mettant au grand jour votre incapacité et votre peu de talent.

Glaucon profita des sages avis de Socrate, et prit du temps pour s'instruire en particulier avant que de se produire en public. Cette leçon est pour tous les siècles, et peut convenir a beaucoup de personnes de tout état et de toute condition.

Les grands seraient inutiles sur la terre, s'il ne s'y trouvait des pauvres et des malheureux. Ils ne doivent leur élévation qu'aux besoins publics ; et loin que les peuples soient faits pour eux, ils ne sont eux-mêmes faits que pour le peuple.

C'est donc aux grands de remettre le peuple sous la protection des lois. La veuve ou l'orphelin, tous ceux qu'on foule et qu'on opprime, ont un droit acquis à leur crédit, à leur puissance ; elle ne leur est donnée que pour eux ; c'est à eux à porter au pied du trône les plaintes et les gémissemens de l'opprimé. Ils sont comme le canal des communications et le lien des peuples avec le souverain, puisque le souverain lui-même n'est que le père et le pasteur des peuples.

Qu'avez-vous au-dessus d'eux ? Celui qui ne connaît de titres et de distinctions dans ses créatures que les dons de sa grâce. Cependant Dieu, leur père comme le vôtre, les livre au travail, à la peine et à la misère, à l'affliction, et il ne réserve pour vous que la joie, le repos et l'opulence; ils naissent pour souffrir, pour porter le poids du jour et de la chaleur; pour fournir de leurs peines, de leurs sueurs à vos plaisirs et à vos profusions; pour traîner comme de vils animaux, si j'ose ainsi parler, le char de votre grandeur et de votre indolence.

Oui, Sire, quiconque flatte ses maîtres les trahit; la perfidie qui les trompe est aussi criminelle que celle qui les détrône; la vérité est le premier hommage qu'on leur doit. Il n'y a pas loin de la mauvaise foi du flatteur à celle du rebelle. On ne tient plus à l'honneur et au devoir, dès qu'on ne tient plus à la vérité, qui est la base de tous les devoirs. La même infamie qui punit la révolte devrait être destinée à l'adulation; la sûreté publique doit suppléer aux lois qui ont omis de la compter parmi les grands crimes auxquels elle décerne des supplices, car il est aussi criminel d'attenter à la bonne foi des princes qu'à leur personne sacrée; de manquer à leur égard de vérité, que de manquer de fidélité, puisque l'ennemi qui veut nous perdre est encore moins à craindre que l'adulateur qui ne cherche qu'à nous plaire.

Mais l'ambition, ce désir insatiable de s'élever au-dessus et sur les ruines même des autres; ce ver qui pique le cœur et ne laisse jamais tranquille cette passion qui est le grand ressort des intrigues et de toutes les agitations des cours, qui forme les révolutions des états, et qui donne tous les jours à l'univers de nouveaux spectacles; cette passion qui est tout et à laquelle rien ne coûte, est un vice encore plus pernicieux eux empires que la paresse même.

Je sais qu'il y a une noble émulation qui mène à la gloire par le devoir, c'est elle qui donne aux empires des citoyens illustres, des ministres sages et laborieux, de vaillans généraux, des auteurs célèbres, des princes dignes des louanges de la postérité.

L'ambitieux ne jouit de rien : ni de sa gloire, il la trouve trop obscure; ni de ses places, il veut monter plus haut; ni de sa prospérité, ni des hommages qu'on lui rend, ils sont empoisonnés par ceux qu'il est obligé de rendre lui même; ni de sa faveur, elle devient commune dès qu'il la faut partager avec ses concurrens; ni de son repos il est malheureux à mesure qu'il est obligé d'être plus tranquille. C'est un Aman, objet souvent des désirs et de l'envie publique, et qu'un seul honneur refuse à son excessive autorité rend insupportable à lui-même. L'ambition le rend donc malheureux, mais de plus elle l'avilit et le dégrade. Que de bassesses pour parvenir; il faut paraître non pas tel qu'on est, mais tel qu'on nous souhaite. Bassesse d'adulation, on encense et l'on adore l'idole qu'on méprise; bassesse de lâcheté, il faut savoir essuyer des dégoûts, des rebuts et les recevoir presque comme des grâces; bassesses de dissimulation, point de sentiment à soi et ne penser que d'après les autres; bassesse de déréglement, devenir les complices et peut-être les ministres des passions de ceux de qui nous dépendons, et entrer en part de leur désordre pour participer plus sûrement à leurs grâces.

Quintilien dit : Si l'enfance est susceptible de soins par rapport aux mœurs, pourquoi ne le sera-t-elle pas rapport à l'étude. Que peuvent-ils faire de mieux depuis qu'ils sont en etat de parler, car il faut bien qu'ils fassent quelque chose. Je sais bien, continue-t-il, que dans tout le temps dont il s'agit, ces enfans ne pourront pas autant avancer qu'ils le feront dans la suite en une seule année ; mais pourquoi mepriser ce petit gain et ne pas mettre a profit cette avance, quelque médiocre qu'elle soit, car cette annee qu'on aura ainsi gagnee sur l'enfance, accroitra à celles qui suivent et, somme totale faite, mettra l'enfant en état d'apprendre plus de choses qu'il n'aurait fait sans cela : il faut donc tâcher de ne pas perdre ces premières années, d'autant plus que les commencemens de l'étude ne demandent presque que de la memoire, et l'on sait que les enfans n'en manquent pas.

Je trouve encore un autre avantage dans cett pratique, c'est de plier de bonne heure l'esprit des enfans, de les accoutumer à une sorte de règle, de les rendre plus dociles et plus soumis, et d'empêcher une dissipation aussi contraire souvent a la santé du corps qu'à l'avancement de l'esprit.

J'en puis ajouter un troisieme, qui n'est pas moins considérable : La Providence a mis dans les enfans une grande curiosite pour tout ce qui est nouveau, une facilité merveilleuse à apprendre une infinite de choses dont ils entendent parler, un penchant naturel à imiter les grandes personnes et à se mouler sur leurs exemples et leurs discours ; en différant la culture de ces jeunes esprits, on renonce à toutes ces heureuses preparations que la nature leur a données en naissant, et comme la nature ne peut être oisive, on les oblige à tourner vers le mal ces premières dispositions destinées à faciliter le bien. »

Quintilien n'ignorait pas qu'on pouvait lui objecter l'extrême faiblesse des enfans dans les années dont il s'agit, et le danger qu'il y a d'user, par des efforts prematurés, des organes encore tendres et délicats qu'une contention un peu forte peut déranger pour toujours. Je n'ai pas, dit il, si peu de connaissance de la faible complexion des enfans que je pretende qu'on doive dès-lors les presser vivement et exiger d'eux une forte application. Il veut que ce soit un jeu et non une etude, un amusement et non un travail sérieux. On peut leur raconter des histoires agreables mais courtes et detachées, leur faire de petites questions qui soient a leur portée et dont on leur fournisse la reponse par la manière adroite dont on les interroge, leur laisser le plaisir de croire que c'est de leur propre fonds qu'ils l'ont tirée, afin de leur inspirer le désir d'apprendre; les louer de temps en temps, mais avec sobrieté et sagesse, pour leur donner de l'emulation sans trop enfler leur amour-propre ; repondre à leurs questions, et toujours avec justesse et selon la verite, refuser quelquefois de les laisser étudier quand ils le demandent pour augmenter leur ardeur par cet innocent artifice, n'employer jamais dans cet âge la contrainte ni la violence, et encore moins la punition, pour les faire travailler, car la grande application des gouvernantes et des maîtres qui leur succedent, est d'éviter que les enfans qui ne peuvent aimer l'étude n'en conçoivent de l'aversion par l'amertume qu'ils y trouvent dans ces premières années. (*Rollin, de la manière d'enseigner et d'étudier les belles-lettres.*)

Miltiade n'avait a Marathon que dix mille hommes ; César n'en employa que vingt-deux mille a Pharsale, et Epaminondas que six mille à Leuctre. Thémistocle n'avait que deux cents galères à Salamine, et Gonsalve, au passage de Garillan, avait très-peu de troupes contre un corps d'armée infiniment plus nombreux.

Xercès ne pouvant avec une grande armée forcer

le passage des Thermopyles, qui n'était défendu que par trois cents Grecs. Que d'hommes m'accompagnent, dit-il, mais que j'ai peu de soldats.

Dans un port de Basse-Normandie, un armateur qui envoyait des navires en Amérique désirant avoir une couple de singes, en fit note au bas des ordres qu'il donnait par écrit à son capitaine. Malheureusement le le cher homme ne savait pas l'orthographe, et de plus écrivait les mots comme il les prononçait. Or, en Basse-Normandie, au lieu de dire *ou* on prononce simplement *o*. Notre homme écrivit : A votre retour vous m'apporterez deux *o* trois singes ; mais comme il n'écrivit la quantité qu'en chiffres et qu'il n'y mit point de virgule cela fit 2o3 singes, que le capitaine fut obligé de lui rapporter à son retour, parce qu'il connaissait d'ailleurs la rigide exactitude de son patron. Celui-ci voyant arriver cette criarde famille, taxa l'autre d'extravagance. Le capitaine produisit 'ordre par écrit, il n'y avait point à répliquer. L'armateur dans son dépit fit tuer tous les singes, mais on dit qu'il en fit empailler deux pour se rappeler qu'un négociant doit au moins savoir l'orthographe.

La faute d'orthographe justifiée.

Monsieur de Génicourt, riche propriétaire,
 Recevant d'un sien locataire,
 Après l'avoir sergenté vivement,
Pour des termes échus, une somme d'argent
 Sur laquelle il ne comptait guère ;
Au bas de sa quittance écrit : *Reçu content*.
 De cette orthographe bizarre,
 Le locataire un peu surpris,
Crut devoir se venger au moins par le mépris.
— Certes dit-il votre savoir est rare,
Avec tous vos écus qu'avez-vous donc appris.

Sachez de moi, monsieur l'ignare,
Que l'on écrit ainsi, *reçu comptant*,
Parce qu'il faut compter en recevant.
A cet épilogueur rigide
Monsieur de Génicourt répondit gravement,
Votre observation sans doute est très-solide ;
Mais moi, lorsque j'écris, je prends mon cœur pour guide :
Et si du mot *content* ici j'ai fait l'emploi,
C'est que je suis toujours *content* quand je reçois.

Un de nos meilleurs grammairiens se mourait, suffoqué, je crois, par un abcès qu'il avait à la gorge. Son médecin s'approche de son lit en lui disant : Si vous ne prenez point ce que je vous ordonne, *je vous observe que....* Ah ! misérable, s'écrie le moribond transporté d'une sainte colère, n'est-ce pas assez de m'empoisonner, faut-il encore que tu viennes m'assassiner ? Va-t-en. A ces mots l'abcès crève, la gorge se débarrasse et, grâce au solécisme, le grammairien est rendu à la vie.

Enigme.

Je m'assieds sur le trône,
On me voit sur le Pô ;
Je m'étends sur le Rhône,
Je couvre les châteaux ;
Et sans être gourmand,
Je flaire les gâteaux.
J'accompagne l'Etre suprême,
Je marche avec le diadème,
On me prête sur intérêt,
Et je domine la forêt.
Eh bien ! mon cher lecteur,
Ne peux-tu me connaître,
Tant de fois me voyant paraître.

Quelqu'un racontait un jour des nouvelles qui occupaient fort les politiques : *Il arrivera tout ce qu'il pourra*, répondit en plaisantant M. l'abbé Dangeau, *mais j'ai* dans mon portefeuille deux mille verbes français bien conjugués. Il comparait avec la même gaîté sa passion pour la grammaire à celle d'un enthousiaste plus sérieux que lui, et qui s'écriait en soupirant : *Les participes ne sont pas connus en France.*

L'abbé d'Olivet rapporte l'anecdote suivante :

M. de Fontenelle apporta à l'Académie un de ses ouvrages qu'il venait de publier. Quelqu'un de ceux qui étaient présens ayant lu ces mots à l'ouverture du livre : *La pluie avait tombé*, feignit que des femmes l'avaient prié de mettre en question si *j'ai tombé* ne pourrait pas se dire aussi bien que *je suis tombé*. On alla aux voix, et M. de Fontenelle prenant la parole, fronda merveilleusement ces sortes d'innovations. A peine finissait-il, qu'on lui fit voir la page et la ligne où était la phrase que j'ai rapportée. Point de réponse à cela, si ce n'est celle d'un galant homme qui reconnaît ses fautes sans biaiser.

Il manque à cet auteur, d'ailleurs judicieux et tendre, ces beautés de détails, ces expressions heureuses qui sont l'ame de la poésie, et qui font le mérite des Homère, des Virgile, des Tasse, des Milton, des Pope, des Corneille, des Racine, des Boileau.

Lettre de madame de Maintenon à sa belle-sœur madame Daubigné.

Voici, ma très-aimable sœur, le calcul de la dépense que vous devez faire par jour pour douze personnes : monsieur et madame, trois femmes, quatre laquais, deux cochers et un valet de chambre.

Quinze livres de viande à cinq sous, 3 livres 15 sous ; deux pièces de rôti, 2 livres 10 sous ; pour du pain, 1 livre 10 sous ; pour du vin, 2 livres 10 sous ; pour du bois 2 francs ; pour du fruit 1 franc 10 sous ; de la chandelle 8 sous ; pour de la bougie 10 sous ; total, 14 francs 10 sous ; en y joignant le blanchissage, le sel et les épices, votre dépense ne doit pas passer par jour 15 francs. Je compte 4 sous en vin pour quatre laquais, deux cochers ; madame de Montespan n'en donne pas davantage aux siens ; et si vous avez du vin en cave, il ne vous en coûtera que 3 sous. J'ai mis six sous pour le valet de chambre, vingt sous pour vous deux ; je prends au pis; je prends une livre de chandelle, a cause que les jours sont courts ; je mets quarante sous pour le bois, quoique vous n'ayez besoin que de deux feux. Je mets pour trente sous de fruits, quoique le sucre ne coûte que onze sous, et qu'il n'en faille qu'un quarteron pour une compote. Je mets deux pièces de rôti dont on épargne une quand monsieur ou madame dîne ou soupe en ville ; mais aussi j'ai oublié une volaille bouillie sur le potage. Nous entendons le ménage, et vous pouvez encore, sans passer les quinze francs, avoir une entrée de saucisses, tantôt une langue de mouton, la pyramide éternelle et la compote que vous aimez tant ; tout cela posé et que j'apprends à la cour, ma cher fille, votre dépense de bouche ne doit passer six mille fr. Pour habiller madame, mettons-en mille ; pour monsieur, mille fr. ; de gages et livrées, cent fr. ; pour le loyer de la maison, mille ; total, dix mille francs ; tout cela n'est-il pas honnête ? Si ce calcul peut vous être utile, je n'aurai point regret à la peine que j'ai prise à le faire, et du moins je vous aurai fait voir que je sais quelque chose au ménage. Adieu, ma chère enfant, aimez-moi comme je vous aime.

On lit, dans l'histoire de l'Académie des sciences, que M. Dodart observa qu'un orme portait dans le développement de ses germes quinze milliards huit cent-quarante millions de graines bien distinctes. La raison conduit l'imagination jusque-là. Mais l'imagination et la raison se perdent dans ce calcul immense lorsqu'on réfléchit que chacune des graines contenues dans l'orme contenait elle-même un orme qui renfermait un pareil nombre de graines propres à se reproduire. C'est là peut-être la plus sensible image de l'infini dont le Créateur, qui est lui-même l'infini par essence, a imprimé des traces dans tous ses ouvrages.

L'usage des vers à soie, apporté des Indes, s'introduisit en France sous la première race.

L'arbre du café vient ordinairement d'Arabie, et chacun sait que le café d'Arabie est encore regardé comme le meilleur. C'est de là qu'il a été transplanté à l'Ile-de-France. Les caffiers qui enrichissent la Martinique proviennent tous d'un pied qui y fut envoyé au commencement du XVIIme siècle, du jardin des Plantes de Paris ; Desclieux, qui l'y conduisit, y mit tant de dévoûment que, le voyage s'étant prolongé et l'eau douce étant devenue rare à bord, il arrosait cet arbuste de sa propre ration.

En combien de façons avez-vous conté l'histoire du pape Honorius ?

Vous avez assez d'ennemis : pourquoi en compter de nouveaux ?

> Mais, cependant, ô ciel, ô mère infortunée,
> De festons odieux ma fille couronnée
> Tend la gorge aux couteaux par son père apprêtés ;
> Calchas va dans son sang. Barbares arrêtez,
> Et moi, si mon devoir si ma foi ne l'arrête,
> S'il ose quelque jour me demander ma tête...
> Je ne m'explique point, Osmon, mais je prétends
> Que du moins il faudra la demander long-temps.

EXERCICES

Sur les participes présens et les adjectifs verbaux qui ont la même terminaison.

Ces réflexions embarrassant notre homme, on ne dort point, dit-il, quand on a tant d'esprit.

La mer mugissante ressemblait à une personne qui ayant été trop long-temps irritée....

Toutes les planètes circulant autour du soleil paraissent avoir été mises en mouvement par une impulsion commune.

Combien de pères tremblant de deplaire à leurs enfans, sont faibles et se croient tendres.

J'arrivai dans les déserts affreux, on y voyait des sables brûlans au milieu des plaines.

La terre, comblant les vœux du laboureur, rend le centuple des grains qu'on lui confie.

Un air dévorant, des cendres etincelantes, des flammes détachees, embarrassaient notre respiration courte, sèche, haletante et déjà presque suffoquée par la fumée.

Des vieillards, des femmes eperdues, des prêtres, des soldats assiégeant les issues.

Les morts se ranimant a la voix d'Elysee, poursuivis, menaçants, l'un par l'autre heurtes, s'élancent loin du seuil à pas precipites.

Tous les peuples nombreux que son trident domine, en apprenant ton soit seront saisis d'effroi.

J'aimais les forts tonnants, aux abords difficiles, le glaive nu d'un chef guidant les rangs dociles, la védette perdue dans un bois isolé.

Les fleurs, les lustres brillans, les rideaux de soie, de superbes ornemens décoraient l'église et l'autel.

> Ah ! sur ces bords charmants les roses sont fanées;
> Quelques boutons vermeils cueillis dans leur fraîcheur
> Seuls changés en essence et bravant les années,
> Ont gardé du printemps les parfums enchanteurs

> Les cultes renaissants étonnés d'être frères,
> Sur leurs autels rivaux qui fumaient a-la-fois,
> Pour toi confondaient leurs prières.

> Philippe préparait des secours plus puissants,
> Mais l'Espagne épuisée en apprêts menaçants,
> De sa flotte en espoir inondant mes rivages,
> Avait dans ses calculs oublié les orages

> Les arbres et les plantes
> Sont devenus chez moi créatures parlantes

En intéressant la sensibilité de vos lecteurs, vous avez captivé leurs suffrages.

EXERCICES SUR LES PARTICIPES.

Adjectifs verbaux.

Mille jeunes guerriers s'avancent les armes renversées. L'inconsolable Talia, enveloppée de voiles funèbres et couronnée de cyprès, jette sur le cercueil des fleurs trempées de ses larmes.

Je me souviendrai toute ma vie d'avoir vu cette tête qui nageait dans le sang, ces yeux fermés et éteints, ce visage pâle et défiguré, cette bouche entr'ouverte qui semblait vouloir achever des paroles commencées.

Quels lauriers me plairont de son sang arrosés.

En examinant avec plus d'attention, nous voyons des montagnes affaissées, des rochers fendus et brisés, des contrées englouties, des îles nouvelles, des terrains submergés, des cavernes comblées; nous trouvons des matières pesantes, souvent posées sur des matières légères; des corps durs environnés de substances molles; des choses sèches, humides, chaudes, froides, solides, friables, toutes mêlées et dans une espèce de confusion.

Participes accompagnés du verbe être.

Ainsi, nous voilà plus brouillés que jamais, au grand contentement des rieurs, qui étaient déjà fort affligés de notre réconciliation.

Les épis couchés sur la terre ont été broyés par les pieds des chevaux. Les arbres sont coupés à hauteur d'hommes, leurs branches dispersées. L'époux et l'épouse égorgés sont étendus l'un auprès de l'autre, leurs bras sanglans et roidis sont restés entrelacés.

Les méchans sont assez punis quand ils sont reconnus pour tels.

Les grands sont entourés, salués, respectés; les petits entourent, saluent, se prosternent, et tous sont contens.

Plus les phénomènes sont merveilleux, plus ils demandent de précautions pour être reçus.

Nous ne sommes pas mieux flattés, mieux obéis, plus suivis, plus entourés, plus ménagés, plus caressés, de personne pendant notre vie, que de ceux qui croient gagner à notre mort et qui la desirent.

La justice, ce premier besoin des hommes civilisés, n'était pas rendue en Égypte par le monarque en personne; des revenus étaient assignés à chacun des magistrats composant le tribunal suprême.

Il semble que c'est pour des français que la chevalerie dût être inventée.

Le roi lui dit en lui remettant son épée : vous vous en servez trop bien pour qu'elle ne vous soit pas rendue.

Les félicitations de mes amis ont été troublées par les plaintes dont retentissent les monts Helvetiques.

Les lettres ont été inventées pour parler aux yeux.

Les Allemands étaient suivis de cette nation blonde qui habite entre la France, l'Allemagne et la mer.

Nous fûmes enveloppés dans une profonde nuit.

A peine fûmes-nous arrivés sur ce rivage, que les habitans crurent que nous étions ou d'autres peuples de l'île armés pour les surprendre, ou des étrangers qui étaient venus pour s'emparer de leurs terres.

Les gens de mérite étaient connus des Perses.

Les anciens Grecs étaient généralement persuadés que l'ame est immortelle.

Nous sommes enfin venus a ce grand empire d'ou sont sortis les plus grands royaumes du monde.

Le cœur est un aveugle à qui sont dues toutes nos erreurs.

Oh malheureuse Tyr, en quelles mains es-tu tombée.

Dans cette place était préparée une grande lice qui était fermée par des barrières.

Beaucoup de mes amis sont persuadés que je n'ai que trop employé de papier dans mes réflexions sur Longin, a réfuter des ouvrages si pleins d'ignorance et si indignes d'être réfutés.

Participes accompagnés du verbe avoir.

Hersilie a marqué son passage par la ruine et la désolation, ses faibles ennemis ont fui devant elle.

Guelfe avait amené des guerriers qui ne craignaient point d'affronter la mort sous ses ordres. Ils n'étaient pas moins de cinq mille en partant, mais les combats précédens en avaient diminué le nombre de près des deux tiers.

Aussi avons-nous regardé avec des yeux stoïques les libelles diffamatoires qu'on a publiés contre nous.

J'avoue que la traduction que votre excellence a bien daigné faire de mon art poétique et les éloges dont elle l'a accompagnée, m'ont donné un véritable orgueil.

C'est ce que j'ai principalement affecté dans une nouvelle épître que j'ai faite à propos de toutes les critiques qu'on a imprimées contre ma dernière satire.

Cette épître n'a pas encore vu le jour et je ne l'ai pas même encore écrite, mais il me paraît que tous ceux à qui je l'ai récitée en sont aussi frappés que d'aucun autre de mes ouvrages.

On me dira que Lucilius vivait dans une république où ces sortes de libertés pouvaient être permises. Certainement il faut que ceux qui parlent de la sorte n'aient pas fort lu les anciens, et ne soient pas fort instruits des affaires de la cour d'Auguste.

Les arts que les hommes ont inventés pour satisfaire à leurs besoins, ont tourné à leur gloire et à leurs delices.

Les nations qui ont envahi l'empire romain y ont appris peu-à-peu la charité chrétienne qui a adouci leur barbarie.

Les Falisques que Camille assiegeait se donnèrent a lui, touchés de ce qu'il leur avait renvoyé leurs enfans qu'un maître d'ecole lui avait livrés.

Cham et son fils Chanaan n'ont pas eté moins connus parmi les Egyptiens et les Pheniciens, et la mémoire de Sem a toujours dure dans le peuple hébreu qui en est sorti.

On a depuis façonné et poli les pierres; et les statues ont succédé, après les colonnes, aux masses grossières et solides que les premiers temps érigeaient.

Il n'est pas donné à tous de bien comprendre ces sublimes verités, ni de voir parfaitement cette merveilleuse image des choses divines que les pères de l'église ont crues si certaines.

De si anciennes erreurs nous ont demontré combien etait ancienne la croyance de l'immortalité de l'ame, et nous ont prouvé qu'elle doit être rangée parmi les premières traditions du genre humain. Mais les hommes, qui gâtaient tout, en avaient étrangement abusé, puisqu'elle les portait à sacrifier aux morts.

Les esprits ambitieux et remuans excitaient les jalousies pour s'en prevaloir, et ces jalousies, tantôt plus couvertes, tantôt plus declarées dans le fond des cœurs, ont enfin cause ce grand changement qui arriva du temps de César, et les autres qui ont suivi.

Ces peuples d'Ethiopie n'étaient pourtant pas si justes qu'ils s'en vantaient, ni si renfermés dans leur pays; leurs voisins, les Egyptiens, avaient souvent eprouvé leurs forces.

Les enfans des Egyptiens, en voyant dans les momies les corps de leurs ancêtres, se souvenaient de leurs vertus que le public avait reconnues, et s'excitaient à aimer les lois qu'ils leur avaient laissées.

Mais si les Egyptiens n'ont pas inventé l'agriculture ni les autres arts que nous voyons avant le déluge, ils les ont tellement perfectionnés, et ont pris un si grand soin de les rétablir parmi les peuples où la barbarie les avait fait oublier, que leur gloire n'est guère moins grande que s'ils en avaient été les inventeurs.

Si nos voyageurs avaient pénétré jusqu'au lieu ou cette ville etait bâtie, ils auraient encore trouvé quelque chose d'incomparable dans ses ruines, car les ouvrages des Egyptiens etaient faits pour tenir contre le temps.

Les anciens rois que la Grèce avait eus en divers pays, un Minos, un Cecrops, un Thésée, un Codrus, un Témène, un Cresphonte, un Eurysthène, un Patrocle, et les autres semblables, avaient répandu cet esprit dans toute la nation.

Au milieu des plus vastes desseins qu'un homme eût jamais conçus, il mourut sans avoir eu le loisir d'établir solidement ses affaires.

Qui ne sait que les Romains ont appris des Carthaginois l'invention des galères par lesquelles ils les ont battus, et qu'enfin ils ont tiré de toutes les nations qu'ils ont connues de quoi les surmonter toutes.

La discipline militaire est la chose qui a paru la première dans leur état, et la dernière qui s'y est perdue, tant elle était attachée à la constitution de leur république.

Ainsi tous les grands empires que nous avons vus sur la terre ont concouru par divers moyens au bien de la religion.

Voilà les douze epoques que nous avons suivies dans cet abrégé ; nous avons attaché à chacune d'elles les faits principaux qui en dépendent.

Ni la terre, ni l'eau, ni l'air, n'auraient jamais eu les plantes ni les animaux que nous y voyons, si Dieu, qui en avait fait et préparé la matière, ne l'avait encore formée par sa volonté toute puissante, et n'avait donné à chaque chose les semences propres pour se multiplier dans tous les siècles.

Il fallait bien que les Lacedémoniens eussent commencé à se lasser de leurs divisions, puisqu'ils consentirent a écouter Tessandre.

Outre les fêtes qui leur sont communes et qui les rassemblent dans les champs de Coronée, auprès du temple de Minerve, ils en célèbrent fréquemment dans chaque ville, et les Thébains entre autres en ont institué plusieurs dont j'ai été témoin.

Les victoires que les Grecs avaient remportées récemment sur les Perses les avaient convaincus de nouveau que rien n'exalte plus les ames que le témoignage éclatant de l'estime publique.

Il semblait que la destinée en me conduisant à la ville où l'illustre et malheureux Rousseau a fini ses jours, me ménageait une réconciliation avec lui. L'espèce de maladie dont il était accablé m'a privé de cette consolation que nous aurions tous deux egalement souhaitée. L'amour de la paix l'eût emporté sur tous les sujets d'aigreur qu'on avait semés contre nous. Ses talens, ses malheurs et ce que j'ai oui dire de son caractère ont banni de mon cœur tout ressentiment, et n'ont laissé mes yeux ouverts qu'a son mérite.

Je joins a cette edition cinq épitres nouvelles que j'avais composées long-temps avant d'être engagé dans le glorieux emploi qui m'a tiré du métier de la poésie.

« J'ai laissé ici la même préface qui était dans les deux editions précédentes, à cause de la justice que j'y rends à beaucoup d'auteurs que j'ai attaqués.

M. Perrault a compté pour rien les bonnes raisons

que j'ai mises en rimes pour montrer qu'il n'y a pas de médisance à se moquer de méchans écrits.

Un littérateur distingué m'a apporté une traduction latine qu'il a faite de mon ode, et cette traduction m'a paru si belle que je n'ai pu resister à la tentation d'en enrichir encore mon livre.

M. Arnaud a fait contre cette preface une dissertation qui est imprimée, je ne sais si on vous l'a envoyée.

Dans le peu de voyages que j'ai faits, je me suis surtout appliqué a étudier les mœurs des habitans.

Les premières portes furent brisées ; les gardes tombèrent égorgés. Semblables a des tigres furieux à qui l'on a ravi leurs petits, les Abencerrages se sont élancés et sont arrivés à la cour fatale.

Dieu appela Abraham dans la terre de Chanaan, ou il voulait établir son culte, et les enfans de ce patriarche qu'il avait resolu de multiplier comme les etoiles du ciel et comme le sable de la mer.

Jephté ensanglante sa victoire par un sacrifice qui ne peut être excusé que par un ordre secret de Dieu, sur lequel il ne lui a pas plu de nous rien faire connaître.

Ne croyons pas que notre ame soit une portion de la nature divine, comme l'ont rêvé quelques philosophes : Dieu n'est pas un tout qui se partage.

Le peu de soldats que nous avons rencontrés, brûlaient du désir de recommencer le combat.

Il vous avait promis des fleurs, il vous en a envoye.

Je ne défends pas ces rimes parce que je les ai employées, mais parce que je les ai crues bonnes.

Ainsi ont raisonne des hommes que des siècles de fanatisme ont rendus puissans.

Les Romains, pour maintenir et assurer la discipline militaire, qu'ils regardaient comme le principal appui de l'état, s'étaient crus obligés de répandre la sang de leurs propres enfans.

Aurai-je le bonheur de vous payer des soins que vous m'avez donnés dans mon enfance.

Combien de projets a-t-il faits ou réformes, combien d'ouvertures a-t-il données ; combien de services a-t-il rendus dont il a dérobé la connaissance à ceux qui en ont ressenti les effets.

Quels bonneurs n'a t-on pas rendus a M. Corneille et a M. Racine.

Le peu de sûreté que j'ai vu pour ma vie à retourner a Naples, m'a fait y renoncer pour toujours.

Les soins d'une tendre mère, d'un père dont vous êtes l'unique espoir, l'amitié d'une cousine qui semble ne respirer que par vous, toute une famille dont vous êtes l'ornement, une ville entiere fiere de vous avoir vue naître, tout occupe et partage votre sensibilité.

Madame, mandez-moi sérieusement ce qui vous a empêchée de m'écrire.

Ces transfuges craignent les lois qu'ils ont violées, et regrettent les vertus qu'ils ont perdues.

On ne voudra jamais croire a la rapidité avec laquelle les événements se sont succedés.

Ne goûtons-nous pas mille fois le jour le prix des combats que notre situation nous a coûtés.

Nous reparâmes par la rapidité de notre marche le peu de momens que nous avions perdus.

Le peu de loyauté qu'ils nous ont montré, nous fit agir avec circonspection.

J'ai connu l'intérieur des familles, je n'en ai guère vu qui ne fussent plongées dans l'amertume.

Les actrices que j'ai entendues chanter, ont enlevé les applaudissements de tous les spectateurs.

Les romances que je leur ai entendu chanter avaient

été mises en musique par un de nos célèbres compositeurs.

Plusieurs academies se sont formees en Europe, mais nous n'en avons vu nulle part qui se soient occupées de morale.

Nous vous adressons les lettres que vous a écrites Julie avant son départ.

Les sujets ont cessé d'en revérer les maximes, quand ils les ont vues ceder aux passions et aux interêts des princes.

La nature n'a-t-elle pas imposé une assez grande peine au peuple et aux malheureux de les avoir fait naître dans la dépendance.

Il laissa perdre et ruiner tous les préparatifs qu'on avait faits avec tant de soins pour soutenir la guerre contre les Romains, et renversa les espérances qu'en avaient conçues les Macédoniens.

Je dois rendre compte au ciel des résolutions qu'il a daigné vous inspirer.

J'ai sollicité des emplois pour mes frères, aucun de nous n'en a obtenu.

Nous les avons vus poursuivre les ennemis.

La jeune élève que j'ai vue peindre cette copie donne beaucoup d'espérance.

La dame que j'ai vu peindre par ce jeune artiste, n'a pas plus de vingt ans.

Les ecoliers que j'ai vus jouer au bord de l'eau, couraient risque de se noyer.

La comédie que j'ai vu jouer, a merité les suffrages de tous ceux qui l'ont lue ou vu représenter.

Comme mon elévation n'avait pas un fondement plus solide que le goût passager que vous avez eu pour moi, je ne doute pas que la moindre altération dans les traits qui l'ont fait naître ne fût capable de vous faire tourner vers quelqu'autre objet.

Ils lui ont prodigué tous les secours qu'ils ont pu.

Je lui ai offert ma main qu'elle a refusé d'accepter.

Peut-être pouvait-on me l'épargner, après les services que j'ai rendus et les charges que j'ai eu l'honneur d'exercer.

Admirant la ruse qu'avait employée le prisonnier pour se dérober aux tourmens, en abrégeant sa mort, ils accordèrent à son cadavre les honneurs funèbres de leur pays.

N'est-il pas louable d'avoir cherché les plus noires couleurs qu'il a pu pour donner de l'horreur d'un si détestable abus.

Télémaque prend les armes, don précieux de la sage Minerve qui les avait fait faire par Vulcain.

Combien de gens ont lu sa lettre qui ne l'eussent pas regardée si le Port-Royal ne l'eût adoptée, si ces messieurs ne l'eussent distribuée avec les mêmes éloges qu'un de leurs écrits.

Le vieillard effrayé lui montre l'annonce d'un affreux orage. Les étoiles ont disparu ; la lune a perdu sa lumière, ses rayons ne percent qu'à peine le voile sombre qui l'environne.

Il est vrai, messieurs, que vous n'êtes pas venus à bout de votre dessein ; le monde vous a laissés rire et pleurer tous seuls.

Combien de rois, de princes, de héros de toutes les nations, Corneille ne nous a-t-il pas représentés toujours tels qu'ils doivent être.

C'est cette conformité que nous avons tous eu en vue lorsque, tout d'une voix, monsieur, nous vous avons appelé pour remplir sa place.

Les Abencerages surpris ont interrogé ce témoin fidèle, à travers ses cris, à travers ses pleurs, ils ont découvert sa trahison.

Grâces vous soient rendues, cher Belfort, vous avez justifié tout ce que j'attendais de votre amitié, et vous avez acquis de nouveaux droits à la mienne.

Que dois-je penser du séjour de cette femme dans votre maison, placée par vous auprès de la mere de vos enfans, par vous a qui j'avais annoncé qu'elle n'était pas telle qu'on vous l'avait dépeinte? ah! Belton, auriez-vous trompé votre ami, mais non, vous etiez abusé, et sans doute ma derniere lettre ne vous était point parvenue quand vous avez permis que cette Sophie devînt la compagne de lady Belton.

Elle m'a dit que son père avait perdu sa mère un an après son mariage, qu'il avait reporté toute sa tendresse sur elle, et donné les plus grands soins à son education.

Sophie a quitté l'hôtel ce matin. Cachée derrière le rideau, sa sœur l'a vue descendre le perron et traverser la rue où j'avais ordonné qu'on lui fît avancer la voiture que j'avais envoyé chercher.

D'après ce que nous avons vu de la religion des Égyptiens, des mystères, des sciences qui n'etaient connus que des prêtres seuls, on juge bien que l'Égypte ne pouvait pas jouir des bienfaits d'un gouvernement libre.

Plutarque rapporte qu'ils avaient gravé dans le temple de Thebes des imprécations contre un roi qui n'avait pas voulu se soumettre à la loi de la sobriété.

Les Égyptiens, qui avaient adopté le système de la métempsycose, croyaient que les ames après la mort allaient sejourner quelque temps dans le corps des animaux immondes, si elles avaient mérité d'être punies, et dans ceux d'animaux plus purs si elles avaient pratiqué la vertu.

Cette scrupuleuse fidélité, cette éternelle constance

dont parlent à chaque page nos vieux romans, a rendu la lecture de ces ouvrages arides.

Les flatteries des courtisans de Clodion avaient inspiré à ce jeune prince une excessive vanité.

Il y a long-temps, mon cher, que je ne vous ai adressé une lettre aussi longue.

La solitaire fontaine, que je n'avais cherchée autrefois que pour m'y desalterer, je l'ai cherchée depuis pour écouter le bruit de ses eaux.

Guidés par vous, messieurs, je trouverai cette délicatesse de sentimens que j'ai toujours, non pas cherchée, mais desiré rencontrer.

Vous remplacez le maître qui devait diriger mes premiers pas dans la carrière qu'il avait parcourue avec tant de gloire.

Il paraît certain que des emigrations de l'Asie ont reflué des les premiers temps en Afrique.

Si ces punitions n'avaient pas persuadé au grand nombre que le cardinal etait capable d'indulgence, peut-être quelques-uns auraient-ils tenté d'effacer par une meilleure conduite le souvenir de leur révolte.

Ce vieillard était fier de sa haute naissance et des honneurs qu'il avait mérités au service de sa patrie.

Nous avions prévu les chagrins que devait bientôt nous causer notre penchant.

Les trahisons, les perfidies de Ferdinand, soutenues par les talens de Gonzalve, m'eurent bientôt enlevé la moitié que je m'étais reservée.

Cependant, le long de sa route, Elisabeth entendait parler des vols qui s'étaient commis. Si elle avait possedé quelque chose, peut-être ces bruits l'eussent-ils effrayée.

C'etait surtout en approchant de la place du Kremlin que le tumulte et le mouvement allaient toujours croissant, de grands feux y étaient allumés. Epuisée de fatigue et de froid, Elisabeth s'approche et s'assied timidement à côte. Elle avait marché tout.le jour, sa joie du matin commençait à se changer en tristesse, car, en parcourant les innombrables rues de Moscou, elle avait bien vu des maisons magnifiques, mais elle n'avait pas trouvé un asile ; elle avait bien rencontré une foule nombreuse de gens de toute espèce, mais elle n'avait pas trouvé un protecteur ; elle avait entendu des personnes demander leur chemin, s'inquieter de l'avoir perdu, et elle avait envié leur sort.

Elle prend aussitôt cette route, suivie de ses curateurs, ne marchant que la nuit de peur d'être surprise, et priant le Ciel de la derober aux poursuites de son ennemi ; ses prières furent vaines : elle avait à peine atteint le rivage qu'elle se voit environnée par un escadron. Ses compagnons résistent et la defendent, mais accablés par le nombre, ils sont égorgés ou mis dans les fers.

Si le Ciel eût permis qu'Elisabeth eût fini le voyage ainsi qu'elle l'avait commencé, elle aurait cru avoir faiblement payé le bonheur d'être utile à ses parens.

Elisabeth considerant sa petite pièce de monnaie avec un peu d'emotion, dit : je te garderai pour mon père afin que tu lui sois une preuve que des vœux ont été entendus, que son esprit ne m'a point quittée et que partout une protection paternelle a veillé sur moi.

Participes des verbes pronominaux.

En Egypte, tout homme important dans l'état soit par la gloire qu'il s'etait acquise, soit par les emplois qu'il avait remplis, entrait en cause avec la nation au moment où il expirait.

Cent fois dans les quinze jours que tu a passés à Londres, tu as remarqué mon air triste et rêveur;

souvent ton inquiète amitié s'est efforcée d'en deviner la cause.

Ah! Madame, s'est-elle écriée, ne rouvrez pas la source de mes larmes ; le sort cruel m'a vouée à la dépendance, je lui rends grâce de m'avoir fixee pres de vous.

Que de remercîments je vous dois pour les deux lettres si aimables qui se sont croisees avec la mienne. Je vous dois surtout de la reconnaissance pour la manière dont vous avez accueilli Estelle.

Les indigènes, à la vue de nos soldats, avaient abandonné la contree. Les Guaranis surtout, peuple nombreux et puissant, s'etaient retires dans des montagnes inaccessibles. Plusieurs détachemens avaient tenté d'y pénétrer.

Couverts de blessures, épuisés de sang, poursuivis par des vainqueurs dont le nombre allait toujours croissant, ils furent poussés hors de la ville, et détestant l'ingrate patrie qui traitait ainsi ses defenseurs, ils s'en sont éloignes au moment même en jurant de n'y jamais rentrer.

Ces trois athlètes, monsieur, se sont, ainsi que vous, présentes aux portes de l'académie, le front ceint des couronnes qu'ils y avaient remportées.

Louis XII disait à son fils, si l'aveu que je vais vous faire de mes fautes, si les préjugés où je suis tombé, les imprudences que j'ai commises, les maux que je me suis attires, peuvent vous en épargner de semblables, je ne me plaindrai pas d'avoir acheté de mon infortune le bonheur dont vous ferez jouir les Français. Aimez ces peuples sensibles, je leur ai fait passer les Alpes six fois ; ils se sont vus sous mon règne battus en Italie, attaqués en Espagne ; mes fautes de politique ont fait verser des flots de leur sang et ont épuisé leurs trésors ; ils m'ont tout pardonne.

QUESTIONNAIRE.

	Pages.
Qu'est-ce que l'orthographe ?	3
Comment la divise-t-on ?	Id.
Qu'est-ce qu'un mot primitif ?	Id.
Qu'est-ce qu'un mot dérivé ?	Id.
Donnez des exemples de l'un et de l'autre.	
Comment l'orthographe des syllabes finales de la plupart des mots est-elle indiquée ?	Id.
Donnez des exemples.	
Comment se peint le son *a* final dans les noms de profession ?	4
Comment se peint-il à la 3me personne du passé défini, et à la troisième du futur ?	5
Comment se peint-il dans les adverbes de manière ?	Id.
Dans quels mots la finale *té* ne prend-elle qu'un *é* ?	Id.
Dans quels mots prend-elle deux *e* ?	
Qu'appelle-t-on substantif matériel, et substantif intellectuel ?	6
Comment se peint le double son *ié* ?	Id.
Comment s'écrit la syllabe finale des substantifs féminins terminés par le son *i* ?	Id.
Quels sont les substantifs qui se terminent par un *o* ?	7
Quand le son *o* final d'un substantif se peint-il par *au* ou par *eau* ?	Id.
Quand les substantifs pluriels se terminent-ils par *aux* ?	Id.

	Pages.
Quand le son initial *u* est-il précédé d'un *h* ? . .	7
Comment le son *u* final se peint-il ?	*Id.*
Comment s'écrit la finale des adjectifs terminés par le son *eu* ou par le son *ou* ?	8
Comment s'écrit le son nazal ?	*Id.*
Quand le son *an* initial se peint-il par un *e* ? . .	9
Quand se peint-il par un *a* ?	*Id.*
Pourquoi *venger*, *empereur*, etc., rendent-ils le son *an* par un *e* ?	
Comment se peint le son initial *in* ?	10
Dans quel cas se peint-il par *ain* ?	*Id.*
Dans quel cas se peint-il par *ein* ?	*Id.*
Quand ce son final se peint-il par *en* ?	*Id.*
Quand se peint-il par *in* ?	11
Quels sont les substantifs qui se terminent par *anse* ?	*Id.*
Quels sont les substantifs en *eur* qui prennent un *e* final ?	*Id.*
Comment distingue-t-on si un verbe terminé par le son *ir* est de la seconde ou de la 4me conjugaison ?	*Id.*
Comment ce son final se peint-il dans les substantifs féminins ?	*Id.*
Comment s'orthographient les substantifs féminins terminés en *oir* ?	12
Quand le son *oir* final des substantifs masculins prend-il un *e* ?	*Id.*
Comment écrit-on la finale *oir* des adjectifs ? . .	*Id.*
Quels sont les verbes terminés par ce son qui prennent un *e* final ?	*Id.*
Quels sont les substantifs terminés en *our* qui prennent un *e* final ?	*Id.*
Combien y a-t-il de substantifs terminés en *once* qui prennent un *s* au lieu d'un *c* ?	13
Comment se peint la finale *sion* dans les substantifs ?	*Id.*

	Page
Quand la troisième personne du présent de l'indicatif des verbes en *dre* prend-elle un *d*, et quand prend-elle un *t*?............	14
Quelle remarque faites-vous sur le *c*?.......	
Quand le son *t* final se peint-il par un *d*?....	
Combien y a-t-il de substantifs terminés par le son *if* qui prennent un *e* final?........	
Comment se forme le féminin des adjectifs terminés par *if*?..............	
Comment adoucit-on la prononciation du *g* devant *a*, *o*, *u*?...............	15
Dans quels cas emploie-t-on le *j*?........	16
Dans quels cas emploie-t-on le *g*?........	Id.
Que remarquez-vous sur la lettre *q*?.......	Id.
Quel son la lettre *s* a-t-elle entre deux voyelles? .	Id.
Quand le son de l'*s* initial se rend-il par deux *s*? .	17
Quand ce même son se rend-il par un *c*?....	Id.
Que remarquez-vous sur la consonne *t* devant *ion*?.	Id.
Que remarquez-vous sur la lettre *x*?......	Id.
Dans quel cas l'*y* grec se change-t-il en *i*? . . .	18

DOUBLEMENT DES CONSONNES.

Donnez des règles générales sur le doublement des consonnes................	18
Que remarquez-vous sur la syllabe *pro*?....	Id.
Que remarquez-vous sur la syllabe *in* commençant un mot?................	Id.
Dans quels cas doublez-vous le *b*?.......	19
Dans quel cas double-t-on le *c*?........	Id.
Dans quels mots double-t-on le *d*?.......	Id.
Dans quel cas double-t-on l'*f*?........	20
Quels sont les mots dans lesquels le *g* se double? .	Id.
Dans quel cas double-t-on l'*l*?........	Id.

	Pages.
Dans quel cas cette consonne ne se double-t-elle pas?...	21
Dans quel cas double-t-on l'*m*?...	*Id.*
Dans quel cas ne double-t-on pas cette consonne?.	
Quand la lettre *n* se double-t-elle?...	22
Quand ne se double-t-elle pas?...	*Id.*
Dans quel cas se double le *p*?...	*Id.*
Dans quel cas ne se double-t-il pas?...	*Id.*
Dans quel cas se double l'*r*?...	23
Quand cette consonne ne se double-t-elle pas?...	*Id.*
Dans quel cas double-t-on l's?...	*Id.*
Dans quel cas se double le *t*?...	*Id.*
Après quelle lettre ne se double-t-il pas?...	24

DES SIGNES ORTHOGRAPHIQUES.

Combien y a-t-il d'accens, et quels sont-ils?...	25
A quoi sert le tréma?...	
A quoi sert l'apostrophe?...	
Qu'est-ce que la cédille?...	
Quand emploie-t-on le trait d'union?...	
Qu'est-ce que la parenthèse, et pourquoi l'emploie-t-on?...	26
Qu'est-ce que l'astérique?...	*Id.*
Dans quel cas emploie-t-on les guillemets?...	*Id.*
Quand emploie-t-on les lettres majuscules?...	*Id.*

FORMATION DU PLURIEL DANS LES SUBSTANTIFS ET DANS LES ADJECTIFS.

Comment se forme le pluriel des substantifs et des adjectifs?...	27
Comment se forme le pluriel des substantifs et des adjectifs terminés en *s*, *x*, *z* au singulier?...	*Id.*

(117)

Pages.

Comment se forme le pluriel des substantifs terminés par *au*, *eau* ou par *ou* ?. 27
Quels sont les substantifs qui rentrent dans les règles générales ?. . . . . *Id.*
Comment les substantifs en *al* ou en *ail* forment-ils le pluriel ?. . . . . *Id.*

FORMATION DU FÉMININ DANS LES ADJECTIFS.

Comment un adjectif terminé au masculin par un *e* muet forme-t-il le féminin ?. 28
Et s'il n'est pas terminé par un *e* muet ?. . . . *Id.*
Comment les adjectifs en *eur* forment-ils leur féminin ?
Quel est le féminin des adjectifs en *teur* ?. . . . *Id.*
Quel est le féminin des adjectifs en *if* ?. . . . *Id.*
Quel est le féminin des adjectif en *eux* ?. . . . *Id.*
Que remarquez-vous sur quelques substantifs en *eur* ? *Id.*
Quel est le féminin de *fautif* ?. . . . . *Id.*
Quel est le féminin de *vengeur* ?. . . . . . . *Id.*

FORMATION DU PLURIEL DANS LES ADJECTIFS.

Comment se forme le pluriel des adjectifs dont le singulier est terminé en *al* ?. 29
Quelles sont les exceptions ?. . . . . *Id.*

DES SUBSTANTIFS COMPOSÉS.

Comment écrit-on *chef-lieu* au pluriel ?. 29
D'après quelle règle écrivez-vous *bouts-rimés* au pluriel ?. . . . . *Id.*
D'après quelle règle écrivez-vous *mes toutes bonnes* ? 30
D'après quelle règle écrivez-vous des *avant-coureurs* ?. . . . . *Id.*

	Pages.
D'après quelle règle écrivez-vous des *arcs-en-ciel* ?	31
Dans quel cas écrivez-vous *ce* ou *se* ?	33
Dans quel cas écrivez-vous *ces* ou *ses* ?	Id.
Dans quel cas faut-il écrire *leur* ou *leurs* ?	34
Dans quel cas faut-il écrire *quant* ou *quand* ?	Id.

Dans quel cas faut-il écrire *quelques* au pluriel et un seul mot ? . . . .

Dans quel cas faut-il écrire *quelque* en deux mots ?

Pourquoi écrit-on QUELQUES *grands talens que vous possédiez, vous ne serez point heureux si*, etc. ? . . . .

Pourquoi écrit-on QUELQUE *grands que soient les talens que vous possédiez, vous*, etc. ? . .

Pourquoi écrit-on QUELS-QUE *soient les talens, que vous possédiez, vous*, etc. ?. . . . .

Dans quels cas tout est-il invariable ?	19
Dans quel cas est-il variable ?	

D'après quelle raison écrit-on *toute bonne que soit madame* ? . . . .

D'après quelle règle écrit-on *elle est tout enthousiasmée* ? . . . .

Dans quel cas écrit-on *nu-tête* et *tête nue, nu pieds* et *pieds nus* ? . . . .

Dans quel cas écrit-on *feu votre parente*, et *la feue reine* ? . . . .

Comment faut-il écrire *excepté, supposé, vu, attendu*, passé devant un substantif ? . . . .

Comment écrit-on *cent et vingt* ? . . . . . .

Comment écrit-on *même* ? . . . .

DU VERBE.

Qu'est-ce que le verbe ?	38
Combien y a-t-il de sortes de verbes ?	Id.

	Pages.
Qu'est-ce qu'un verbe actif?	38
Qu'est-ce qu'un verbe passif?	Id.
Qu'est-ce qu'un verbe neutre?	39
Qu'est-ce qu'un verbe pronominal?	Id.
Qu'est-ce qu'un verbe impersonnel?	Id.

DES MODES.

Que veut dire le mot mode?	39
Combien y a-t-il de modes dans les verbes?	Id.
Quels sont-ils?	40
Combien l'indicatif renferme-t-il de temps?	Id.
Quels sont-ils?	Id.
Combien le conditionnel renferme-t-il de temps?	Id.
Combien l'impératif renferme-t-il de temps?	Il.
Combien le subjonctif renferme-t-il de temps?	41
Quels sont ils?	Id.
Quels sont les temps de l'infinitif?	Id.
Combien y a-t-il de temps primitifs?	60
Quels sont-ils?	Id.
Quel temps forme le présent de l'infinitif?	Id.
Quel temps forme le participe présent?	Id.
Quel temps forme le participe passé?	61
Quel temps forme le présent de l'indicatif?	Id.
Quel temps forme le passé défini?	Id.

DU PARTICIPE.

Combien y a-t-il de sortes de participes?	61
Quelle règle suit le participe présent?	Id.
Quelle règle suit l'adjectif verbal?	62
Comment distingue-t-on l'adjectif verbal du participe présent?	Id.
Comment considérez-vous le participe passé lois-	

Pages.

qu'il n'est accompagné ni du verbe être ni du verbe avoir?. 63

Lorsque le participe passé est acccompagné du verbe être, est-il variable? . . . .

Le participe passé acompagné du verber avoir est-il variable?. 64

Cette règle offre-t-elle une exception?. 65

Quelle règle faut-il suivre quand le verbe être peut être pris pour le verbe avoir?. 66

Quelle règle faut-il suivre quand le participe est suivi d'un verbe à l'infinitif? 67

Quelle regle faut-il suivre quand le participe *fait* est suivi d'un infinitif?. 69

Quelle remarque faites-vous sur le participe précédé du pronom *en* des mots *peu, combien, que?* . 70

DE LA PONCTUATION.

Quels sont les signes de la ponctuation? 71
Dans quel cas emploie-t-on la virgule?. . . . . *Id*.
Dans quel cas emploie-t-on le point-virgule?. . . 74
Dans quel cas emploie-t-on les deux points? . . . 75
Dans quel cas emploie-t-on le point?. 77
Dans quel cas emploie-t-on le point interrogatif et le point d'exclamation? . . . .
A quoi servent les points de suspension? . . . .

FIN

TABLE DES MATIÈRES.

	Pages
Corrigé de l'analyse et des exercices	3
Exercices sur le verbe avoir.	8
Exercices sur les verbes de la première conjugaison.	12
Exercices sur les deuxième, troisième et quatrième conjugaisons.	18
Exercices sur les verbes passifs.	24
Exercices sur les verbes pronominaux ou employés pronominalement.	29
EXERCICE Ier. Le son *nasal*.	35
— II. Le son *an*.	Ib.
— III. Le son *in*.	36

DES VOYELLES.

EXERCICE IV. Le son *a*.	37
— V. Le son *é*.	38
— VI. Le son *i*.	39
— VII. Le son *o*.	40
— VIII. Le son *u* final.	Ib.

ORTHOGRAPHE DES CONSONNES.

EXERCICE IX. C et D.	41
— X. F.	42
— XI. G et J.	Ib.
— XII. Q et S.	43
— XIII. Finales en *anse*	44
— XIV. Finales en *eure* ou *cur*.	45

Pages.

— XV. Finales en *ir* ou en *ire*. . . . 45
— XVI. Finales en *oir* ou *oire*. . . . 46
— XVII Finales en *our* ou *oure* . . . 47
— XVIII. Finales en *once*. . . . . . Ib.
— XIX. Finales en *assion*, *ession*, *ission*,
  ossion, *ussion*. 48
— XX. L. 49
— XXI. Adjectifs terminés en *eu*. . . Ib.

RÉDUPLICATION DES CONSONNES.

Exercice XXII. 50
— XXIII. B. . . . . Ib.
— XXIV. C. 51
— XXV. D. . . . . Ib.
— XXVI. F et G. 52
— XXVII. L. 53
— XXVIII. M. 54
— XXIX. N. 55
— XXX. P. . . . . Id.
— XXXI. R et S. 56
— XXXII. T. 57
— XXXIII. Leur. . . . . Ib.
— XXXIV. Ses *ou* ces, ce *ou* se. . . 58
— XXXV. Adjectifs de nombre. . . 59
— XXXVI. Quelque. 61
— XXXVII. Tout. 62
— XXXVIII. Demi, demie, nu, nue, excepté, supposé, vu, attendu, passé. Ib.
— XXXIX. Même. 63
— XL. 64
Récapitulation. 65
Étymologie du mot Éphémère. 69

EXERCICES SUR LES PARTICIPES.

Participes accompagnés du verbe être. . . . 73

	Pages.
Participes accompagnés du verbe avoir.	74
Participes des verbes pronominaux.	77
Exercices sur toutes les difficultés que peuvent offrir les participes	79
Exercices de ponctuation.	83
Exercices sur les participes présens et les adjectifs verbaux qui ont la même terminaison.	96
Adjectifs verbaux.	97
Questionnaire.	113

FIN.

TROYES. — IMPRIMERIE DE CARDON.

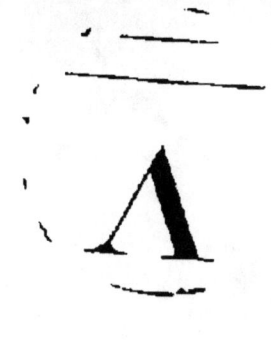

www.ingramcontent.com/pod-product-compliance
Lightning Source LLC
Chambersburg PA
CBHW050803170426
43202CB00013B/2544